30대에 시작하는
평생 재테크

30대에 시작하는

평생

윤성애
지음

재테크

주식, 부동산, 연금, 달러 투자까지
평생 재테크 포트폴리오를 만드는 실천 지침

RHK
알에이치코리아

경제적 자유로
나아가는 첫걸음

사례1 30대 초반 A 씨

A 씨는 조금 늦게 취업했습니다. 친구들은 이미 사회생활 5~7년 차
인데, 본인은 이제 막 출발선에 선 셈이죠.

"뒤처지지 않으려면 더 빨리 투자를 시작해야 할 것 같아요."

결혼을 앞둔 만큼 여자친구에게 경제적 걱정을 끼치고 싶지 않다
는 이야기도 덧붙였습니다.

사례2 30대 중반 B 씨

아내와 맞벌이로 열심히 사는데도 매달 카드값이 늘어만 갑니다.

전세 만기일도 다가오는 시기라 전세보증금 인상이 걱정입니다.

아이의 초등학교 입학도 멀지 않아 '학군 좋은 곳에 안정적으로 정착하고 싶다'는 마음과 '내 집 마련이 멀게만 느껴진다'는 현실 사이에서 불안만 점점 커지고 있습니다.

사례3 30대 후반 C 씨

내 집 마련은 했어도 집의 70%가 은행 몫입니다. 아이 교육비에 생활비까지 지출하면 여유자금이 없어서 노후 준비는 여전히 '언젠가 해야 할 일'로만 남습니다. 파이어족을 꿈꾸려고 해도 '괜히 투자했다가 잃기만 하면 어떡하지?'라는 두려움이 앞섭니다. 주변에 투자로 돈을 벌었다는 사람도 많지만, 그만큼 잃은 사람도 많아서 투자가 멀게만 느껴집니다.

사연은 제각각이지만 30대는 그런 시기입니다. 앞으로 살아갈 날은 긴데, 감당해야 할 책임도 함께 커졌습니다. '아프기라도 하면 휴직하는 동안 무슨 돈으로 버티지?', '부모님께서 편찮으시면 간병비는 얼마나 들까?', '집값, 교육비, 노후자금까지. 이 모든 걸 월급으로 감당할 수 있을까?' 이러한 고민이 마음 한구석을 무겁게 짓누릅니다.

사실 근로소득만으로는 인생 전반에 도사린 리스크를 감당하기 어렵습니다. 삶의 불안을 줄이기 위해서는 근로소득을 도와서 인생을 받쳐 줄 '자본소득'이 필요합니다. 우리는 경제성장률이 둔화된 시대를 살고 있습니다. 그래서 잃지 않으면서도 돈을 불리는 법을 배우는 것이 중요합니다. 이제 돈을 굴리는 건 부자가 되기 위한 특별한 선택이 아니에요. 앞으로의 삶을 지탱하기 위해 반드시 갖춰야 하는 '방어막'입니다.

돈을 잘 모은 사람들의 특징이 있습니다. 저축한 금액을 자신 있게 말하는 그들에게는 결혼자금 마련, 내 집 마련, 풍족한 노후자금 준비 등의 목표가 있습니다. 성공적인 포트폴리오를 가진 사람들과 대화할 때면 그들의 말에서 힘을 느낍니다.

"전세를 끼고 무리하게 집을 사는 방향도 생각해 봤어요. 그런데 전세금을 돌려줘야 하는 시기에 혹시나 다음 세입자를 구하지 못하면 경매로 넘어갈 리스크가 있잖아요? 그래서 가진 돈 안에 맞춰서 오피스텔을 매입했고, 지금까지 공실 없이 월세를 받고 있습니다. 부채가 없어서 마음이 편한 데다가 시세도 올랐습니다. 퇴직하면 연금소득도 꾸준히 들어올 예정입니다."

퇴직을 앞둔 분의 사례였습니다. 부동산 임대소득과 국민연금, 퇴직연금, 개인연금까지. 탄탄한 자본소득 포트폴리오를 갖추셨죠. 설령 오피스텔이 공실이 되더라도 국민연금-퇴직연금-개인연금으로 이어지는 '3층 연금 구조'가 노후소득을 단계적으로 보완해 줍니다. 국민연금은 기본적인 생활을 책임지고, 퇴직연금은 생활을 더 안정적으로 만들고, 개인연금은 여유 있는 노후를 만듭니다. 따라서 세 가지 연금은 각자의 역할에 맞춰 미리 준비할 필요가 있습니다. 튼튼한 포트폴리오를 갖추고 있으면 예상치 못한 위험이 발생해도 삶이 쉽게 흔들리지 않습니다.

물론 위 사례는 나이대가 있는 분의 얘기이므로 30대라면 1억 원이라는 액수를 목표로 잡아도 좋습니다. 1억 원을 모으고 나면 달성하고자 하는 목표가 새로 생깁니다. 아니, 저 멀리 있는 것 같았던 경제적 목표가 현실이 됩니다.

즉 경제적 자유는 선택권을 늘려 줍니다. 싫어하는 일은 하지 않아도 되는 자유가 생기고, 직장에서 겪는 부당한 대우에서 벗어날 힘이 되기도 합니다. 사는 곳을 고르거나 어떠한 리스크를 감수할 때도 경제적 여유가 뒷받침되면 선택지가 폭발적으로 늘어납니다. 그래서 돈을 모으고 불려야 하는 '이유'를 모르는 사람은 거의 없죠. 다만, 모은 돈을 불리는 '방법'을 아는 사람은 드뭅니다. 이 책은 바로 그다음 단계인 '방법'에 대한 이야기를 담았습니다.

친구들과 식당에 가면 각자 자신의 입맛에 맞게 메뉴를 주문합니다. 어떤 친구는 순한맛을 선호하지만, 어떤 친구는 매운맛을 즐깁니다. 재테크도 크게 다르지 않습니다. 사람마다 재무 이벤트의 단계가 다르고, 보유한 재테크 지식의 수준도 제각각이기 때문입니다. 그래서 이 책은 누구나 자신의 상황과 수준에 맞게 접근할 수 있도록 세 가지 '맛'으로 준비했습니다.

1장은 '순한맛'입니다. 돈 관리의 기초에 관한 파트로, 월급 관리를 통해 잉여금을 만드는 과정을 다룹니다. 아직 재테크 지식이 부족한 사람도 편하게 읽을 수 있습니다. 다음으로 2장과 3장은 '보통맛'입니다. 본격적으로 포트폴리오를 만드는 방법을 배우기 전에 경제의 흐름을 읽는 시야를 기르고, 포트폴리오를 구성하는 데 필요한 기본 지식을 익히는 파트입니다. 돈이 흐르는 방향을 알아야 투자에 성공할 수 있듯, 투자의 특징을 이해해야 포트폴리오를 만들 수 있습니다. 마지막으로 4장은 '매운맛'입니다. 체감 난도는 높아지지만, 그만큼 실질적으로 도움이 되는 '방법'에 관한 이야기입니다.

돈을 모으고자 하는 동기 부여를 위해 1장부터 차근차근 읽어도 좋고, 자신의 입맛에 맞게 2장이나 3장부터 바로 시작해도 좋습니다. 돈에 관한 날것의 이야기, 핵심을 꾹꾹 눌러 담은 전략이 여러분에게 도움이 되길 바라며, 지금부터 시작합니다.

목차

1장

돈을 모으는
최소한의 출발선

재테크를 꼭 해야 할까요?

가진 게 적을수록 자산관리는 필수

2장

돈 버는 시스템을 만드는 포트폴리오

3장

내게 딱 맞는 자산이 무엇일까요?

4장 | 돈 걱정 없는 재테크를 위한 실천 지침

평생의 현금흐름을 만드는 시스템

부록 | 나의 투자 스타일 진단하기

1장

돈을 모으는
최소한의
출발선

재테크를
꼭 해야 할까요?

☑ 하지 않을 자유에 뒤따르는 책임

안녕하세요. '윤성애 금융경제교육' 대표 윤성애입니다. 저는 사기업과 공공기관에서 전문적으로 경제교육을 진행하는 강사입니다. 전국을 무대로 지금까지 총 2,000회 이상의 교육을 진행하면서 매년 1만 명 이상의 수강생을 만났습니다. 감히 말씀드리자면, 경제교육을 진행하는 강사로서 저만큼 남의 통장을 많이 본 사람도 드물 것입니다. 그만큼 다양한 사례를 접했습니다.

한번은 예비 신혼부부를 대상으로 교육을 진행하기에 앞서, 교육을 주최한 기관에서 특별히 요청한 부분이 있습니다. 사전에 질문을 받고 그에 맞춰 교안을 제작한 다음, 맞춤형 질의응답 형태로 교육을 진행해 달라는 것이었습니다. 흔쾌히 수락하여 사전질문을 받았습니다. 그런데 수많은 질문 중 유독 눈에 띄는 내용이 있었습니다.

'배우자가 될 사람이 저보다 소득이 8배 많습니다. 이런 상황에서 신혼집을 공동명의로 하는 게 맞는 걸까요? (중략) 두루뭉술하게 말씀하지 마시고, 전문가적 첨언을 기대합니다.'

'8배'라고 하면 대단한 차이라고 느껴질 수 있지만, 한 사람이 30만 원을 벌고 다른 사람이 240만 원만 벌어도 나올 수 있는 수치입니다. 주목해야 할 부분은 차이의 크기 자체가 아니라, 질문자가 그 격차를 메울 준비가 되어 있지 않다는 점이었습니다.

질문을 보자마자 답은 떠올랐습니다. 다만, 강의 당일까지 '답변을 얼마나 냉정하게 전달해야 하는가?'라는 고민을 했습니다. 전문가적 첨언을 했다가 한 커플의 관계를 흔들게 될지도 모른다는 내적 갈등이 있었죠. 그럼에도 마지막 문장이 계속 마음에 걸렸습니다. 그리고 결심했습니다. 두루뭉술한 말은 누구나 할 수 있지만, 전문가적 시선으로 구조를 짚어 주는 일이 저의 역할이라고 판단했습니다. 그래서 분위기가 지나치게 무거워지지 않도록 웃으면서 답했습니다.

"공동명의는 50:50만 있는 것이 아닙니다. 99:1도 가능합니다. 실제로 기여한 금액의 비율만큼 지분을 나눌 수 있어요. 다만, 결혼 후에는 돈 문제가 더 불편한 요소가 될 수 있습니다."

아마 그게 계기였던 것 같습니다. 돈 문제를 논할 때는 감정적인 위로보다 이성적으로 구조를 설명하는 쪽을 우선하게 되었습니다. 사실 돈은 냉정하게 다뤄야 하는 영역이 맞습니다. 돈 문제에서 위로보다 더 필요한 것은 당장 속상한 마음을 달래는 말이 아니라, 나 자신을 지킬 수 있는 숫자와 구조입니다. 그리고 바로 그 지점에서 재테크는 선택이 아닌, 최소한의 방어막이 됩니다.

하지만 저는 이 책을 읽는 분들에게 "재테크는 꼭 해야 합니다."라고 말하고 싶지 않습니다. 재테크를 하든 말든, 그 선택은 전적으로 본인의 몫이며 그 결과를 감당하는 것도 결국 본인이기 때문이죠. 이 책은 "이렇게 투자하세요.", "이렇게 안 하면 큰일 납니다."라고 강요하는 내용도 아닙니다.

그러나 이것 하나는 분명합니다. 재테크를 하지 않으면 아무 일도 일어나지 않습니다. 당연히 삶의 선택지도 늘어나지 않습니다. 재테크를 하지 않는다고 해서 지금 당장 삶이 무너지지는 않아요. 그래서 많은 사람이 지금 당장은 아무런 문제가 없으니 나중에 해도 된다고 생각합니다. 하지만 30대에 아무것도 하지 않으면, 10년 뒤의 삶은 지금과 크게 다르지 않을 가능성이 상당히 높습니다.

재테크를 하지 않는다는 것은 결국 돈이 필요할 때마다 시간을 쓰는 방식으로만 살겠다는 선언이나 마찬가지입니다. 일하지 않으면 소득이 끊기고, 돈이 필요하면 다시 시간을 써서 일하는 구조 말입니다. 이런 구조에서는 돈에 끌려다니는 삶이 되기 쉽습니다.

이런 말이 있습니다. 돈으로 열리지 않는 문은 거의 없다고요. 조금 과장된 표현처럼 들릴 수 있지만, 현장에서 수많은 사례를 접하다 보면 돈이 삶에서 상당 부분의 문제를 해결해 주는 수단이라는 점은 부정하기 어렵습니다. 그러니 재테크는 고가의 물건을 구매하기 위함이 아니라, 삶의 문제를 해결할 선택지를 확보하는 방법이라고 생각해야 합니다.

한번은 언니가 재테크를 전혀 하지 않는다는 사연으로 1:1 재무 상담을 신청하신 분이 있습니다. 사연자의 언니는 직장에 치여 돈 관리에 손을 놓은 분이었어요. 통장을 확인해 보니 5년 동안 약 5,000만 원을 모았는데, 그 돈이 은행 보통예금에 그대로 머물러 있었습니다. 돈을 쓸 시간이 없어서 월급이 차곡차곡 쌓인 건 다행이지만, 문제는 돈이 전혀 활용되지 않았다는 점입니다.

정기예금의 금리 3%만 적용해서 계산해도 5년 동안 받았을 이자가 500만 원이 넘습니다. 즉, 아무것도 하지 않아 '기회손실'이 발생한 셈입니다. 사람들은 흔히 아무것도 하지 않으면 안전하다고 믿지만, 아무것도 안 해서 놓친 이익 또한 분명한 손실입니다.

수능이 끝난 예비 성인을 대상으로 고등학교에서 경제교육을 진행한 적이 있습니다. 꾸벅꾸벅 조는 학생이 있었는데, 그 모습을 보셨는지 담임 선생님께서 강의가 끝난 후에 이렇게 말씀하셨습니다.

"교사가 들어도 유익한 내용인데, 자고 있어서 너무 안타깝네요."

"자는 것도 본인의 선택이죠. 안 듣는 사람만 손해입니다."

저는 누군가에게 이래라저래라 참견하고 싶지 않습니다. 이런 선택지가 있고, 저런 선택지가 있으며 선택은 각자의 몫이라는 관점을 가졌기 때문입니다. 재테크 역시 '하지 않겠다'는 선택지를 존중해요. 다만, 그 선택이 훗날 어떤 결과로 이어질지는 알고 선택했으면 좋겠습니다.

☑ 내 삶보다 돈의 수명이 먼저 끝난다면

기업에서 의뢰한 강의는 도서관 특강처럼 수강생이 자발적으로 신청해서 듣는 교육이 아니라, 직원이라면 일괄적으로 참석해야 하는 강의라서 이런 말을 자주 듣습니다.

"자산관리요? 저는 관리할 자산이 없어서 이 강의는 저와 상관없는 것 같습니다."

하지만 안타깝게도 현실은 그 반대입니다. 자산이 적을수록 자산관리의 필요성이 커집니다. 오히려 자산가를 대상으로 교육하면 자산관리보다 상속 및 증여 차원에서 자산을 어떻게 나누고 이전할 것인지를 중요하게 다룹니다. 먹고사는 문제는 신경 쓸 필요가 없는 사람들이니 어떻게 합법적으로 절세해서 자녀에게 최대한 많이 물려줄 것인지가 가장 큰 고민입니다.

솔직히 말해서 돈이 많은 사람은 굳이 재테크를 하지 않아도 큰 문제가 없습니다. 반면, 평범한 사람의 상황은 다릅니다. '돈의 수명'

이 우리의 수명과 함께 가야 합니다. 재테크의 궁극적인 목표는 결국 노후 대비입니다. 그런데 만약 우리의 수명보다 돈의 수명이 먼저 끝나면 어떻게 될까요?

통계청에서 발표한 자료를 보면 1981년의 기대수명은 66.7세에 불과했지만, 2025년에는 84.5세까지 늘어났습니다. 과거와 비교하면 거의 20년을 더 사는 겁니다.

이때, 35세에 집을 샀다고 가정해 볼까요? 집을 살 때 현금만으로 사는 사람은 거의 없죠. 일반적으로 종잣돈을 어느 정도 마련한 다음에 대출을 받아서 삽니다. 주택담보대출의 만기가 40년이라고 가정한다면 75세까지 빚을 갚아야 할지도 모릅니다. 생애 마지막 9~10년 정도만이 빚에서 자유로운 셈입니다.

문제는 여기서 그치지 않아요. 건강수명과 기대수명이 다르기 때문입니다. '건강수명'이란 질병이나 사고 등으로 아프지 않고 건강한 기간을 의미해요. 건강하게 오래 살면 참 좋겠지만, 노후에는 병원비 지출을 피할 수 없습니다. 기본적인 생활비에 치료비, 간병비까지 더해서 노후를 설계해야 그 시기의 지출을 감당할 수 있어요.

강의를 다니다 보면 참 다양한 사람을 만날 수 있습니다. 교육이 끝나면 많은 분이 개인적인 질문을 하고자 줄을 서서 기다리시는데요. 흥미롭게도 제일 먼저 오시는 분들에게는 한 가지 공통점이 있습니다. 가장 절박하다는 거죠. 보통은 "제가 투자를 시작한 지 1~2년

이 됐습니다."로 말문을 여세요. 그리고 계좌를 열어서 잔고를 보여주시는데, 마이너스인 경우가 많습니다.

금리가 빠르게 변하던 시기의 일입니다. 그날은 좀 특이했어요. 가장 먼저 찾아오신 분이 참석자가 아니라, 강의 의뢰를 하신 공공기관 담당자 분이었거든요. 그분은 퇴직을 앞둔 나이였지만 주식이 한창 뜨거울 때 주변에서 너도나도 돈을 벌었다고 하니 생전 처음으로 주식을 시작해서 가진 돈을 주식 투자에 '몰빵'하셨습니다. 그래도 공무원연금이 있을 테니 노후는 걱정하지 않아도 되겠다고 생각하던 찰나, 그분이 이렇게 말씀하셨습니다.

"퇴직금을 당겨 받아서 주식에 넣었습니다. 거기에 대출까지 받아서 투자했는데, 손실이 40%가 넘어요. 저는 어떡하나요?"

물가가 빠르게 오르고 금리도 치솟던 시기였습니다. 이분은 내년이면 소득이 끊기는 상황이었죠. 사실 저야말로 어떻게 하실 거냐고 되묻고 싶었어요. 돈은 한번 문제가 터지면 수습이 쉽지 않습니다. 대개는 이미 써 버려서 회수할 수 없는 '매몰비용'이 되어 버리죠.

그래서 재테크를 할 때 더 신중해야 하고, 일찌감치 자산을 점검해야 해요. 은퇴라는 커다란 재무 이벤트를 앞뒀다면 돈을 잘 불려놔야 하는 이유도 여기에 있습니다. 노후자금이 부족하면 삶의 선택지가 극도로 좁아집니다. 어쩌면 '경제적 방어선이 무너진다'라는 말이 더 정확할지도 모르겠습니다.

강의를 진행하면서 부유한 자산가를 만나기도 하지만, 실제로는 돈이 없어서 생기는 문제에 직면한 사람들이나 지금 손대지 않으면 경제적 문제를 마주할 사람들의 비율이 훨씬 높습니다.

한번은 사회복지사를 대상으로 경제교육을 진행한 적이 있습니다. 그분들의 직업상 각종 재무적 문제를 안고 있는 은퇴자를 만날 일이 정말 많죠. 강의 현장에서 비슷한 사례를 접하다 보면, 저도 모르게 한숨부터 나올 때가 있어요. '아, 또 이런 경우구나.' 싶어서요. 글을 쓰는 지금도 미간이 저절로 찌푸려질 정도로 패턴이 크게 다르지 않습니다.

경제적 문제의 대부분은 '버는 만큼 쓰는 생활'에서 비롯됩니다. 소득이 있을 때 월급을 받으면 바로 그달에 몽땅 써 버리고, 어영부영 시간이 지나면 어느새 은퇴가 코앞인데 정작 노후는 하나도 준비되지 않은 상태죠.

또 다른 유형도 있어요. 모아 둔 돈이 있었지만, 예상치 못한 재무리스크 때문에 무너지는 경우입니다. 아이들 교육비, 부모님 병원비, 갑작스러운 실직이나 투자 손실로 목돈을 날린 거예요. 이럴 때 보통 신용대출을 받았다가 이자까지 감당하기 힘들어서 연체로 이어지고, 점점 대출의 늪으로 빠지고 맙니다. 성실하게 저축했는데도 뜻밖의 사고로 인해 경제적 곤란에 빠지는 안타까운 경우입니다.

부모님 병원비와 자녀 교육비 지출이 겹쳐 3,000만 원이 필요해졌다고 가정해 보겠습니다. 연 7% 금리로 5년간 원리금균등상환대출을 받을 시, 5년 동안 갚아야 하는 돈의 총액은 약 3,540만 원입니다. 이자로만 총 540만 원을 더 내야 하죠. 이를 월 상환액으로 환산하면 약 59만 원입니다. 이 59만 원은 줄일 수 있는 변동지출이 아니라, 5년 동안 매달 빠져나가는 고정비가 됩니다. 이미 빠듯한 가계에 대출이자까지 더해지면 상당히 부담스럽습니다.

연체되기 시작되면 상황은 더 빠르게 악화됩니다. 이자율은 두 자릿수로 뛰고, 불어난 이자를 감당하기 위해 추가 대출을 받습니다. 문제는 여기서 끝나지 않아요. 부모가 경제적으로 힘든 상황에 놓이면, 그 부담은 자녀에게 이전됩니다. 사회초년생 때 어렵게 모은 종잣돈이 부모님의 병원비, 생활비, 이자 상환에 사용되면서 가난이 세대를 건너 전이됩니다.

앞에서 기대수명의 변화를 언급한 게 기억나실까요? 그 데이터에 따르면 지금은 이 '부양 기간'이 과거보다 훨씬 길겠죠. 아무런 준비 없이 은퇴하면 이후에 발생하는 부담은 개인의 문제가 아니라 가족 전체가 함께 떠안아야 하는 문제로 번집니다. 이 역시 한창 사회생활을 하고 있을 자녀에게 경제적 부담이 전이되는 셈입니다.

과거에는 재테크가 '하면 좋은 것'에 불과했을지도 모르지만, 지금은 다릅니다. 기대수명이 길어지면서 은퇴 이후의 시간이 과거보다 훨씬 길어졌고, 그만큼 노후자금도 많이 필요해졌습니다. 사회생활을 한 시간만큼 노후를 보내야 한다고 봐야 해요. 이제 재테크는 선택이 아니라 내 삶을 오래, 안정적으로 지키기 위해 반드시 해야 하는 준비입니다.

☑ 지금의 5만 원과 미래의 5만 원은 다르다

아직 먼 미래의 이야기처럼 느껴질지도 모르지만, 우리가 근로소득으로 돈을 벌 수 있는 기간은 인생 전체를 두고 볼 때 그리 길지 않습니다. 그런데 인생 곳곳에는 결혼, 내 집 마련, 아이 양육, 은퇴 같은 커다란 이벤트가 존재합니다.

그렇다면 노후자금으로는 얼마를 준비해야 할까요? 대략적인 금액은 국민연금공단, 금융그룹 등 기관마다 다르게 봅니다. 그야, 사람마다 지출이 다르니까 당연하죠. 집계된 수치는 평균치일 뿐, 본인이 얼마나 쓸지는 직접 계산해 봐야 정확합니다. 퇴직 후에는 돈을 얼마 쓰지 않을 것 같지만, 현재 생활비의 70% 정도는 필요합니다. 그러면 한 달 평균 생활비의 70%로 계산하면 끝일까요? 찬물을 끼얹어서 미안하지만, 그건 현재 가치일 뿐입니다.

은퇴 설계에서는 보통 장기적인 인출 전략을 함께 고려합니다. 그중 하나가 바로 윌리엄 벤젠William Bengen의 '4% 규칙'입니다. 이는 미국 연금시장에서 제안된 개념으로, 은퇴 후에 자산의 4%를 매년 인출하면 앞으로 30년간 원금을 보존하면서도 장기적인 생활비를 충당할 수 있다는 이론입니다. 하지만 연간 인출률이 단 1%포인트만 높아져도 30년 이내에 자산이 고갈될 가능성은 10% 높아지는 점도 잊어서는 안 됩니다.

심지어 돈의 가치가 달라진다는 근본적인 문제도 있습니다. 시간이 지날수록 화폐 가치는 떨어지지만, 물가는 오릅니다. 짜장면 가격을 예로 들겠습니다. 지금은 짜장면 한 그릇이 평균 8,000원이지만, 불과 5년 전만 해도 4,000원대였습니다. 1970년대에는 100원이었고요. 일상에서는 이 단순한 사실을 간과하고 재테크를 자꾸 뒤로 미루는 경우가 많습니다. 음식값을 단정적 지표로 삼기에는 한계가 있지만, 물가 변화의 속도를 체감하기 좋습니다.

5년 후의 물가가 지금의 2배로 오른다고 가정해 보겠습니다. 1억원이 있어도 실질 구매력은 약 절반 수준인 5,000만 원으로 감소하겠죠. 월급은 크게 오르지 않는데 인플레이션만 가파르게 진행된다면, 가만히 있는 것이 결국 손해로 이어질 수밖에 없습니다. 인플레이션 시대에는 장기적으로 봤을 때 투자하지 않는 것이 오히려 위험한 결과를 낳습니다. 물가상승률을 상회하는 수익을 추구하는 재테크는 이제 선택이 아닌 필수입니다. 장기적으로는 원금을 보장할 수 없는 투자보다 물가상승률을 따라가지 못하는 자산이 구매력 감소라는 더 큰 위험으로 이어질 수 있기 때문입니다.

인플레이션 시대에 제대로 투자하기 위해서는 돈의 가치가 어떻게 움직이는지 결정하는 핵심 변수인 금리를 먼저 이해해야 합니다. 금리에 관한 자세한 내용은 2장에서 알아보기로 하고, 여기서는 간단히 살펴보겠습니다. '금리'는 원금에 대한 이자의 비율입니다. 그래서 이자율이라고도 부르죠. 그러면 금리는 높은 게 좋을까요? 낮은 게 좋을까요? 그건 사람마다 다릅니다. 예금하는 사람은 높은 게 좋고, 대출받는 사람은 낮은 게 좋겠죠.

금리의 유형에는 두 가지가 있습니다. 단리와 복리입니다. 단리는 원금 100만 원에 금리 10%일 시, 이자는 매년 10만 원으로 동일합니다. 하지만 복리는 이자에도 이자가 붙어서 돈이 더 많이 불어납니다.

| 복리에 따른 이자 |

	1년 차	2년 차	3년 차
원금	100만 원	110만 원(이자 포함)	121만 원(이자 포함)
금리	10%	10%	10%
이자	10만 원	11만 원	12만 1천 원

복리수익률을 72로 나누면 원금이 2배가 될 때까지 얼마나 걸리는지 계산할 수 있습니다. 쉽게 말해서 근로소득 없이 금리만으로 1,000만 원이 2,000만 원이 되는 데 걸리는 시간을 구하는 겁니다. 금리가 1%일 때는 1,000만 원이 2,000만 원이 되기까지 72년이 걸립니다. 그러면 이자율이 0.1%밖에 안 되는 보통예금에 목돈을 넣어 두는 건 최악의 선택이겠죠. 원금의 두 배가 되려면 무려 720년이나 걸리니까요.

금리 변동은 돈을 모으는 데 드는 시간을 크게 바꿉니다. 금리가 1%에서 2%로 오르면 원금이 두 배가 되는 데 걸리는 기간은 72년에서 36년, 즉 반으로 줄어듭니다. 5%일 때는 약 14년 남짓이면 두 배가 됩니다. 그래서 돈을 놀게 두어서는 안 됩니다. 우리가 일하는 동안 돈도 일하게 만들어야 합니다. 최소한 금리가 더 높은 상품을 찾아서 예치하는 노력이 필요합니다.

☑ 여유로운 노후는 현재의 재테크에 달렸다

사례1 **투자교육을 듣는 취약계층**

부모와 자녀가 함께 듣는 강의를 의뢰받은 적이 있습니다. 담당자님과 교육 방향을 논의하는 과정에서 강의 대상에 취약계층도 포함된다는 이야기를 들었습니다. 원래는 투자에 관한 이론과 포트폴리오 게임을 준비하고 있었지만, 그걸 들으니 고민스러울 수밖에 없었습니다. 그래서 다른 주제로 진행할지 여쭤보자, 이런 대답이 돌아왔습니다.

"경제적으로 힘든 상황일수록 기회가 있어야 하지 않을까요? 투자교육으로 진행해 주세요."

고민 끝에 본래 예정대로 진행했는데, 예상과 달리 참가자들의 반응이 매우 진지했습니다. 강의가 끝난 뒤에 한 학부모는 "아이와 돈 이야기를 해 본 건 처음이에요."라고 말했고, 어떤 학생은 "돈이 많은 사람만 투자하는 줄 알았어요."라고 이야기했습니다. 그때 저는 이렇게 생각했습니다. 투자야말로 특정 계층의 전유물이 아니라, 누구에게나 필요한 삶의 기술이라는 것을요.

사례2 돈에 쫓기는 한부모가정

강의 현장에서 만난 한 수강생의 질문도 마음에 오래 남았습니다.

"나이를 먹은 뒤에는 돈에 전전긍긍하고 싶지 않습니다. 어떻게 해야 할까요?"

질문자는 아직 젊은 나이의 양육자였습니다. 한부모가정에서 아이들을 키우며 생계를 꾸리느라 경제적으로 넉넉하지 않은 상황이었죠. 그럼에도 시간을 내어 강의를 수강한 이유는 분명했습니다. 아이들을 키울 때 '돈 때문에 선택의 폭이 좁아지는 삶'을 반복하고 싶지 않았기 때문이었습니다.

그 질문을 들으며 저는 생각했습니다. 돈에 쫓기지 않는 삶을 바라는 마음은 각자의 자리에서 삶을 버티고 있는 사람들의 공통된 바람일지도 모른다는 것을요.

돈을 모으는 방법은 간단합니다. 적은 금액이라도 불필요한 지출을 찾아 없애고, 잉여금을 마련하여 저축과 투자를 통해 불리면 됩니다. 투자는 '더 나은 미래를 선택할 기회'를 만들어 줍니다.

많은 분이 '실천이 어렵다'고 말하지만, 지금 행동하지 않으면 경제적 걱정을 안고 살아야 하는 상황이 사는 동안 끝없이 반복될 수 있습니다. 경제적 스트레스를 겪는 중장년은 생각보다 많습니다. '나이 먹은 뒤에는 돈에 쫓기고 싶지 않다'는 마음이 있다면, 지금부터라도 준비해야 합니다. 여유로운 삶의 출발점에는 일정 수준의 경제력이 반드시 필요하니까요.

지금까지 너무 불안만 조장했을까요? 하지만 반대로 생각하면 지금 바로 행동으로 옮기면 인생을 바꿀 수 있다는 뜻입니다. 몇 년 전에 만났던, 퇴직이 얼마 남지 않았던 공공기관 담당자님의 이야기를 들려드리겠습니다. 그분은 "경제교육은 누구에게나 필요합니다."라는 말로 이야기를 시작했죠.

"저는요, 40대까지만 해도 월급이 나오면 신용카드 이용대금 내기에만 급급했어요. 그러다 우연히 경제교육을 듣고 이대로는 안 되겠다는 사실을 깨달았죠. 계속 이렇게 살다가는 노후에도 돈 걱정이 끊이지 않겠다는 생각이 들더라고요. 그래서 마음을 단단히 먹고 하나씩 바꿔 보기로 했습니다. 신용카드를 정리하는 데만 석 달은 걸렸던 것 같아요. 그때부터 조금씩 돈이 모이기 시작했습니다. 그리고 지금은, 예전에는 상상하지 못했던 안정적인 삶을 살고 있어요. 40대에 시작해도 늦지 않았더라고요. 30대부터 준비하는 분들은 훨씬 더 나은 삶을 살지 않을까요?"

투자에 대해서는 잘 모른다며 S&P500 같은 간단한 방식으로만 꾸준히 투자하던 그분은 지금쯤 재정적으로 훨씬 여유로우실 겁니다.

퇴직 후에는 공적연금까지 함께 받을 테니 노후 기반도 단단할 가능성이 크고요.

퇴직한 분들을 대상으로 "돈이 있다면 무엇을 하고 싶으세요?"라고 물으면 대부분 '여행'이라고 답합니다. 상상해 보세요. 퇴직 후 매달 300만 원의 연금을 받으며 다양한 나라를 여행하는 삶을요. 이것은 결코 허황된 꿈이 아닙니다. 지금 받는 월급의 일부는 쓰고, 일부는 모아서 목돈으로 만들어 투자로 굴리면 주먹만 했던 눈덩이가 눈사람 크기로 커질 거예요.

하지만 현실적으로 국내 퇴직연금은 예·적금과 보험 비중이 매우 높습니다. 고용노동부 자료에 따르면 국내 퇴직연금의 연환산 수익률은 지난 10년간 평균 2%대에 머물렀습니다. 사전지정운용제도(디폴트옵션)이 도입되었지만, 여전히 전체 적립금 중 약 88%가 원리금 보장상품으로 몰리고 있습니다.

국민연금 수령액은 한 달 기준으로 약 60~70만 원 수준에 그칩니다. 여기에 퇴직연금을 더하면 기본적인 생활을 유지하는 것은 가능할지 몰라도, 여행·의료·여가까지 포함한 여유로운 노후를 기대하기는 쉽지 않습니다. 결국 노후의 질은 국민연금만으로 결정되지 않으며, 국민연금 외의 재테크 준비를 얼마나 했느냐에 따라 크게 달라집니다.

퇴직연금 역시 장기적인 관점에서는 하나의 투자 수단입니다. 복리효과를 제대로 활용한다면, 은퇴 후에 여행을 즐기며 여유를 누리는 삶에 한 걸음 더 가까워질 수 있습니다. 이제부터 새는 돈을 줄이고, 모은 돈을 불리는 방법을 차근차근 살펴보겠습니다.

가진 게 적을수록
자산관리는 필수

☑ 돈의 무게는 사람마다 다르다

　자산관리에서 가장 손대기 쉬운 영역은 단연 '소비'입니다. 실제로 사람들에게 "지금 당장 더 버는 것과 더 아껴 쓰는 것 중에 무엇이 현실적인가요?"라고 물으면, 많은 사람이 후자를 선택합니다. 다양한 조사에서도 비슷한 경향이 나타납니다. 대부분의 근로자는 소득을 빠르게 늘리는 것보다 지출을 조절하는 쪽이 훨씬 실천 가능성이 있다고 느낍니다.

　또 전체적인 소득 구조를 보면 근로소득자가 사업소득자보다 훨씬 많습니다. 이런 점을 고려하면 많은 사람이 일정한 액수의 월급을 받고 있으므로 현실적으로 어려운 '더 벌기'보다 '더 아끼기'를 택하는 것은 자연스러운 일입니다.

"돈의 가치는 사람마다 다른 것 아닌가요?"

재정관리 강의에서 받았던 질문입니다. 틀린 말은 아닙니다. 월 소득이 250만 원인 사람에게도, 500만 원인 사람에게도 1만 원이라는 물건의 '가격'은 똑같지만, 그 1만 원이 삶에서 차지하는 비중은 분명 다르니까요. 비율로 따져 보면 전자는 1/250, 후자는 1/500이니 같은 액수라도 체감하는 무게는 다른 셈입니다. 그러나 이 문제는 단순한 산술 계산으로 끝나지 않습니다. 사람마다 가치관, 경험, 지출 우선순위가 다르기 때문입니다. 그래서 재정관리를 논할 때는 그 '밑바탕'을 먼저 짚어야 합니다.

경제는 철학에서 파생된 학문이라고 합니다. 그중에서는 소비는 특히나 심리적 영향을 많이 받습니다. 지출 여부를 정하는 게 무 자르듯 딱 떨어지지 않는 경우가 많은 이유입니다. 개인의 성향을 종합적으로 고려해야 해요.

실제로 재무상담에서 두 사람의 지출 구조가 거의 비슷했음에도 솔루션의 방향이 매우 달랐던 사례가 있습니다. 두 분 모두 친구들과 보내는 시간이 많았고, 지출 중에 문화비 비중이 컸습니다. 두 사람을 각 A 씨, B 씨라고 할게요. 다음은 두 사람에게 "문화비를 지출하면 만족감이 얼마나 지속되나요?"라는 질문을 던졌을 때의 대답입니다.

사례1 A 씨

"만족감이 얼마나 가냐고요? 솔직히 하루도 안 가는 것 같습니다. 친구들과 술 마시고, 볼링장에 가고, 늦은 시각에 귀가하니 버스도 끊겨서 택시를 탈 수밖에 없어요. 친구들과 노는 그 순간은 즐거운데, 다음날에는 머리도 아프고 만족감을 느끼기보단 오히려 이틀을 날린 기분이 듭니다."

사례2 B 씨

"전 이 시간이 있어야 회사생활을 버텨요. 일주일 내내 이 시간을 기다리며 버티고, 그 덕분에 다시 출근할 힘을 얻어요."

같은 문화비라도 체감하는 가치가 완전히 다르기 때문에 상담 방향도 달라질 수밖에 없었습니다. A 씨는 문화비를 줄이는 방식으로, B 씨는 문화비를 유지하되 다른 지출을 점검하는 방식으로 진행했습니다. 이처럼 소비를 줄이는 건 쉬워 보이지만 절대 단순하지 않습니다. 사람마다 돈의 무게가 다르기 때문입니다.

돈의 무게는 단순히 금액을 나타내는 숫자로만 결정되지 않습니다. 예를 들어 "자가용 구매는 뒤로 미루는 편이 좋겠습니다."라는 전문가적 첨언을 드리려고 해도, 막상 재무설계를 할 때면 자차 구매가 먼저 나오는 편입니다. 이것이 잘못되었을까요? 그렇지는 않습니다.

대중교통이 잘 갖춰진 수도권에서는 자가용 구매를 미뤄도 괜찮지만, 그렇지 않은 지방 소도시에서는 생활필수품이죠. 또한, 어떤 사람에게 차는 단순한 자가용이 아니라 세상을 넓히는 수단입니다.

같은 1만 원이라도 누군가는 5,000원처럼 느끼고, 다른 누군가는 10만 원처럼 느낄 수 있습니다. 그래서 소비는 타인이 쉽게 손댈 수 없는 영역이지만, 소비를 조정하면 잉여자금이 늘어나고 그만큼 저축과 투자 여력이 생기니 전혀 손대지 않을 수 없는 영역입니다.

따라서 지금부터 말씀드리는 부분은 '평균적인 흐름'에 대한 설명입니다. 경제는 주관적이며, 소비는 더욱 그렇다는 얘기를 거듭 강조하겠습니다. 개인의 관점, 가치관, 감내할 수 있는 고통의 크기, 그리고 돈이 삶에서 차지하는 의미가 모두 다르기 때문입니다. 여기서는 각자에게 맞는 재정관리 기준을 세우고, 그 기준을 활용하는 방법부터 차근차근 살펴보겠습니다.

☑ 생애주기별 이벤트를 고려하라

공공기관에서 청년을 대상으로 교육을 진행하면 연령층이 만 19세에서 39세까지 굉장히 폭넓습니다. 그래서 대상자들의 연령을 먼저 확인하고 강의할 분야를 결정합니다. 한번은 어느 강의에 20대, 30대 초반, 30대 중후반이 고르게 분포된 적이 있어서, 각 연령대에 맞는 주제를 하나씩 꼽아서 총 세 가지 주제로 진행했습니다. 연령대에 따라 재무 이벤트가 다르기 때문입니다.

20대에서 30대 초반은 흔히 '사회초년생'이라고 불립니다. 이 시기는 소득이 많지 않더라도, 돈 모으는 습관을 만들어 두는 것이 무엇보다 중요합니다. 실제로 30대 중후반의 기혼자들 역시 '그 시기를 지나면 돈 모으는 게 쉽지 않다'라며 격하게 공감했습니다.

그리고 이 시기는 자산 형성의 출발점이며, 소비 습관과 저축 습관을 함께 만들어 지출관리를 해야 돈을 모을 수 있습니다. 다만 이때는 학자금대출 상환, 결혼자금 마련, 자가용 구입, 전세보증금 마련 등 단기적인 이벤트가 연이어 발생하기 때문에 목돈이 장기간 묶이는 은퇴 설계가 쉽지 않습니다.

만약 여러분이 해당 연령대에 속하는데 소득은 평균 수준이라면 연금저축펀드, IRP 등 목돈이 장기간 묶이는 상품보다는 ISA를 추천합니다. 반대로 근로소득이 평균 이상이라면, 월급의 약 5% 정도는 퇴직연금과 개인연금에 넣어 세액공제 혜택을 챙기며 은퇴 준비를 병행하는 편이 좋습니다.

여기서 잠깐, 같은 나이라도 직업이 무엇인지에 따라 수입이 크게 다르죠. 여기서 말하는 '평균소득'은 언론에서 흔히 언급되는 '평균값'이 아닙니다. 이 책에서는 고소득층이 수치를 끌어올리는 평균의 함정을 피하기 위해 중위소득을 기준으로 잡고 설명하고자 합니다.

'중위소득'은 모든 가구를 소득순으로 정렬했을 때, 정확히 가운데에 있는 가구의 소득을 뜻합니다. 이러한 기준에서 30대 초반 1인 가구의 월 소득을 세후 280만 원으로 가정하고 이를 평균소득으로 잡아 설명을 이어가겠습니다.

30~40대에는 '가족 형성기'가 있습니다. 재테크에 관한 니즈가 가장 커지는 시점도 일반적으로 30대부터입니다. 이때의 주요 니즈는 내 집 마련 및 확장, 은퇴 준비 시작과 절세입니다. 아직 한창 일할 나이라지만 은퇴 설계는 빠를수록 좋습니다. 30대 중후반에는 내 집 마련 여부에 따라 은퇴 준비에 들이는 금액의 비중을 달리할 필요가 있습니다.

주택이 없다면 소득의 10% 수준을, 주택을 마련했다면 소득의 20~30% 이상을 은퇴 준비에 투입하는 것을 추천합니다. 이때, 세액 공제와 비과세를 활용하는 것이 중요해요.

또한, 최근에는 1인 가구의 비중이 크다는 것을 명심해야 합니다. 통계에 의하면 2024년 기준으로 1인 가구의 비율이 전체 가구의 36%를 넘어섰습니다. 즉, 가족 형성기에 속하는 연령대일지라도 가족을 형성하지 않는 사람이 과거에 비해 훨씬 많아졌어요.

1인 가구는 재무 리스크를 나눌 사람이 없기 때문에 노후 준비의 중요성이 더욱 커집니다. 미래에 닥칠 위험을 나눠서 감당할 사람이 없기 때문입니다. 나 혼자만의 힘으로 해결해야 해요. 따라서 비상금 확보, 노후자금 마련, 장기적인 계획 점검 등으로 노후를 꼼꼼히 준비할 필요가 있습니다.

☑ 투자는 빠를수록 유리하다

30대에 가장 중요한 것이 바로 투자입니다. 장기투자를 통한 복리효과를 누릴 수 있기 때문입니다. 여기서 '카페라테 효과'를 떠올릴 수 있습니다. 커피 한 잔 가격처럼 작은 지출을 줄이고, 그 금액을 꾸준히 모아 굴리면 생각보다 큰 자산이 된다는 뜻입니다.

물론 이 개념은 단순히 매일 마시는 커피를 끊으라는 의미가 아닙니다. 일상 속 작은 습관이 미래의 큰 변화를 만들 수 있다는 것을 설명하는 경제적 비유입니다.

하루에 5,000원을 소비하는 건 그리 크다고 느껴지지 않습니다. 하지만 한 달이면 14만 원, 1년이면 168만 원이 됩니다. 이렇게 단순히 모으기만 해도 생각보다 큰 금액이죠?

그렇다면 이보다 더 적은 금액으로도 한번 살펴볼까요? 20세부터 29세까지 10년 동안 매년 100만 원씩, 총 1,000만 원을 모았다고 가정합시다. 한 달로 환산하면 약 8만 원, 하루로 환산하면 약 4,000원 정도입니다. 이후에는 추가로 모으지 않습니다. 이렇게 모은 1,000만 원을 연 10% 수준의 복리로 65세까지 그대로 두면 얼마가 될까요?

많은 분이 원금의 3~5배로 계산해서 3,000만 원 또는 5,000만 원이라고 대답합니다. 하지만 복리는 시간이 지날수록 기하급수적으로 커져요. 금융계산기로 계산해 보면 10년간 모은 1,000만 원이 1,600만 원이 되고, 그 금액이 35년 동안 10% 복리로 굴러가면

4억 7,000만 원에 가까워집니다.

딱 1,000만 원만 넣은 뒤에는 추가로 납입하지 않았는데도 말이죠. 이것이 바로 시간을 내 편으로 만드는 복리의 힘입니다. 다만, 이 결과는 '실제로 투자했을 때'만 마주할 수 있는 액수라는 사실을 반드시 명심하세요.

애초에 투자하지 않으면 시간이 지나더라도 1,000만 원은 그대로 1,000만 원일 뿐입니다. 결국 30대의 선택은 이렇게 두 가지로 나뉩니다. 하나는 1,000만 원이 4억 원으로 불어나는 길이고, 다른 하나는 1,000만 원이 10원도 늘지 않는 길입니다.

둘 다 똑같이 35년을 거친 결과지만, 손에 남는 금액은 40배 이상 차이가 나죠. 30대에 투자하지 않으면 '손해를 본다'는 말은 과장이 아닙니다. 시간은 누구에게나 평등하게 흐르지만, 복리의 힘은 꼼꼼하게 준비한 사람에게만 작동합니다.

국내 연구를 살펴보면, 연령대가 높을수록 자산 격차가 확대되는 경향이 뚜렷하게 나타납니다. 젊을 때는 차이가 크지 않지만, 일정 시점을 지나면 격차가 빠르게 벌어져요. 당장은 또래와의 자산 차이가 체감되지 않더라도 시간이 흐를수록 명확해집니다.

단순히 우리나라만의 이야기는 아닙니다. 투자의 귀재로 유명한 워런 버핏Warren Buffett의 이야기이기도 합니다. 혹시 그를 잘 모르는 분들을 위해 간단히 설명하자면 전 세계에서 가장 오랫동안 꾸준한 수익률을 기록해 온 투자자입니다.

일반적으로 기대수익률은 명목금리*와 물가상승률을 합한 수치인 5~8% 정도가 적당하다고 봅니다. 그런데 버핏은 연평균 수익률이 무려 20% 안팎이라고 알려졌습니다. 흥미로운 점은 그의 자산 대부분이 투자 중·후반기에 형성되었다는 사실입니다. 이는 복리가 시간이 지나면서 얼마나 강력하게 작용하는지 드러내는 사례로 자주 인용됩니다.

지금은 재테크를 하든 안 하든 별다른 차이가 없어 보입니다. "재테크에 관심 없는 사람들도 잘만 살던데요?"라고 말할 수도 있어요. 그러나 격차는 50대 이후에 놀랄 만큼 커집니다. 실제로 강의를 나가면 "제가 젊었을 때 이 내용을 알았다면 얼마나 좋았을까요?"라고 후회하시는 분도 굉장히 많이 만납니다.

여기에서 몇 가지 포인트를 찾을 수 있습니다. 첫 번째, 푼돈은 절대 푼돈이 아닙니다. 지금의 5,000원은 1년 후면 120만 원, 10년 후면 1,200만 원이 됩니다. 여기에 연 10% 수준의 복리를 적용하면 대략적인 수익만 815만 원이고, 35년이 지나면 노후를 책임지는 5억 원의 자산으로 성장합니다. 지금 당장은 적은 돈이지만, 시간이 지나면 결코 적은 돈이 아닙니다.

두 번째, 돈의 액수보다 중요한 것은 '시간'입니다. 100세 시대에 30대라면 인생의 절반도 살지 않은 시기이고, 딱 절반인 50대도 사

● 물가 변동을 고려하지 않은 표면상의 이자율

정은 크게 다르지 않습니다. 장수하는 시대에 우리가 가진 가장 큰 자산은 '시간'이므로 재테크는 빨리 시작할수록 좋습니다.

세 번째, 일반적인 금리로는 불가능한 수익률을 얻을 수 있습니다. 10%에 달하는 금리는 청년지원제도를 제외하면 사실상 찾기 어렵습니다(관련해서는 3장에서 자세히 다룰 예정입니다). 일반예금에서 10% 금리를 기대하기는 어려운 반면, 대출은 법정최고금리가 무려 20%에 달합니다. 이자를 얻는 건 어렵고, 빚은 훨씬 빠르게 불어난다는 사실을 절대 잊어서는 안 됩니다.

부동산은 '내 집 마련'이라는 주거의 편익이 있으니 조금 다르지만, 금융시장에서는 무리한 레버리지 사용이 위험합니다. 레버리지 투자 또는 신용융자 서비스●●는 주가가 오르면 수익률이 높아 이득을 볼 수 있습니다. 그러나 주가가 떨어지면 그만큼 입금해야 하죠. 만약 입금하지 못하면 '반대매매(임의상환)'가 발생하여 주식이 자동으로 매도되고, 해당 종목가는 더 떨어집니다.

그렇다면 수익률 10%는 어디서 달성할 수 있을까요? 바로 투자입니다. 대표적인 글로벌 지수인 S&P500의 장기 연평균 수익률은 10%를 웃돌아요. 복리는 긴 시간에 꾸준한 투자가 더해져야 비로소 힘을 발휘합니다.

●● 주가 상승이 예상되는 종목을 매매할 때 필요한 투자자금을 증권회사에서 대출받는 것

☑ 돈 관리, 3단계면 충분하다

돈을 관리한다는 건 어려울 것 같지만 실은 무척 간단해요. 아래의 3단계만 거치면 됩니다.

1. 예산 수립
2. 실천
3. 점검

'예산 수립'은 돈을 어디에 얼마나 쓸 것인지 계획하는 단계입니다. 예산을 수립하기 위해서는 현재 어디에 얼마를 쓰고 있는지 정확히 파악하는 것이 우선입니다. 그런 다음에 어디에 얼마를 배분할지 계획을 세우는 것이죠. 예를 들어, 식비가 많이 나간다면 장을 보기 전에 필요한 품목을 적고 딱 그것만 사는 것도 하나의 방법입니다.

'실천'은 계획한 대로 실천하는 것입니다. 하지만 말처럼 그리 간단하지는 않습니다. 앞서 충분히 설명했던 대로 그 이유는 인간의 심리에 있어요. 실제로 재정관리 강의 현장에서도 '방법을 알아도 실천이 어렵다'는 말을 많이들 합니다.

그래서 '아는 것'과 '실제로 하는 것' 사이의 간극을 줄여야 합니다. 이 간극을 이해하려면 우리의 소비 습관을 먼저 들여다볼 필요가 있습니다. 재정관리는 소비 습관을 만드는 데에서 시작하니까요. 여기서 중요한 점은 절약과 합리적 소비를 분명히 구분해야 한다는 것입니다. '절약'은 단순히 돈을 아끼는 것이고, '합리적 소비'는 같은 비용으로 더 큰 만족을 얻는 선택입니다. 돈은 무작정 '안 쓰는 것'이 정답이 아닙니다. 카페라테 효과를 예로 들었다고 해서 사소한 지출을 모조리 줄이라는 뜻이 아닌 것처럼요. 실제로 재무상담에서 만나는 분들 중에 특히 걱정되는 유형이 있습니다.

과소비형

가진 돈 이상으로 지출하는 '과소비형'은 가장 위험합니다. 체크카드에서 신용카드로 넘어가기 시작하면 적자 구조가 단단히 굳어 버리기 때문입니다. 만약 과소비형이라면 아래에 제시한 방법을 순서대로 따라 합시다.

지출을 현금 중심으로 바꾸기

- 지출 시 통장의 잔고 변화가 눈에 들어오는 체크카드 사용하기
- 현금을 사용해서 소비를 줄이기

신용카드는 자산이 줄어드는 걸 곧바로 체감할 수 없어서 무심코 지출하게 됩니다. 사용 즉시 통장 잔고에 변화가 생기는 체크카드를 쓰면 소비할 때 망설여지겠죠. 그렇다면 아예 현금만 사용하기 위해 지갑에 5만 원권 한 장만 넣고 외출하는 건 어떨까요? 3,000원짜리

물건 하나를 사려고 해도 5만 원을 내고 거스름돈을 받는 과정이 번거로워서 자연스럽게 지출이 줄어듭니다.

다만, 요즘은 현금을 받지 않는 매장이 늘고 있습니다. 이에 대비해 비상용으로 1~2만 원 정도만 넣어 둔 체크카드를 함께 가지고 다니는 것도 좋습니다. 핵심은 결제 수단을 늘리는 것이 아니라 내가 쓸 수 있는 돈의 한도를 눈에 보이도록 만드는 것입니다.

생활비를 하루 단위로 쪼개서 사용하기

- 주거비, 통신비 등은 자동이체로 빠져나가도록 설정하기
- 남은 생활비를 계산하여 하루 단위로 쪼개기
- 아침마다 지갑에 2만 원만 넣기

주로 체크카드를 사용하거나 현금을 가지고 다녀도 여전히 과소비를 하고 있다면 '쪼개기 전략'을 써야 합니다. 고정지출은 급여일에 맞춰 자동이체를 걸어 두세요.

그리고 그 금액을 제외하고 남은 생활비가 60만 원이라면, 30일 기준으로 계산하여 하루 지출을 2만 원으로 제한합니다. 지키는 게 어려울 것 같으면 아침마다 지갑에 딱 2만 원만 넣고, 카드는 사용하지 않는 게 좋겠죠.

이 방법은 오늘 지출하지 않은 금액을 다음날로 넘길 수 있다는 장점이 있습니다. 이틀 동안 자제하면 4만 원이 모이고, 닷새가 되면

10만 원이 모이는 식으로 여러분이 얼마나 모았는지도 알 수 있을뿐
더러 남은 현금이 눈에 보이므로 소비 조절에 도움이 됩니다.

외식·취미·문화비 먼저 점검하기

과소비형 지출은 대부분 '좋아하는 일'에 집중됩니다. 특히 지출이
큰 항목은 외식비, 취미·여가비, 모임 회비, 데이트 비용 등입니다.
이러한 지출은 '한번 쓰기 시작하면 계속 쓰게 되는 비용'이라 조절
하기 어려우므로 우선적으로 점검할 필요가 있습니다.

여가비 지출 구조를 재설계하기

모임이 잦고 외향적인 사람일수록 지출은 커집니다. 이때, 전체 금
액을 결제한 뒤에 정산받는 방식을 삼가야 합니다. 애초에 분할계산
을 하거나 상대방에게 이체하는 식으로 정산하는 편이 지출관리에
좋아요. 타인의 소비가 내 지출에 섞이면 기록에 혼란이 생길 수도
있고, 깜빡하여 돈을 못 받는 위험도 생기니까요.

만남 횟수를 줄이는 대신 만남의 '질'을 높이기

며칠 동안 쓰지 않고 모은 돈으로 사람을 만나면 부담이 적겠죠.
자주 만나는 대신 한 번 만났을 때 깊은 교류를 하는 것도 괜찮습니
다. 떠날 사람은 자주 만나서 돈을 많이 써도 결국 떠나기 마련입니
다. 지출을 줄이면 오히려 인간관계의 본질이 더 잘 드러납니다.

과저축형

돈을 거의 쓰지 않는 과저축형은 겉으로는 모범적으로 보이지만, 오히려 위험한 측면이 있습니다. 미래를 위한답시고 현재를 과하게 희생하고 있을 가능성이 존재하기 때문이에요.

불안감, 죄책감 때문에 소비를 피하거나 지나치게 절약하는 행동은 오히려 스트레스를 키우고 더 큰 비용(병원비, 간병비 등)을 초래할 수 있으니 어느 쪽이든 적당한 게 좋습니다.

행동경제학에서도 소비는 행복과 직결된다고 말합니다. 경제학자 폴 새뮤얼슨Paul Samuelson은 '소비가 늘수록 만족은 커지지만, 욕망이 커질수록 행복은 줄어든다'는 취지로 설명한 바 있습니다. 즉, 지나친 소비도 문제지만, 너무 안 쓰는 것도 문제입니다. 과저축형이라면 아래의 방법으로 건강한 소비 습관을 만드는 게 바람직합니다.

'경험 소비'를 계획적으로 늘리기

- 보고 싶은 전시, 방문하고 싶은 카페, 배우고 싶은 수업 등을 리스트로 정리하기
- 월 1회 또는 분기 1회의 주기로 '경험 데이' 만들기
- 단기 여행, 취미 클래스, 체험 프로그램부터 실행하기

경험에 돈을 쓸 때의 만족감이 단순히 물건을 구매할 때의 만족감보다 크다는 연구 결과가 있습니다. 개인적으로 하고 싶은 경험을 리

스트로 작성해서 지정한 날에 실행에 옮기는 겁니다. 단기 여행 및 취미 클래스, 체험 프로그램을 우선적으로 배치하는 것이 좋습니다.

경험 소비는 행복의 지속력이 비교적 깁니다. 건전한 소비에서 비롯되는 긍정적인 감정이 과저축형이 가진 '불안에 기반한 절약' 구조를 가장 자연스럽게 무너뜨릴 수 있습니다.

버는 만큼 쓰는 유형

가장 걱정스러운 두 가지 유형(과소비형·과저축형)을 살펴봤으니, 이제 다수의 사람이 해당되는 '가진 돈을 대부분 지출하는 사람'을 위한 합리적 소비 전략 8단계를 말씀드리겠습니다.

소비의 목적을 정하기

모임을 두 가지로 구분하세요. 하나는 순수 여가의 목적으로 친구들과 만나서 즐기는 모임, 다른 하나는 직장 동료나 거래처와 만나서 인맥을 쌓는 모임입니다. 전자는 '즐거움'이 목적이고 후자는 '일의 연장선'이죠. 목적이 다르면 지출의 적정선도 달라집니다.

간편결제는 과감하게 해지하기

- 지문결제, 원클릭 결제 비활성화하기
- 결제는 실물 카드로 직접 결제하기
- 온라인 구매 시 '계좌이체'를 선택하고 하루 뒤에 송금하기

결제가 간단하면 돈도 쉽게 나갑니다. 스마트폰 하나로 다 되는 세상이지만, 건전한 소비습관을 기르고 싶다면 과감하게 간편결제 수단을 전부 비활성화합시다. 돈을 지불해야 하면 가급적 실물 카드로 계산하세요. 또한 온라인 쇼핑으로 과소비하는 버릇이 있다면 결제 수단을 '계좌이체'로 지정하고 하루 뒤에 송금하는 습관을 만드는 것도 좋습니다. 다음날에 보면 '이건 굳이 살 필요가 있나?' 싶은 물건이 있으니까요. 결제 과정이 번거로워지면 불필요한 소비가 눈에 띄게 감소합니다.

필요한 것과 원하는 것을 구분하기
- 사고 싶은 물건은 일주일간 보관했다가 구매하기
- 타임세일은 일단 구매하고 하루 뒤에 송금하기

이론상으로는 쉽지만 실제로 가장 어려운 단계입니다. 우선, 사고 싶은 물건이 생기면 온라인 장바구니에 넣고 일주일 정도 그대로 둡니다. 시간이 지난 뒤에도 필요하다고 느끼면 그때 구매하는 거예요. 만약 타임세일이 적용되어 지금 안 사면 손해라는 느낌이 든다면 앞서 얘기한 대로 계좌이체를 선택하고 하루 뒤에 송금하는 방식으로 구매합니다. 이러한 경험이 누적되면 '없으면 불편한 것' 즉 '꼭 필요한 것'이 무엇인지 정확히 파악할 수 있습니다. 단순히 내가 원할 뿐, 꼭 필요하지 않은 물건을 구분하여 소비를 줄여야 해요.

외식비 조절하기

- 밥은 직접 지어서 먹고, 반찬은 사 먹기
- 배달 대신 테이크아웃으로 배달료 절약하기
- 1인 가구는 배달 음식을 한 끼 분량만큼 나눠서 냉장고에 보관하기

외식비는 자칫하다간 고정지출처럼 꾸준히 지출하는 항목이 될 수도 있습니다. 직접 요리해서 먹는 것이 이상적이지만, 요리는 인풋 대비 아웃풋이 낮죠. 들이는 시간에 비해 먹는 시간은 짧고, 뒷정리를 하는 시간도 있으니까요. 여러분의 사정을 고려해서 지속할 수 있는 방식으로 외식비를 줄이는 것이 좋습니다.

문화비는 '한도, 빈도, 대체 가능성'을 살피기

(1) 한도 정하기

문화비뿐 아니라 모든 소비에서 한도 설정은 핵심입니다. 문화비는 소득의 10% 내외로 설정하는 걸 추천하며, 이를 위해서 통장 쪼개기가 중요합니다. 보통 생활비, 비상금, 저축 목적으로 계좌를 각 1개씩 만듭니다.

(2) 빈도 줄이기

취미 활동이 잦은 분이라면 빈도를 절반으로 줄이세요. 가령, 매주 연극을 관람하는 분이라면 격주 관람으로 소비 습관을 바꾸는 겁니다.

(3) 대체할 수 있는 방식을 찾기

- 뮤지컬 좌석의 등급을 S석에서 A석으로 낮추기
- 영화관 실관람을 OTT 시청으로 대체하기
- 카페 방문을 산책으로 대체하기
- 고가 커피숍에서 저가 커피숍으로 바꾸기

문화비는 '원하는 활동'에 해당해서 지출을 줄이는 게 가장 어려운 항목입니다. 실제로 주 1회씩 뮤지컬을 관람하던 분에게 격주 관람을 제안했더니 일단 좌석 등급을 낮추는 것부터 시작하셨습니다. 하고 싶은 일을 모두 할 수 있다면 좋겠지만, 가진 돈은 한정적이니 선택이 필요합니다.

시간을 써서 지출을 줄이기

- 도서관 또는 지자체 특강 및 프로그램 수강하기
- 유흥은 가급적 줄이고 택시비도 줄이기
- 산책, 독서, 무료 전시회 관람 등 지출이 필요치 않은 여가 활동을 찾기

시간은 금이라지만 때로는 시간을 들여 돈을 절약할 필요가 있습니다. 집에서 온라인 강의를 듣거나 필요한 책을 온라인 서점으로 구매하면 원하는 것을 편리하게 얻을 수 있는 대신 비용이 들어갑니다. 도서관에서 주관하는 강좌나 지자체 무료 프로그램을 활용하고, 필

요한 책은 도서관에서 대출해서 읽으면 시간은 들어도 지출을 줄일 수 있습니다.

우선 '5%만' 바꾸기

- 장을 보기 전에는 꼭 허기를 달래기
- 주기적으로 냉장고 재고 확인하기
- 문화비는 단계적으로 줄이기

한꺼번에 모든 것을 바꾸려고 하면 실패할 확률이 높습니다. 사소한 것부터 시작해서 차례대로 바꾸면 성공 확률을 극적으로 올릴 수 있습니다.

초등학교에 다닐 때, 방학이 되면 생활 계획표를 만들지 않았나요? 빽빽하게 구성할수록 실천이 어려웠죠. 마찬가지로 절약도 처음에는 5% 정도를 줄이는 것부터 시작해서 천천히 단계를 높여야 지속 가능성이 올라갑니다.

가계부를 직접 작성하기

- 주 1회 기록하기
- 월 1회 점검하기
- 지출을 항목별로 분류하기
- 지출 이유를 작성하기

가계부는 수기로 작성하는 것을 추천합니다. 은행 어플의 마이데이터를 활용하는 것도 효율적이지만, 손으로 직접 기록하는 과정에서 소비 습관과 생각이 정리되고, 지출 감각이 살아납니다. 자동으로 정리된 도표만 보면 이런 경험을 얻기 어렵습니다.

☑️ 가계부는 '제대로' 작성해야 한다

나만의 재무상태표 만들기

많은 사람이 가계부를 단순히 '지출 기록'이라고만 생각합니다. 하지만 가계부를 제대로 쓰기 위해서는 두 가지 정리표가 필요합니다. 재무상태표로 현재 상태를 확인하고, 현금흐름표로 돈의 흐름을 관리하면 자신의 재정 상태를 훨씬 명확하게 이해할 수 있습니다.

'재무상태표'는 현재의 자산과 부채를 모두 정리해서 각 자산의 잔액, 납입액, 만기 수령액 등을 파악할 수 있습니다. 쉽게 말해서 지금 내가 무엇을 가졌고, 무엇을 빚졌는지 적은 목록이에요. 예금, 투자금, 부동산 같은 자산이나 대출, 카드 할부금 같은 부채를 모두 적어 현재의 재정 상태를 확인합니다.

'현금흐름표'는 우리가 흔히 말하는 가계부입니다. 월급처럼 정기적으로 들어오는 돈과 생활비처럼 필수적인 지출을 기록해서 돈이 어떤 흐름으로 움직이는지 파악하기 위해 작성합니다.

자산 점검 체크리스크	부채 점검 체크리스크
☐ 예금	☐ 돈을 빌린 기관
☐ 적금	☐ 총 대출금
☐ 주식	☐ 월 상환액
☐ ETF	☐ 남은 상환 기간(○년 ○개월)
☐ 채권	☐ 금리
☐ ISA	☐ 중도상환수수료
☐ 연금계좌	(○%, 면제 시점: ○년)

최소 1년에 한 번은 자산의 현재 시세를 반영해서 총자산을 다시
계산하는 것이 좋습니다. 자산가치는 시간의 흐름에 따라 변하기 때
문이에요.

저축과 대출의 우선순위 판단하기

판단 기준	
• 예금금리 vs. 대출금리	• 증여세 여부
• 대출 기간	

청소년을 대상으로 출강한 적이 있습니다. 그럴 때면 쉬는 시간에
제일 먼저 뛰어오시는 분이 바로 담임 선생님입니다. 강사의 약력을
확인하고 초빙하기 때문에 강의 시간이 얼마나 귀한지 제일 잘 아는

분이기도 합니다. 그 선생님은 강의 전에 질문할 내용을 미리 준비하신 것 같았습니다. 본인의 재무상태표를 작성하셨고, 종이에 질문도 빼곡하게 적혀 있었거든요.

"대출을 받아서 이 금액으로 집을 샀습니다. 현재 빚을 다 갚을 수 있는 상황인데요. 저축하는 것보다 대출을 상환하는 게 낫겠죠?"

대출금리가 예금금리보다 높은 상황이기는 했습니다. 하지만 문제는 아파트 가격입니다. 사실 사회생활이 길지 않을 30대 초반은 대출을 껴도 아파트를 매매하기 힘들죠. 민감할 수 있는 질문이기에 조심스럽게 물어보았습니다.

"혹시 부모님 돈일까요?"

그러자 시선을 피하신 걸 보니 아마 증여 사실을 신고하지 않은 채 부모님의 도움으로 집을 샀을 가능성이 높아 보였어요. 이때는 금리라는 관점에서 접근할 것이 아닙니다. 대출 상환을 본인의 자금으로 했다는 합리적 설명이 어려워질 수 있기 때문이에요. 자금출처조사라는 리스크가 생깁니다.

대출금을 그대로 가져가고, 주택담보대출의 연말정산 소득공제 혜택을 활용하는 쪽이 더 합리적인 선택이었습니다. 빚을 갚을 것인지, 예금에 넣을 것인지는 금리나 대출 기간, 세금 등 다양한 관점에서 살펴봐야 합니다. 최소 1년에 한 번은 현재 시세를 기준으로 총자산을 재계산하는 것도 잊지 마세요.

또한, 머지않아 가용 금액을 써야 할 곳이 있다면 대출을 먼저 갚는 것이 정답이 아닐 수도 있습니다. 결론적으로 우선순위는 상황에 따라 달라집니다.

지출을 항목별로 나누기

단순히 얼마 썼다고 기록하는 게 전부인 가계부는 작성하는 의미가 없습니다. 항목별로 지출을 구분하는 편이 좋습니다. 또한 과소비 여부를 체크하면 다음 달의 소비를 조절하는 데 도움이 되겠죠. 이때, '적당한 지출'의 기준은 사람마다 다르므로 여러분의 가치관에 맞게 예산을 설정하면 됩니다.

계정 구분 기본 틀

- 주거비
- 식비·외식비
- 교육비
- 보험료
- 대출 원리금

- 부모님 용돈
- 문화비
- 비정기 지출
- 저축

소득의 성격을 분류하기

지출을 계정별로 분류한 것처럼 소득 역시 경상소득, 비경상소득으로 나눠서 그 성격을 구분하는 것이 좋습니다.

'경상소득'은 월급처럼 정기적으로 생기는 소득을 말합니다. 반면 '비경상소득'은 명절 상여금, 보너스, 중고물품 판매 수입처럼 일시적이거나 불규칙하게 발생하는 소득입니다. 생활비, 정기적인 저축은 경상소득으로, 그 외의 목적은 비경상소득으로 계획해도 좋습니다.

경상소득	비경상소득
• 월급 • 매달 정기적으로 생기는 수입	• 복권 당첨금 • 보험금 • 중고차 판매 등 일시적으로 생긴 수입

소득 대비 지출 비율 계산하기

여러분의 소득이 세후 월 300만 원인데, 그중 식비로만 100만 원을 지출했다고 가정합시다. 이때 소득 대비 식비의 비율을 계산하면 33%가 나오겠죠.

이처럼 계정별로 비중을 계산하고, 초기 예산과 비교하세요. 비율을 따져 보면 적정선 이상으로 지출하는 '문제 구간'이 명확하게 드러납니다.

엑셀 또는 가계부 앱 활용하기

처음부터 가계부를 수기로 작성하는 건 부담스러울 수도 있어요. 그럴 때는 아예 시도조차 안 하는 것보다 타협점을 찾아서 실천으로 옮기는 것이 중요합니다. 처음에는 엑셀 또는 앱을 사용해서 가계부를 작성해도 좋습니다.

| 엑셀 가계부 작성법 |

1/6(월)	
수입 내용	금액
수입 합계	

지출 내용	금액
학원비	153,000
가스	100,000
물티슈	11,000
닭가슴살	28,000
어학원	234,000
지출 합계	**526,000**

1/7(월)	
수입 내용	금액
수입 합계	

지출 내용	금액
붕어빵	4,000
녹즙	67,500
컵밥 1box	31,000
김 1box	37,000
지출 합계	**139,000**

엑셀 가계부 작성법

- 데이터 확보: 은행 앱에서 거래 내역 다운로드 받기

- 흐름 파악: 날짜순으로 지출 내역 확인하기

- 패턴 이해: 지출을 계정별로 분류해서 소비 습관 파악하기

- 변화 점검: 지난 2개월간의 지출과 비교 및 분석하기

- 개선점 설정: 불필요한 지출을 찾아 다음 예산에 반영하기

핀테크 앱 사용법

- 흐름 파악: 소비 캘린더로 지출이 잦은 시기 확인하기

- 패턴 이해: 월별 카테고리로 주 소비처 파악하기

- 지출 통제: 예산 초과 알림으로 과소비 막기

- 인식 재고: 푸시 알림으로 지출 즉시 인지하기

- 습관 형성: 구체적인 목표를 정해서 소비 습관 만들기

직접 작성하는 이유를 이해하고 실천하기

가계부를 작성하는 목적은 단순한 '기록'이 아니라 '기록하면서 생각하는 것'입니다. 가계부를 수기로 기록하면 내 소비를 되돌아볼 수 있습니다. 지출 이유를 적으면서 자신의 소비 패턴도 파악할 수 있고요. 앱이나 엑셀 같은 핀테크 도구는 소비를 '보는 것'에 불과하지만, 직접 작성하는 방식은 '반성하고 분석하는 과정'입니다. 강의 현장에서 가계부를 어떻게 쓰는지 물어보면 아날로그라고 답하는 사람은 수강생의 10% 미만이지만, 실제로는 그런 사람들이 지출을 더 안정적으로 관리하는 경우가 많았습니다.

☑ 나의 소비 패턴 파악하는 법

사람은 누구나 '자신만의 방식'으로 돈을 씁니다. 누군가는 연인에

게 쓰는 돈이 아깝지 않고, 누군가는 취미나 자기계발에 쓰는 데 아끼지 않습니다. 소비는 개인의 가치관이 반영된 행동이기 때문에 옳고 그름을 판단하는 영역이 아닙니다. 다만, 그 비율이 소득 수준을 넘어가기 시작하는 것은 문제가 되기 때문에 이 시점부터는 반드시 조정이 필요합니다.

그러면 소비 패턴을 어떻게 파악할까요? 간단해요. 가계부를 작성하면 됩니다. 3개월만 써 보면 반복되는 흐름, 즉 소비 패턴이 보입니다. 이 패턴을 파악하면 올바른 관리법을 선택할 수 있습니다.

유형에 따라 지출 관리하기

소비 패턴에는 아래 네 가지 유형이 있습니다.

신용카드 악순환 유형

- 신용카드 한도를 단계적으로 줄이기
- 한도를 줄인 후에 '새로운 할부결제' 피하기
- 목표에 도달하면 체크카드 위주로 소비 구조를 바꾸기

월급이 들어오면 지난달 카드값부터 갚은 다음, 다음 급여일까지 신용카드로 버티는 유형입니다. 이러한 패턴을 유지하면 소비를 통제하기 어렵습니다. 단번에 신용카드를 사용하지 않는 건 어려우므로 한도를 5~10%씩 단계적으로 줄이는 걸 권장합니다. 지출 구조

를 바꾸는 과정에서 새로운 할부결제는 피하면서 체크카드나 현금
결제로 전환하는 편이 좋습니다.

월초 집중 소비 유형

- '보관용 통장' 개설하기
- 일주일치 지출액만 '생활비 통장'에 입금하기

월급이 들어오면 1~2주 안에 대부분 써 버리고, 다음 급여일까지
남은 돈으로 버티는 데 집중하는 패턴입니다. 만약 이런 유형이라면
보관용 통장을 하나 더 개설하세요. 한 주 동안 사용할 금액만 주로
사용하는 생활비 통장에 넣고, 나머지는 보관용 통장으로 옮겨서 지
출을 차단하는 겁니다. 이를 위해서는 일주일 단위로 소비를 쪼개는
연습이 필요하겠죠.

월말 집중 소비 유형

- 30일 기준으로 지출을 균형 있게 분배하기
- 일주일 단위로 소비 한도 설정하기

초반에는 안 쓰고 버티다가 특정 시점에 보상심리로 거금을 지출
해 버리는 패턴입니다. 지출을 몰아서 할수록 소비에 감정이 섞이기
쉽습니다. 월초 몰빵 유형과 비슷하게 30일 기준으로 월간 지출액을

쪼개고, 일주일 단위의 지출 한도를 설정합니다. 소비를 주 단위로 관리하면 통제력이 높아집니다.

감정적 소비 유형

- 과소비 항목은 한도를 설정하고 지키기
- 적정 수준을 벗어난 지출은 우선순위 재조정하기

특정 목적의 지출이 유난히 높은 사람이 있습니다. 한 달 치 소비에서 외식비가 지나치게 큰 비중을 차지하거나 연인 또는 가족에게 과도하게 지출하는 식입니다. 명품 같은 사치품과 여가비가 지나치게 높은 사람도 있겠죠. 모두 지출하면 기분이 좋거나 상대와의 관계가 친밀해지지만, 필수적인 지출은 아닙니다.

이런 유형은 감정, 인간관계, 가치관이 지출을 좌우합니다. 객관적으로 지출 비중이 높은 항목은 한도를 설정하고 관리해야 합니다. 개인의 가치관을 존중하는 것도 중요하지만, 소득을 초과하는 소비는 결국 그 가치관 자체를 흔들 수 있습니다.

계좌 구조를 바꿔서 소비 조절하기

하지만 지출은 의지만으로 조절하기 어렵죠. 이럴 땐 '계좌 구조'를 바꿔야 소비 패턴을 바꿀 수 있습니다. 가장 기본이 되는 통장 구성은 세 가지입니다.

- 생활비 통장
- 고정지출(월세, 공과금, 보험료) 통장
- 저축·투자 통장

여기에 필요에 따라 아래의 통장을 추가합니다.

- 월초 집중 소비 유형 → 보관용 통장
- 감정적 소비 유형 → 가족·연인 통장
- 취미·경험 소비가 중요한 사람 → 문화비 통장

다만, 통장은 많을수록 관리가 어렵습니다. 무작정 개설하지 말고 '나에게 필요한 만큼' 개설해서 알맞은 계좌 구조를 설계하는 것이 핵심입니다.

50-30-20 법칙으로 소비하기

지출 비율은 단순할수록 유지하기 쉽습니다. 50-30-20 비율로 다음과 같이 구분하는 방식을 추천합니다.

- 저축 또는 대출 원리금 상환 → 50%
- 생활비 → 30%
- 투자 → 20%

아래와 같이 조금 더 섬세하게 조정할 수도 있어요. 소비에 정답은 없으므로 상황에 맞게 지출하시면 됩니다. 중요한 것은 지속 가능한 소비 구조를 만드는 것입니다.

- 필수적인 소비 → 30%
- 문화비, 외식비 등 원하는 소비 → 10%
- 투자 → 10%
- 노후 준비 → 20%
- 자가가 있는 경우 대출 원리금 상환 → 30%

소비 습관 만들기

- 소비 패턴 진단하기
- 필요한 통장 구조 설계하기
- 나에게 맞는 지출 비율 설정하기

많은 사람이 어디에 얼마를 쓸지, 즉 지출 비율부터 정하려다가 실패합니다. 서두르지 말고 '소비 패턴 파악 → 시스템 구축 → 비율 설계' 순으로 가는 것이 좋습니다. 일단 내 소비 습관이 어떠한지 파악한 다음에 과소비를 막는 시스템을 구축해야 소비를 절제하고, 저축하고, 꾸준히 투자할 수 있습니다.

나에게 맞는 방식으로 적용하기

- '내 소비 패턴은 어떨까?'
- '나한테는 어떤 시스템이 맞을까?'
- '비율을 어떻게 조정해야 지속할 수 있을까?'

위의 세 가지 질문에 답할 수 있을 때 비로소 소비와 저축이 균형을 이루기 시작합니다.

☑ 돈을 불리는 습관 만들기

'모을 수 있는 금액' 먼저 확인하기

- 잉여금이 월평균 10만 원이라면 10만 원부터 모으기
- 현실적으로 가능한 금액으로 설정하기
- 혹시 실패하더라도 개선 가능한 지점을 찾기

지난 3개월 동안 돈이 얼마나 남았는지 확인하세요. 가계부, 마이데이터 등 편한 방식을 택해서 정확한 금액을 파악하기만 하면 됩니다. 억지로 많이 남기려고 애쓰지 않아도 괜찮습니다. 돈을 모으는 것은 저축의 '출발점'을 보는 데서 시작하니까요.

급여일에 맞춰 자동이체 설정하기

• 급여일 오전에 저축액, 투자금부터 빠져나가도록 하기

돈을 모으는 가장 강력한 방법은 의지가 아니라 시스템입니다. 목표 저축액을 정하지 않고 매달 '남는 만큼만' 모으는 방식은 실패할 확률이 압도적으로 높습니다. 소액이라도 괜찮으니 지출에 앞서 저축하는 것이 핵심입니다.

비상금 만들기

돈을 모으지 못하는 이유 중 하나는 예상치 못한 비용이 발생해서 저축이 무너졌기 때문입니다. 저축과는 별개로 100만 원, 300만 원, 500만 원 단위로 비상금을 만들어 두는 것이 좋아요. 비상금을 따로 빼 두면 목돈이 필요할 때 적금을 해지하지 않아도 됩니다. 이 돈이 갑작스러운 사고 앞에서 저축을 지키는 방패가 됩니다.

저축은 5%씩 단계적으로 늘리기

돈을 모으는 게 목적이라지만 처음부터 월급의 30%, 50%씩 모을 필요는 없습니다. 가장 중요한 원칙은 '감당할 수 있는 범위 안에서 단계적으로 저축하기'입니다.

예를 들어 월 소득의 5%로 시작했다면 3개월 후에는 10%, 6개월 후에는 15%를 저축하는 식으로 늘리는 것입니다. 많은 사람이 저

축을 늘리는 데에 실패하는 건 처음부터 목표를 크게 잡았기 때문입니다. 조금씩 늘리면 적응할 수 있어요.

저축을 용도별로 나누기

- 필요 저축: 비상금, 전세보증금 증액처럼 예상 가능한 미래 지출
- 만족 저축: 여행비, 여가비, 자동차 구매처럼 만족감을 위한 지출
- 미래 저축: 결혼자금처럼 미래를 위한 장기적인 저축

저축은 각각의 목적이 달라야 지킬 수 있어요. 통장 하나에 몰아서 저축하면 '돈을 모으는 목적'이 흐려져서 유지하기 어렵습니다. 대체로 3가지 목적이면 바람직한 저축 구조를 만들 수 있어요.

종잣돈 1,000만 원을 위한 월별 습관 만들기

- 급여일: 저축액, 투자금 이체하기
- 매주 월요일: 주간 예산 설정하기
- 매달 말일: 저축률, 잉여금 점검하기
- 분기 말: 저축률 +5% 조정 여부 체크하기

종잣돈은 단번에 만들기 어렵습니다. 돈을 모으는 습관이 있어야 가능합니다. 시기를 구분하여 거기에 맞는 습관을 만드는 것을 추천드려요. 돈 모으기가 습관으로 자리 잡으면 저축도 자동화됩니다.

장기적인 목표 설정하기

- 목표 저축액 정하기
- 역산해서 몇 년 동안 매달 얼마를 모을지 파악하기

1억 원을 모은다고 가정합시다. 1억 원이라는 액수가 거창해 보일지라도 역으로 계산하면 생각보다 모으기 쉽습니다. 매달 얼마를 저축할지, 그리고 시간이 얼마나 필요할지 따져 보면 됩니다. 기본 5~7%의 복리를 전제로 계산해 볼까요? 월 50만 원씩 모으면 15년, 100만 원이면 8년, 150만 원이면 5년이 걸립니다.

중요한 건 남과의 비교가 아닌 '나의 속도'입니다. 돈을 잘 모으는 것은 단순한 절약이 아니라, 내 돈을 지키는 구조를 만드는 일입니다. 시작부터 거창한 목표를 설정해서 애쓰는 것보다는 작은 성공을 쌓아 가는 경험이 중요합니다.

지금까지 돈을 합리적으로 쓰고, 잘 모으는 방법을 살펴봤습니다. 다음 장에서는 투자의 시작점이라고 할 수 있는 '포트폴리오 만들기'를 알아보겠습니다.

2장

돈 버는
시스템을 만드는
포트폴리오

포트폴리오 만드는 게 어려워요

☑ 포트폴리오 구성의 3단계

　몸에 피가 잘 돌지 못해서 생기는 병이 동맥경화입니다. 그리고 뇌혈관이 막히면 생기는 것이 뇌경색이죠. 돈도 다르지 않습니다. 시중에 돈이 잘 돌지 않는 것을 '돈맥경화'라고 할 수 있습니다. 몸과 마찬가지로 이때 신용경색이 올 수도 있습니다.

　때는 코로나19 바이러스가 전 세계로 확산하던 시기였습니다. 당시 세계 경제는 불확실성이 극도로 높아진 상황이었습니다. 금융시장에서는 자금이 돌지 않을 수 있다는 우려가 커졌고, 이를 방치하면 신용경색으로 이어질 가능성도 제기되었습니다. 이에 대한 해법으로 제시된 방안이 대규모 통화 공급, 즉 양적완화였습니다.

경제가 위축되면 소비와 투자가 동시에 줄어들고, 이는 자금 흐름이 얼어붙는 상황으로 이어집니다. 그걸 막기 위해 여러 국가는 시중에 거금을 풀었습니다. 신용경색이 오지 않게끔 방지하는 것이 중요했으니까요. 그러나 시중에 풀린 돈은 정부의 기대와는 달리 실물경제보다 주식이나 부동산으로 흘러갔고, 결과적으로 자산가치의 급등으로 이어졌습니다.

사례1 재무상담으로 만난 A 씨

당시에 재무상담을 오신 A 씨는 소득의 70%를 저축하고 있었습니다. 일반적으로는 50%를 저축해도 매우 훌륭한데, 70%나 저축한다니 놀라웠죠. 그러나 저는 숫자로 확인하기 전까지는 상담자의 말을 그대로 믿지 않는 편이라, 계좌를 보여 달라고 요청했습니다. 그러자 돌아온 대답이 예상 밖이었습니다.

"은행 계좌는 없습니다."

"그러면 저축은 어디에 하시나요?

"저는 주식에 저축합니다."

눈앞이 흐릿해지는 느낌이었습니다. 저축과 투자의 개념조차 제대로 잡히지 않은 상태에서 주식 투자를 한다니! 불안감이 밀려올 수밖에 없었죠. 그래서 이어서 질문했습니다.

"그러면 증권계좌를 보여 주실 수 있을까요?"

증권계좌를 보는 순간, 아까보다 더 아찔해졌습니다. 그동안 모아 온 종잣돈이 한 가지 종목에 집중되어 있었고, 70%씩 투자한 기간 이 3개월 정도였습니다. 마음을 굳게 먹고 A 씨에게 이대로는 위험 해질 수 있다고 말씀드렸습니다.

"아…. 이런 말씀을 드리기 송구하지만, 너무 위험합니다. 다른 자산 도 함께 보유해 보세요. 투자 방식은 주식만 있는 게 아니거든요. 채권도 있고, 금도 있고, 현금성 자산도 일부 갖고 있어야 해요."

하지만 A 씨는 단호했습니다.

"아니요. 됩니다! 제가 좋은 정보를 알고 있거든요."

"그 정보는 어디에서 들으셨나요?"

A 씨는 확신에 찬 얼굴로 답했습니다.

"친구가 알려 줬어요."

냉정하게 말하자면 사람들이 말하는 '좋은 정보'는 이미 정보로서 의 가치가 떨어진 경우가 많습니다. 일반투자자의 귀에 들어가는 정 보라면 특히 그렇죠. 그리고 이런 사례는 A 씨만의 이야기가 아닙니 다. 실제로 국내에서 시행한 여러 조사에서도 개인투자자의 절반가 량이 지인 추천으로 종목을 선택한다고 답했습니다. 검증되지 않은 정보가 판단을 흐리는 일은 흔합니다.

저는 분산투자를 거듭 추천했지만, 돌아온 것은 "분명 돈이 될 거예요."라는 확신뿐이었습니다. 결국 그분의 확고한 선택 앞에서 물러설 수밖에 없었습니다.

그러다 몇 년 후, 우연히도 그분을 다시 만날 수 있었습니다. 헤어진 뒤에도 제 마음속에는 늘 물음표가 남아 있었죠. 솔직하게 말하자면 A 씨의 '안위'가 아니라 '수익률'이 궁금했습니다. 그래서 만나는 순간 가장 먼저 물었습니다.

"늘 A 씨의 수익률이 궁금했습니다. 투자하신 종목의 수익이 어떻게 되었는지 볼 수 있을까요?"

"아니요. 확인하실 필요 없습니다. -70%일 때 정리했습니다."

현실이 이렇습니다. 미안한 이야기지만 주변에서 돈을 벌었다고 해서 다 같이 돈을 벌 수 있는 건 아닙니다. 오히려 너도나도 돈을 벌었다는 소문이 들려오는 무렵은 고점에 가까운 경우가 많습니다. 실제로 '나도 한번 해 볼까?'라는 가벼운 마음으로 충분한 공부도 없이 주식 투자에 나섰다가 손실만 본 사례가 적지 않습니다.

앞서 당시의 경제 상황을 간략히 말씀드렸죠. 코로나19 팬데믹 시기에는 양적완화로 인해 시장에 많은 자금이 풀렸습니다. 이렇게 풀린 자금은 처음에는 자산가치에 반영되었지만, 공급망 차질과 수요 회복이 겹치면서 물가가 빠르게 올랐습니다. 미국에서 소비자물가지수가 급격히 상승했죠. 중앙은행은 그 대응책으로 금리를 올렸고, 그 여파로 시장의 열기가 식어서 자산가치가 전반적으로 하락했습니다.

그렇다면 -70%라는 A 씨의 수익률은 경기 때문이라 개인이 어쩔 수 없는 결과였을까요? 아닙니다. 이런 사례는 경기와는 거의 무관하게, 단일 종목 집중투자를 하는 분들에게서 종종 나타나는 전형적인 패턴입니다.

사례2 미국 증시에 투자하는 B 씨

B 씨는 미국 증시에 투자한다고 말했습니다. 저는 다른 사람들이 수익을 냈다는 이야기를 들으면 덩달아 신이 나는 사람입니다. 그날도 물개박수를 치며 이렇게 말했습니다.

"미국 대표지수가 크게 올랐잖아요. 정말 잘하셨네요!"

그런데 B 씨의 표정은 밝지 않았습니다. 그는 잠시 머뭇거리다가 이렇게 말했습니다.

"저는 대표지수가 아니라, 유망하다고 생각한 개별 종목에 투자해서 대표지수 상승과 무관합니다."

그리고 자신의 계좌를 열어서 보여 주었는데, 지금도 그 순간을 잊기 어렵습니다. 계좌에 보이는 종목은 단 하나인 데다가 수익률은 -99%였기 때문입니다.

"미국 주식은 주가가 1달러 아래로 떨어진 상태가 오래 지속되면 상장폐지 위험이 있다고 들었습니다. 남은 1%를 지금이라도 건져야 할까요?"

결론부터 말하자면, 이 사례의 문제점은 단순히 '주가가 크게 떨어졌다'라는 차원이 아닙니다. 개별 종목, 특히 변동성 높은 종목에 집중적으로 투자할 때 생기는 전형적인 결과입니다. 결국 문제의 핵심은 종목 선택이 아니라 포트폴리오 구조 자체에 있습니다.

저는 강의를 다니며 정말 많은 사람의 계좌를 봤습니다. 제가 원해서가 아니라, 강의가 끝나면 스마트폰을 들고 제 앞으로 달려와 상담을 요청하는 분이 많았기 때문입니다. 보통 절박할수록 제일 먼저 뛰어오시는데, 제일 먼저 나오는 질문은 대개 비슷합니다.

"투자한 지 1~2년 정도 됐는데 수익이 마이너스입니다. 손실을 감수하더라도 지금 팔까요?"

질문을 듣고 계좌를 확인해 보면 일반 증권계좌에 1~2개 종목만 매수한 경우가 많았습니다. 그것도 변동성이 큰 종목들로요. 그런데 같은 날에 만나도 전혀 다른 질문을 던지는 분들이 있습니다.

"투자한 지 10년이 넘었습니다. 지금 2배로 벌었는데, 더 살까요?"

계좌를 보면 ISA, IRP, 연금저축펀드 등 절세계좌가 있으며 ETF, TDF 등으로 분산투자를 했습니다. 이처럼 포트폴리오를 구성하는 것은 투자에서 매우 중요합니다. 서로 다른 방향으로 움직이는 자산군을 적절히 섞어 균형을 만들어야 수익을 얻을 수 있습니다.

이를 이해하려면 '상관관계'를 알 필요가 있겠네요. 관련 용어부터 쉽게 설명할 테니, 해당 개념을 잘 알고 계신 분들은 복기라고 생각하고 가볍게 읽어 보세요.

상관관계

- 두 변수가 같은 방향으로 움직이는지, 반대로 움직이는지 보는 개념
- 분산투자 효과에 영향을 주는 핵심 요소

상관계수는 -1부터 1 사이의 값으로 표현합니다. 1은 완전히 같은 방향으로 가고, -1은 완전히 반대 방향, 0은 아무 상관이 없다는 뜻이에요. 예를 들어서 나스닥이 10% 올랐어요. 그리고 비트코인이 10% 올랐다면 두 변수는 완벽히 같은 방향으로 움직였으므로 상관계수가 1입니다. 반대로 금이 10% 올랐는데, 비트코인이 10% 떨어졌다면 두 변수는 완벽히 다른 방향으로 움직였으므로 상관계수가 -1이 됩니다. 상관계수가 낮을수록 분산투자 효과가 큽니다.

돈이 하나의 자산에 몰리면 작은 위기에도 크게 흔들릴 수밖에 없습니다. 시장은 파도가 잦은 바다나 마찬가지입니다. 멀리서 보면 잔잔해 보이지만 언제 갑자기 큰 파도가 칠지 아무도 모릅니다. 이런 환경에서 한 가지 자산에만 의존하는 것은 조각배에 의지해서 바다에 나가는 것과 같습니다.

그래서 다양한 자산군을 담은 포트폴리오를 구성해야 합니다. 자산군은 주식, 채권, 부동산, 원자재처럼 성격이 비슷한 자산을 묶은 개념입니다. 자산군을 하나의 바구니라고 보면, 자산은 그 안에 담긴 개별 투자 대상(특정 기업의 주식, ETF 등)이라고 이해할 수 있습니다.

이 책에서는 자산과 자산군을 구분해 사용하되, 설명의 흐름에 따라 두 용어를 함께 사용했습니다.

위험을 분산하면 큰 파도가 몰아쳐도 중심을 잃지 않습니다. 이것이 변동성이 큰 시대에 필수적인 투자법입니다. 분산투자를 하면 한 자산에서 약간의 손해를 보더라도, 다른 자산에서 얻은 이익이 그 손해를 메워 줄 수 있어요.

주식은 큰 수익을 볼 수 있으니 꼭 가져가야 하지만, 그만큼 떨어질 위험도 높습니다. 그러나 채권의 수익률이 5%라면, 설령 주식의 수익률이 -5%여도 전체적으로는 수익률이 0%가 되는 셈이니 손해가 없습니다. 포트폴리오가 탄탄하면 이렇게 전체 손실을 크게 줄일 수 있습니다. 경기는 좋을 때도 있고 나쁠 때도 있어요. 그리고 상황마다 빛을 발하는 자산이 달라지므로 투자를 다각화하면 최악의 상황을 피하는 데 도움이 됩니다.

투자했다가 손해를 크게 보면 회복하기 어렵습니다. 그래서 장기적인 시각으로 바라보고, 안정적으로 복리효과를 누리며 자산을 키워야 합니다. 그걸 가능하게 만드는 방법이 바로 포트폴리오입니다. 포트폴리오는 나이, 성향, 목적에 따른 차이를 반영해 맞춤형으로 설계할 수 있다는 장점이 있습니다.

포트폴리오
- 두 가지 이상의 자산을 함께 활용해 나만의 균형을 만드는 것

- 하나의 자산이 흔들려도 손실을 상쇄할 수 있는 구조를 만드는 것

움직임이 서로 다른 자산에 돈을 나누어 담으면 그중 하나가 흔들려도 다른 자산이 그 손실을 덜어 주는 것, 그래서 최종적으로 내가 원하는 목표에 더 안전하게 도달하는 것. 이것이 포트폴리오의 핵심입니다. 포트폴리오 만들기도 돈 관리의 3단계였던 '계획-실행-점검'과 크게 다르지 않습니다. 내 상황을 파악하고, 자산을 나누어 투자하고, 정기적으로 수익을 점검하면서 조금씩 조정하면 됩니다.

투자 목표 정하기

투자 목표는 각자의 상황(제약조건)과 손실을 받아들이는 태도에 따라 다릅니다. 수익률이 -10%가 되었다고 가정했을 때, 사람들의 반응은 크게 두 가지로 나뉩니다. 마음이 불안해서 잠도 잘 오지 않고, 수시로 스마트폰을 들여다보며 수익률을 확인하는 사람이 있는가 하면 오히려 지금이 기회라고 생각해서 추가 매수까지 고려하는 사람이 있습니다.

그러나 목표를 설정할 때는 투자 기간도 함께 고려해야 합니다. 결혼자금, 전세보증금처럼 1~2년 안에 지출해야 하는 돈이라면 '단기형'으로 접근해야겠죠. 반대로 노후 대비처럼 먼 미래를 위한 돈이라면 '장기형'으로 설계할 수 있습니다.

기대수익률도 중요한 요소입니다. 기대수익률은 이론적으로는 고

위험·고수익, 저위험·저수익으로 구분하지만, 실제로는 훨씬 다양합니다. 강의 현장에서 제가 "기대수익률이 어느 정도면 좋을까요?"라고 질문하면 집단별로 답변이 상당히 다르거든요.

전문투자자나 금융권 종사자들은 "연 5%씩 꾸준히 수익을 내는 것도 현실적으로 쉽지 않습니다."라고 말합니다. 반면 금융권이 아닌 직군에서는 "연 10~30% 정도면 만족스러울 것 같습니다."라는 답변이 나옵니다. 투자 경험이 적은 집단에서는 "위험을 감수하는 건데, 100% 이상은 되어야 하지 않을까요?"라고 말하기도 해요.

결국 각 자산이 만들 수 있는 현실적인 수익과 위험을 이해하는 게 중요합니다. 기대수익률과 위험은 자산군마다 다르고, 같은 곳에 투자해도 체감하는 위험 수준은 사람마다 다르기 때문에 내 성향이 어느 쪽인지 파악하는 것도 중요하고요.

투자는 결국 위험에 대한 프리미엄이므로, 나의 성향을 파악하고 자산을 적절히 배분하는 것에서 시작합니다. 그러기 위해서는 주식, 채권, 부동산, 금, 달러 등 자산별 기대수익률과 위험도를 추정할 수 있어야 해요. 나아가 세상의 흐름을 보는 창문인 거시경제를 읽어야 수익을 낼 수 있습니다.

투자 실행하기

각 자산의 특성을 이해했다면, 이제 본인의 투자 성향에 맞춰 주식과 채권 등 자산군을 배분합니다. 적극적 또는 소극적 투자 전술을 선택하고, 구체적인 종목과 투자 시점을 결정하시면 됩니다.

투자 성과 점검하기

사후통제 단계라고도 할 수 있어요. 돈 관리에서는 '결산'에 해당하는 부분으로, 수익률을 점검한 뒤에 아래 두 가지 작업을 합니다.

리밸런싱

- 일정 기간마다 포트폴리오의 자산별 비중을 목표 비중으로 조정하는 것

예를 들어 주식과 채권을 50%씩 운용하기로 계획했는데, 주가가 상승하여 70:30 비율이 되었다면 어떻게 할까요? 이때, 오른 주식의 일부를 매도하고 그 금액으로 채권을 매수하여 다시 50:50으로 맞추는 것을 '리밸런싱'이라고 합니다.

업그레이딩

- 위험을 낮추거나 기대수익률을 높이기 위해서 포트폴리오 자체를 재구성하는 과정

이미 보유한 자산의 비율을 조절하는 리밸런싱과 달리, 자산군이나 상품 자체를 변경하여 전체 구조를 더 나은 방향으로 조정하는 것이 '업그레이딩'입니다.

가장 중요한 단계는 '실천'입니다. 숙지한 이론을 머릿속에 오래 남기려는 측면에서는 결국 실전만큼 강한 도구가 없다는 사실을 현장에서 절실히 느낍니다. 전국으로 강의를 다니면서 가장 많이 받는 질문도 단연 "그래서 뭐 사요?"처럼 실전과 밀접한 내용입니다.

경제는 시의성이 중요하므로 강의에서는 그 시기의 경제 상황에 맞춰 산업 동향이나 금융시장 전망을 전달해 드립니다. 실제로 그 내용이 맞아떨어져 "대표님 말씀이 진짜 맞더라고요!"라는 피드백도 자주 듣습니다. 종목을 정확히 콕 집어서 말씀드리지는 않습니다. 단일 종목 추천은 리스크가 큰 데다가 자칫하면 주식 리딩방이라는 오해를 받을 수 있기 때문입니다. 그러나 한 번 예외가 있었습니다.

몇 년 전에 한 기업 담당자님과 강의 관련으로 통화하던 중, 그분이 이렇게 물으셨습니다.

"대표님, 오늘은 부동산 강의를 가신다면서요. 오늘 핵심만 간단히 귀띔해 주실 수 있을까요?"

그때는 일정도 촉박했고 당시의 시장 상황을 보면 성공 확률이 높다고 판단했습니다. 그래서 리츠 공모주 종목을 짚어 드리며 청약 기간과 상장일까지 상세히 설명해 드렸습니다. 담당자님은 제 얘기를 열심히 받아 적으시는 것처럼 보였습니다.

상장일이 되었고, 예상대로 그 종목은 상한가를 기록했습니다. 그래서 조심스럽게 그분에게 문자를 드렸습니다.

'보셨나요?'

'뭘요?'

리츠 공모주 이야기를 꺼냈더니 돌아온 말은 '어떡해요! 안 샀어요.'였습니다. 한참 뒤에 '지금이라도 살까요?'라고 문자가 왔지만, 애석하게도 그때는 사는 시점이 아니라 파는 시점이었습니다.

비슷한 사례가 정말 많습니다. 한때 화제가 됐던 특정 자산과 관련해서도 "그때 샀더라면 10배였을 텐데요."라는 이야기를 수도 없이 들었습니다. 물론 잦은 매매로 큰 손실을 본 사례도 적지 않습니다만, 이런 사례에서 특히 안타까움을 느낍니다.

돌이켜보면 일상적인 대화 속에서 금융시장 전망을 말한 적이 많아요. 다행히도 조언을 실행에 옮겨서 꾸준히 투자하고 수익을 얻으신 분도 많습니다. 재무상담 이후 다시 만났을 때, 예금보다 훨씬 높은 수익률을 통해 자산을 키우신 분들을 보면 참 흐뭇합니다.

결국 돈 관리에서도, 투자에서도 가장 중요한 것은 실행입니다. 잊지 마세요. 아무것도 하지 않으면 아무 일도 일어나지 않습니다. 아니, 아무것도 하지 않으면 돈의 가치는 시간이 지날수록 떨어집니다.

☑ 재테크는 세 가지를 고려하자

재테크 3원칙은 안정성, 수익성, 환금성입니다. '안정성'은 원금을 잃을 가능성이 얼마나 적은지를 의미하며, '얼마나 안정적인가?'에 대한 기준입니다. '수익성'은 '얼마나 벌 수 있는가?'에 대한 기대가 능성으로, 재테크의 핵심 목적이기도 합니다. 일반적으로 예금보다 높은 수익률을 추구합니다. '환금성'은 자산을 현금화할 수 있는 속도, 즉 유동성을 의미합니다.

세 가지 요소 중 어떤 것을 우선할지는 개인의 위험선호도와 생애주기에 따라 달라집니다. 일반적으로 20~40대는 환금성과 수익성을 중요하게 보고, 연령대가 높아질수록 안정성을 추구합니다.

자, 그럼 위의 개념을 예금, 주식, 부동산에 대입해 보겠습니다. 먼저 예금입니다. 예금은 원금 손실 가능성이 거의 없으므로 안정성이 높습니다. 은행에 돈을 맡기면 예금자보호법에 따라 은행이 망하더라도 이자를 포함해서 1억 원까지는 예금보험공사에서 보호해 줍니다. 즉, 은행이 파산해도 1억 원까지는 걱정할 필요 없어요. 언제든 해지할 수 있으므로 환금성도 높습니다.

하지만 단순히 안전하다고 마음 놓고 있으면 안 됩니다. 일반적으로 우리는 예금의 안정성이 높다고 생각합니다. 실제로 '명목 안전성'은 높아요. 하지만 인플레이션으로 '실질가치'가 계속 하락하므로 장기적인 시각에서는 예금의 안정성이 높다고 보긴 힘듭니다. 그리고 예금은 수익성이 무척 낮습니다. 2025년을 기준으로 보더라도 3%의 금리를 찾아보기 어렵죠.

주식은 원금을 잃을 수도 있기 때문에 안정성은 높지 않습니다. 수익성은 높을 수도, 낮을 수도 있지만 '기대'라는 관점에서는 높다고 평가됩니다. 원하면 언제든지 매도할 수 있고, 매도 후 이틀 뒤에 현금으로 입금되니 환금성도 양호합니다. 그런데 관점의 차이가 여기서도 존재합니다. 증권사 관계자와 주식으로 이런 이야기를 나눈 적이 있습니다.

"어떻게 보면 주식은 굉장히 안전한 상품 아닌가요?"

"주식이요?"

"잃는다고 해 봤자 원금이니까요."

이처럼 손실을 바라보는 관점은 상대적입니다. 파생상품처럼 원금을 초과하는 손실, 즉 '지하실까지 열리는' 상품과 비교하면 주식은 손실 한도가 원금으로 제한되기 때문에 상대적으로 안정적인 측면이 있습니다. 이어지는 그분의 말은 더 인상적이었습니다.

"그치만 위로는 열려 있다는 점에서 굉장히 매력적이에요."

손실은 원금에서 멈추지만, 수익에는 제한이 없는 구조가 바로 주식의 매력이라는 것이죠.

마지막으로 부동산입니다. 투자 대상의 가치가 잘 보존된다는 관점에서는 안정적입니다. 하지만 원금 손실 가능성이라는 관점에서는 100% 안정적이라고 말씀드리기 어렵습니다. 선진국에서는 부동산을 위험자산으로 봅니다. 2008년의 서브프라임 모기지 사태[*]만 보

---

[*] 미국에서 부동산 거품이 꺼진 후에 발생한 부동산 급락으로 촉발됐으며, 모기지론 부실, 대규모 차압 및 주택저당증권 가치 하락을 일으킨 사건

더라도 부동산을 마냥 안정적이라고만 생각할 수는 없습니다. 투자금이 크기에 액수로 따지면 가장 위험하다고 볼 수도 있죠. 하지만 우리나라에서는 부동산을 안전자산으로 보는 인식이 강합니다. 강의 현장에서 "부동산은 100% 안정적인 자산이라고 말할 수 없어요."라고 설명하면 많은 사람이 의문을 제기합니다.

물론 수도권 부동산은 비교적 안정적이지만, 지역에 따른 편차가 크기 때문에 모든 부동산을 안전자산으로 간주할 수 없습니다. 지방 부동산은 위험하다고 보는 사람이 늘고 있는데, 아마 당사자의 경험이 반영된 결과일 것 같아요. 실제로 이렇게 말씀하신 분도 있습니다.

"지방에서 부동산 가격이 반토막 나는 것을 봤습니다. 이제 부동산을 안전자산으로 볼 수 없을 것 같아요."

양극화된 부동산 시장에 대한 단면을 드러내는 말이죠. 하지만 평균 금액으로 따지면 부동산은 수익성이 높습니다. 장기적인 추세로 각종 지수와 통계를 보면, 1990년부터 2024년까지 한국종합주가지수는 약 4~5배 상승한 데 비해, 서울 소재의 아파트 시세는 약 7~10배 상승했습니다.

하지만 환금성은 좋지 않습니다. 팔고 싶다고 해서 당장 팔리는 게 아니에요. 물론 주변 시세보다 저렴한 가격에 급매로 내놓으면 팔리겠지만, 그만큼 손실을 감수해야 합니다. 본인이 실거주 중이라면 시세가 올라도 집을 팔고 현금화해서 쓸 수 있는 것도 아니고요. 그래서 금융자산도 함께 가져가는 것을 추천합니다.

퇴직 후에도 자산이 부동산에만 몰려 있으면 돈 나올 구멍은 없는데 건강보험료와 재산세, 종합부동산세 등 각종 세금이 많이 나올 수 있습니다. 강의 현장에서 보면 실제로 자산이 부동산과 부채로만 구성된 경우가 상당합니다. 퇴직 후에는 안정성과 환금성 측면에서 금융자산이 중요하다는 걸 기억하셔야 해요.

실물자산도 중요하지만, 노후 준비와 위험 분산은 재테크에서 반드시 챙겨야 할 부분입니다. 노후자산 준비에 관한 자세한 내용은 연금 파트에서 설명하겠습니다.

| 자산별 재테크 3원칙 비교 |

구분	안정성	수익성	환금성	특징
예금	고(명목) 저(실질)	저	고	원금 손실 가능성은 거의 없으나, 인플레이션으로 실질가치는 하락할 가능성이 있음
주식	저~중	중~고	고	가격 변동성이 크고 원금 손실 위험이 있지만, 상승 가능성은 열려 있음
부동산	중(지역·시기별 상이)	중~고	저	장기적으로 가치가 보존되고 상승 사례가 많지만, 거래 및 현금화에 시간이 소요됨

지금까지 예금, 주식, 부동산이라는 대표적인 재테크 수단 세 가지를 살펴보았습니다. 3원칙을 모두 만족하는 상품은 없다는 걸 이해하셨을까요? 환금성과 안정성은 어느 정도 연관되었지만, 수익성과 안정성은 일반적으로 상충하는 경향이 있습니다.

원금을 잃지 않으면서도 수익은 연 10% 이상 얻을 수 있으며, 원하면 언제든지 현금화 가능한 상품이 있다고 말하는 사람을 보면 사기꾼이니 당장 피하세요. 세상에 그런 상품은 존재할 수 없기에 각각의 단점을 보완할 수 있도록 포트폴리오가 필요합니다.

각 자산군의 특징은 '어느 자산군이 더 나은가?'를 따지는 근거로 쓰는 것이 아니라, 본인의 생애주기와 재무 상황에서는 무엇을 우선할지 판단하는 기준으로 활용하는 것이 포인트입니다. 또한 투자 결과는 투자 시점, 지역, 시장 환경, 레버리지 활용 여부에 따라 크게 달라진다는 점도 고려해야 합니다.

☑ 전통자산 vs. 대체자산

재테크에 무슨 예금이냐고 물을 수도 있지만, 예금은 중요합니다. 언제든지 현금화할 수 있는 '총알'이기 때문입니다. 학교에서 강의를 시작하기 전, 강사 대기실에서 기다릴 때의 일입니다. 경제교육을 의뢰한 선생님께서 자신의 경험을 들려주셨습니다.

보통은 "소싯적에 지인의 추천으로 투자했다가 돈을 많이 잃었습니다."로 시작하는 경우가 많은데, 그분의 얘기는 조금 달랐습니다. 그분은 고등학교 졸업 무렵에 집안 형편이 좋지 않아 대학교 진학을 포기하려 했다고 합니다. 그때 가족 중 한 분이 "네가 어릴 때 모은 돈이 있지 않냐? 그 돈을 등록금으로 써라."라고 말씀하셨고, 그 돈

덕분에 대학교에 갈 수 있었다며 저축의 중요성을 강조하셨습니다. 다음으로는 투자에 관한 이야기가 유독 기억에 남습니다.

"급여일 일주일 전에는 꼭 돈이 부족해요. 경조사비, 계모임 회비…. 이상하게 돈 나갈 일이 생기더라고요. 그래서 펀드에 넣을 돈을 쓰거나 주식을 팔아서 마련합니다. 참 이상하게도 그럴 때는 꼭 수익률이 마이너스예요. 조금 있으면 다시 오를 것을 알지만, 당장 써야 하는 현금이 없으니 팔 수밖에 없어요. 오를 때도 그래요. 이번이 절호의 기회라고 느껴질 만큼 떨어졌을 때는 매수하고 싶어도 돈이 없습니다. 그래서 못 사고 지나가잖아요? 뒤늦게 그때가 진짜 기회였다는 사실을 깨달아요."

잔잔한 파도는 읽기 어렵지만, 큰 파도의 방향은 어느 정도 가늠할 수 있습니다. 돈이 흘러갈 곳을 알면 투자에 성공할 수 있어요. 하지만 투자해야 할 때, 현금이라는 총알이 없으면 기회를 놓치고 맙니다. 언제 어떤 일이 생길지 모르기 때문에 현금은 어느 정도 가지고 있어야 해요.

다음으로 주식과 채권에 대해서 알아봅시다. 어느 날 갑자기 10년 넘게 연락이 없던 동창에게서 전화가 왔습니다. 외국에서 사업을 한다는 근황을 전하더니, 사업에 필요한 자본금이 부족하다며 도움을 요청하는 것이었습니다. 그리고 이렇게 물었습니다.

"1년 뒤에 원금과 금리 20%의 이자를 줄게. 우리 회사에 돈을 좀 빌려줄 수 있을까?"

개인이 개인에게 돈을 빌려주면 차용증을 씁니다. 기업도 돈이 필요해서 빌리면 차용증을 씁니다. 다만 1:1로 차용증을 쓰는 것이 아니라, 여러 사람에게 빌리기 위해 '차용증을 증권 형태로 만든 것'을 시장에 내놓습니다. 이것이 바로 채권입니다. 기업, 정부가 돈을 빌릴 때 발행하는 증권 형태의 차용증이죠. 정해진 날짜에 원금과 약속한 이자를 갚아야 합니다. 반대로 원금 손실 가능성을 감수하더라도 그 회사의 소유권 일부를 사는 것이 주식입니다.

| 주식과 채권의 차이 |

	주식	채권
성격	회사 지분을 소유	회사에 돈을 빌려준 관계
수익	이익이 나야 '배당금'을 받음	기업 실적과 무관하게 '약속된 이자'를 받음

앞서 언급한 예시에 빗대어 수강생들에게 "여러분이라면 돈을 빌려주실 건가요?"하고 물으면 뜻밖에도 많은 사람이 "빌려준다."라고 말합니다. 이유를 물으면 "금리가 20%나 되니 매력적이라고 생각해서요."라고 답합니다. 하지만 금리가 높다는 말은 위험 프리미엄이 높다, 즉 위험이 크다는 뜻입니다.

조금 더 구체적으로 설명할게요. 만약 '잃어도 괜찮은 돈'이라면 빌려줄 수도 있습니다. 하지만 보증만큼은 절대 안 됩니다. 친구를 위해 보증을 섰는데, 어느 날 친구가 이렇게 말합니다.

"미안해. 도저히 갚을 수가 없어."

그리고 친구가 개인회생이나 개인파산 같은 채무조정제도®를 이용해 면책을 받으면 그 친구는 빚을 갚을 의무가 없지만, 보증인에게는 빚이 고스란히 남습니다. 면책은 채무자에게만 적용되고, 보증인에게는 적용되지 않기 때문입니다. 보증인만 곤란해지겠죠.

여기까지는 전통적 금융에서 나타나는 위험에 관한 내용입니다. 이제 증권자산과 대체자산을 살펴볼까요? 해당 개념은 뜻만 놓고 보면 간단합니다. 주식, 채권 등을 '증권자산' 또는 '전통자산'이라고 부릅니다. 그리고 전통자산을 제외한 나머지 자산을 대체자산이라고 합니다. 부동산, 원자재, 예술품, 가상화폐 등이 여기에 속합니다.

여기서 잠깐, 요즘 강의 현장에서 질문이 많이 들어오는 분야가 바로 가상화폐입니다. 특히 비트코인은 높은 기대수익률과 변동성을 가졌다는 점에서 고수익·고위험 구조와 닮았어요. 그래서 가상화폐에 관한 이야기를 잠깐 짚고 넘어가려 합니다.

비트코인은 정부나 중앙은행이 발행하지 않는 디지털화폐로, 누구나 참여할 수 있는 네트워크에서 거래를 검증하고 기록하는 '탈중앙화' 기술에 기반을 둡니다. 기술적인 측면도 중요하지만, 자산관리 관점에서도 더는 무시할 수 없는 자산이 되었습니다.

● 과중한 채무로 고통받는 채무자의 경제적 회생을 지원하는 절차

하지만 유의할 점이 많습니다. 우선 비트코인의 가격은 수요와 공급에 따라 굉장히 큰 폭으로 움직이며, 전통자산과 비교했을 때 변동성이 몇 배 이상 높습니다. 그렇기 때문에 안전자산으로 분류할 근거가 부족합니다.

일각에서는 '디지털 금'이라고 부르지만, 시장 스트레스가 커지는 시기에는 금이나 달러와 다른 방향으로 움직이기도 합니다. 현재까지는 데이터가 충분하지 않아서 비트코인을 안전자산으로 볼지, 위험자산으로 볼지는 현시점에서 명확한 결론을 내리기 어렵습니다.

실제 투자 현장을 보면 "지인의 지인이 코인으로 돈을 엄청나게 벌어서 경제적 자유를 얻고 퇴사했대요."라는 이야기는 자주 들리지만, 잃은 사람도 적지 않아요. 매수·매도 타이밍을 제대로 읽지 못해 손실을 키운 사례가 많습니다.

가격 변동성이 큰 만큼 심리적 부담이 크다는 점 역시 가상자산의 특징입니다. 따라서 가상자산에 관심이 있다면 포트폴리오의 5% 이하에서만 가볍게 접근하기를 권합니다. 전체 자산의 10%를 잃으면 손실을 회복하기 위해 11.1%의 수익률이 필요하지만, 5%는 5.3%의 수익률로 메울 수 있는 현실적인 방안이기 때문입니다.

가상자산은 역사가 길지 않고 변동성도 높으므로 이 시점에서 안전성을 단정하기보다는 대체자산의 일종으로 보며, 위험을 관리하고 보수적으로 접근하는 방향이 바람직합니다. 누군가 돈을 벌었다는 막연한 이야기에 여러분의 소중한 돈을 섣불리 투자하면 안 됩니다.

☑ 불안을 이기는 투자법

개인사업자인 A 씨의 질문입니다.

"주위에서는 연금 같은 장기투자보다는 단기투자로 단기간에 큰 수익을 보라고 합니다. 그런데 지금까지 주로 주식에 투자했는데 원금보다 떨어졌습니다. 어떻게 해야 할지 모르겠어요."

노벨경제학상을 수상한 심리학자 대니얼 카너먼Daniel Kahneman은 인간에게 매우 다른 사고방식 두 가지가 있다고 주장했습니다. 하나는 느린 사고, 다른 하나는 빠른 사고입니다. 우리는 자신의 생각과 행동을 논리적으로 천천히 통제하며 느린 사고를 했다는 착각에 빠지기 쉽습니다. 하지만 실제로는 순간의 빠른 사고로 결정하는 경우가 많습니다.

게다가 '투자는 심리다'라는 표현처럼 투자는 심리적인 이유로 흔들립니다. 단기적인 관점으로 접근하면 오를 때 더 오를 것 같아서 사고, 내릴 때 더 내릴 것 같아서 파는 사람이 많습니다. 공포에 사서 환희에 팔아야 하는데 오히려 환희에서 상투를 잡고 이후로 장기간 물리는 사람을 많이 봤습니다.

결론부터 말하자면 단기투자는 위험할 수 있습니다. 재테크 3원칙에서 말씀드린 내용을 기억하실까요? 보통 하이 리스크, 하이 리턴이지만 위험한 투자가 반드시 고수익으로 돌아오는 건 아닙니다. 투자는 반드시 여유자금으로 한다는 원칙을 만들어야 합니다.

그리고 더 중요한 것은 장기투자, 분산투자, 간접투자입니다. 노후 준비라는 목표를 가지고 '장기적인 관점'에서 포트폴리오를 적절하게 '분산'하여 투자하고, 시간과 노력을 아끼면서 돈이 스스로 일하도록 만드는 '간접투자' 방식으로 투자하는 것. 이것이 바쁜 직장인들이 투자 실패 확률을 낮추는 전략입니다.

이때, '장기'의 기준을 생각해 볼 필요가 있습니다. 강의 현장에서 장기투자의 기준이 뭐냐는 질문을 던지면 대답이 제각각입니다. 많게는 10년 이상인데, 5년도 나오고 심지어 3년이라고 답하는 사람도 있어요. 익명으로 접속한 온라인 교육에서는 "실제로는 3일도 버티기 힘듭니다."라는 솔직한 답변이 나왔고요.

사람들의 짧은 매매 기간에 맞춰 이야기하면 단기, 중기, 장기는 각 1개월, 3개월, 1년 정도가 될 것 같습니다. 자산관리 관점에서는 1년, 3~5년, 10년 이상으로 볼 수도 있습니다만, 저는 '경기순환 관점'에서 보는 걸 추천합니다.

경기순환이론에서는 단기부터 초장기까지 여러 파동이 존재합니다. 단기는 키친 파동, 중기는 주글라 파동, 장기는 쿠즈네츠 파동, 초장기는 콘드라티예프 파동입니다.

키친 파동
- 단기적인 경기 변동을 설명하는 파동으로, 평균 주기는 약 3~4년
- 기업의 재고 변동을 중심으로 발생

주글라 파동

- 자본주의 경제가 약 10년 주기로 호황과 불황을 반복하는 경기순환을 설명하는 파동
- 설비투자의 확대 및 축소가 주된 원인으로 작용

쿠즈네츠 파동

- 인구 변화와 건설(부동산)투자 확대 과정에서 나타나는 경기순환을 설명하는 파동
- 평균 주기가 약 20년 이상에 걸친 중기적인 흐름

콘드라티예프 파동

- 자본주의 경제에서 기술 혁신과 투자 주기를 설명하는 파동으로, 평균 주기는 50년
- 현재는 디지털 기술의 발전으로 이론의 적용성이 감소했다는 견해도 존재

파동이론이라는 관점에서는 우리가 흔히 말하는 단기, 중기, 장기가 훨씬 깁니다. 그래서 투자는 단기간의 가격 변동이 아니라, 시간을 기준으로 장기적인 흐름을 바라볼 필요가 있습니다. 자산에 대한 믿음은 사람마다 다르기 때문에 여러분의 입장에서 장기투자가 가능한 자산군을 구분해 접근하는 것이 중요합니다.

국내 증시에 해가 뜨기 시작하던 시기에 강의에서 한 수강생과 이런 대화를 나눈 적이 있습니다.

"이제 국장을 바라볼 때가 되었습니다."

"국내 증시는 부정적인 이슈도 많아서 저는 미국 증시로만 투자하려고 합니다."

"부정적 이슈가 다수 있는 ○○ 산업은 주의가 필요하지만, 실적이 양호한 △△ 산업은 전망이 긍정적입니다. 선별적으로 들어가거나 지수 추종 ETF를 고려해 보세요."

그러나 그분은 강경하게 말했습니다.

"저는 국내 증시는 못 믿겠어요."

그래서 그분께는 미국 증시에 투자하는 게 좋을 것 같다고 답변하고 마무리했습니다. 그러나 이후로 코스피 지수는 시장의 기대를 뛰어넘는 큰 폭으로 상승했죠. 2026년 초반에는 사상 최초로 6,000포인트를 넘겼습니다. 하지만 국내 증시를 신뢰할 수 없는 사람이라면 상승장에서도 장기투자가 어려웠을 것입니다.

실제로 미국 증시의 상승률과 서학개미의 수익률은 유사하지만, 국내 증시가 큰 폭의 상승을 보일 때 동학개미의 수익률은 국내 증시 상승률에 미치지 못했습니다. 그러니 본인의 믿음이 받쳐 주는 곳, 장기투자를 할 수 있는 자산의 비율을 높게 잡는 것을 추천합니다.

그렇지만 장기투자가 늘 좋은 것만은 아니라는 사실도 알아 두세요. 실제로 기업 강의에서 만났던 분의 사례가 이러했습니다.

"5년간 지수 추종 ETF 투자로 불린 돈을 불과 3개월 만에 레버리지 ETF* 투자로 날렸어요. 장기투자를 지속해도 될까요?"

ETF는 간단히 말해서 여러 종목을 담는 바구니라고 생각하면 됩니다(자세한 내용은 3장에서 다루겠습니다). 보통 레버리지 ETF에 투자하는 목적은 큰 수익을 얻기 위함이지만, 변동성이 클 때는 오히려 불리합니다.

실제 데이터로 접근해서 살펴볼까요? 변동성이 크게 확대되었던 기간을 기준으로 보면, 나스닥100 지수를 1배 추종하는 ETF는 두 자릿수 수익률을 기록했습니다. 단순 계산으로는 2배, 3배 추종 ETF가 더 높은 수익률을 낼 것 같지만, 결과는 반대였죠. 동일한 기간에 2배 추종 레버리지 ETF의 수익률은 한 자릿수에 그쳤고, 3배 추종 레버리지 ETF 역시 10% 안팎의 수익률을 기록하는 데 그쳤습니다. 1배 추종 ETF보다 수익률이 낮았던 것이죠.

그 이유는 음의 복리효과 때문입니다. 예를 들어 100만 원을 투자했습니다. 수익률이 -50%가 되었다가 +50%가 되면 100만 원은 50만 원에서 75만 원이 됩니다. 레버리지 ETF는 일일 수익률 기준으로 설계되어 있어, 장기 보유 시 변동성이 누적되면서 기대수익률과 실제 수익률이 달라질 수 있습니다. 또한, 스왑 계약** 구조 때문

* 파생상품과 차입을 이용하는 ETF
** ETF 운용사가 금융기관과 기초지수의 수익률을 서로 교환하는 방식의 파생상품 계약

에 보유 기간이 길어질수록 투자자에게 전가되는 비용도 지속적으로 발생합니다.

여기까지 말씀드리면 "그래서 대체 주식, 채권, 금, 부동산, 달러 중 어디에 투자하라는 건가요?"라고 질문하시는 분이 많습니다. 결론적으로는 '전부' 하는 것이 좋습니다. 투자에 따라오는 위험도와 수익률은 제각기 다르기 때문입니다.

그러기 위해서는 재무계획별로 자금 마련 목표를 세우고 자산을 구성하는 것이 중요합니다. 기대수익률이 낮지만, 위험 또한 낮은 자산으로는 정기예금 외에 국공채가 있습니다. 통상적으로 미국 국채를 무위험 자산으로 보는 경향이 강한데, 대한민국 국민이라면 우리나라 국채를 고려해 봐도 좋습니다. 그리고 회사채가 있습니다. 회사채도 회사채 나름이지만, 여기서 말하는 회사채는 A등급 이상의 안전한 회사채라고 생각하세요. 다음은 부동산입니다. 부동산도 주택, 재건축·재개발 단지, 상가, 토지 등 종류가 다양합니다.

주식은 다른 자산군과 비교했을 때 기대수익률과 위험이 모두 중간 수준에 위치합니다. 변동성이 큰 국내 증시와는 다르게 미국 S&P500 추종 펀드 등은 장기적으로 신뢰도가 높은 편입니다.

기대수익률과 위험이 모두 높은 영역으로는 환차익을 추구하는 투자가 있습니다. 달러는 대표적인 안전자산으로 분류하지만, 달러와 환차익은 다르니까요. 환율은 예측하기 어렵습니다. 이보다 변동성이 큰 자산이 앞서 말한 가상화폐입니다.

여기서 숙지할 내용이 현대 포트폴리오 이론의 선구자 해리 마코위츠Harry Markowitz가 제시한 효율적 투자선입니다. '효율적 투자선'이란 같은 위험 수준에서 기대수익률이 가장 높은 포트폴리오를 나타내거나, 같은 기대수익률에서 위험 수준이 가장 낮은 포트폴리오를 나타내는 그래프입니다.

쉽게 말해서 기대수익률이 10, 위험도가 7인 자산 A와 기대수익률이 10, 위험도가 8인 자산 B가 있다면, 기대수익률은 동일하므로 당연히 위험도가 낮은 자산 A를 선택할 것입니다. 다음으로 기대수익률이 3, 위험도가 5인 자산 C와 기대수익률이 4, 위험도가 5인 자산 D가 있습니다. 그러면 기대수익률이 더 높은 D를 선택합니다.

즉 같은 위험도에서 기대수익률이 높고, 같은 기대수익률에서 위험도가 낮은 포트폴리오를 뜻합니다. 이렇게 다양한 자산군으로 포트폴리오를 구성하면 분산투자의 효과가 커집니다. 하지만 이것이 무조건 정답이라고 단정할 수는 없습니다. 투자자의 성향에 따라 감내할 수 있는 위험의 크기가 다르니까요.

투자했을 때 계속 수익률을 확인하느라 일상생활이 안 되는 수준이라면 간접투자도 하나의 방안입니다. 투자는 본인의 선택이고, 투자의 결과는 본인의 책임입니다. 본인이 선택하고 책임을 지는 것이 직접투자입니다. 반대로 선택은 본인이 하지 않지만, 책임은 본인이 지는 것이 간접투자입니다.

직접투자는 종목을 선택할 때 필요한 정보를 수집하고 분석 능력을 갖춰야 하므로 시간과 노력이 많이 듭니다. 코스피 상장 주식 중에 투자할 종목을 선택하여 직접 매수하는 것, 입지를 선정하여 오피스텔 같은 부동산을 사들여 임대하는 것도 직접투자입니다.

간접투자는 투자자가 직접 선택하지 않습니다. 전문 운용사에게 맡겨서 자산을 투자자 대신 운용하도록 만듭니다. 의뢰를 받은 전문 운용사는 위탁받은 자산으로 주식형 펀드에 가입하거나 채권혼합형 펀드에 가입합니다. 펀드 외에 ETF, 연금보험 상품에 가입하는 것도 간접투자입니다. 전문가가 대신 운용하더라도 수익과 손실 모두 투자자가 부담합니다. 그리고 자산을 대신 운용하도록 의뢰를 맡겼으므로 그에 따른 운용 수수료와 판매 수수료가 발생합니다. 세상에 공짜는 없는 법이니까요.

수수료를 내면서까지 간접투자를 택할 이유가 없다는 의견도 있습니다. 직접 선택하면 더 잘 할 수 있을 거라면서요. 지당한 의문입니다. 미래의 수익은 어떻게 될지 아무도 모르는 법이니 지금 당장 지출해야 하는 수수료를 아끼는 것도 좋은 방법입니다.

하지만 생각해 보세요. 온종일 본업으로 땅을 파는 일꾼이 있습니다. 그리고 취미로 땅을 파는 사람이 있습니다. 누가 땅을 더 깊게 팔 수 있을까요? 당연히 전자입니다. 투자도 마찬가지입니다. 그 분야에서 다양한 경험과 지식을 쌓은 전문가가 시간과 노력을 들여 시장을 분석하고 투자에 적용하기 때문에 본업을 하고 남는 시간에만 투자하는 사람보다 더 잘 굴릴 가능성이 큽니다.

그리고 직접투자의 기회비용은 우리의 시간과 에너지입니다. 직접투자를 하느라 커리어를 키울 수 있는 시간을 놓치는 것이 더 큰 기회비용일지도 몰라요. 여러분의 본업에 더 많은 시간과 노력을 쏟고, 돈이 스스로 일하는 간접투자 형태를 택하는 게 이득일 수 있습니다.

어느 쪽을 택하든 이건 알아 두세요. 심리학 용어에 '포모Fear Of Missing Out, FOMO 증후군'이라는 말이 있죠. 유행에서 뒤처지는 것에 두려움과 스트레스를 느끼는 것을 뜻합니다. 이처럼 주변에서 돈을 벌었다는 소식을 듣고 이성적인 판단이 아니라 감정적인 충동으로 시장에 편승하는 때도 있습니다. 자산관리에서 이런 식의 단순 비교는 금물입니다. 나의 성향을 알고, 나만의 기준을 만들어 투자하는 것이 중요합니다.

☑️ 나의 노후는 아무도 책임지지 않는다

은퇴 후에 믿을 건 연금과 보험 두 가지입니다. 퇴직 이후에 월급이 나오지 않는 삶을 상상한 적이 있나요? 숨이 턱턱 막히는 느낌일 거예요. 노후자산 준비란 퇴직 이후에도 일종의 월급이 나오도록 준비하는 겁니다. 일반적으로 월급 시스템을 만들기 위해 3층 연금인 공적연금, 퇴직연금, 개인연금을 활용합니다.

'공적연금'은 기본적인 생활을 위한 연금으로 국민연금, 공무원연금, 사학연금, 군인연금, 별정우체국연금이 있습니다. 그중 공무원연금, 사학연금, 군인연금, 별정우체국연금은 특수직 종사자를 대상으로 시행하는 연금제도이므로 국민연금에 관해서 말씀드리겠습니다.

그런데 잠깐! 강의 중에 국민연금 이야기를 꺼내면 불편한 내색을 보이시는 분이 너무 많았어요. 그러니 국민연금에 대한 오해부터 풀고 시작할게요. 국민연금의 '국'을 꺼내는 순간, 눈빛이 차가워지는 분들이 제일 먼저 하시는 질문이 있습니다.

"제가 은퇴한 뒤에도 국민연금을 받을 수 있을까요?"

결론부터 말씀드리면, 나라가 망하지 않는 한 국민연금을 받을 수 있습니다. 국민연금 재정난, 재원 고갈에 관한 기사가 연일 매스컴을 채우지만, 재원이 고갈되면 세수를 마련해서라도 국민연금을 지급하게끔 법제화되어 있습니다. 실제로 국민연금을 시행 중인 약 180개국 중에서 지급하지 못한 나라는 단 하나도 없습니다.

국민연금은 노후 현금흐름의 관점에서 매우 안전한 자산입니다. 국가가 지급을 책임지는 공적연금이기 때문에 시장이 폭락하더라도, 금리가 급변하더라도, 경기침체가 찾아오더라도 국민연금 지급이 중단될 일은 없습니다. 그러므로 국민연금은 변동성이 매우 낮은 현금흐름 자산, 즉 안전자산으로 볼 수 있어요.

국민연금공단은 재정을 안정적으로 운영하면서, 상당 부분의 자산을 주식과 채권에 투자해 수익을 내고 있습니다. 실제로 주식 투자에서 발생하는 수익이 국민연금공단의 재정에 기여하는 부분이 상당합니다. 2025년 기준으로 기금 설치 이후 국민연금의 누적 연평균 수익률은 8.04%입니다. 2025년 1~12월 기준 수익률은 18.8%였습니다.

국민연금은 단순한 투자상품이 아니라 사회보험제도이기 때문에 민간에서 지급하는 개인연금처럼 사업비나 수수료가 없습니다. 만약 국민연금을 개인연금이라고 가정하면 소득재분배, 소득대체율, 물가 상승률 등을 반영했을 때 세대에 따라 장기적으로 10% 수준의 고효율 구조를 체감할 수 있다고 해석하기도 합니다. 안정성을 확보하면서 운용 수익도 기대할 수 있는, 노후 대비의 기본입니다.

오히려 제가 만났던 여러 자산가는 국민연금을 적극적으로 넣으려는 모습을 보였습니다. 실제로도 과거에는 국민연금이 일부 고소득층의 '연금 재테크' 수단으로 활용되어, 법적으로 추납(추후 납부)* 기간을 119개월로 제한했을 정도입니다.

우리가 재테크를 하는 이유는 인플레이션을 이기기 위함인데요. 대한민국에서 죽을 때까지 물가상승률을 자동으로 반영해 주는 연금 제도는 사실상 공적연금이 유일합니다. 거기다 국민연금은 소득재분배 효과가 있어서 소득이 적은 사람이 넣은 돈보다 많이 가져가는 구조라는 점에서 일종의 복지입니다.

• 납부 예외나 적용 제외 기간에 대해 추후 납부를 신청하여 가입 기간을 늘릴 수 있는 제도

이는 국민연금의 A값과 B값 때문입니다. A값은 전체 가입자의 평균소득을 반영하고, B값은 개인의 소득을 반영합니다. A값은 최근 3년을 기준으로 전체 가입자의 월평균 소득을 계산한 것이며, 소득 재분배 기능을 담당합니다. B값은 개인의 생애 평균소득으로, 소득 수준과 가입 기간에 개인의 기여도를 반영하여 수령액을 결정합니다. 그러니 소득이 적은 사람은 A값에 있어서 소득이 많은 사람보다 유리한 입장입니다.

퇴직한 시니어층을 대상으로 금융교육을 진행하던 중, 어느 분이 국민연금의 소득대체율이라는 용어를 보고 이렇게 말씀하셨습니다.

"제가 소득대체율 때문에 국민연금을 더 넣었습니다."

그러자 옆에 있던 분이 휘둥그레진 눈으로 물었습니다.

"회사를 10년도 안 다니셨다는 말씀입니까?"

"회사는 30년 넘게 다녔지요. 국민연금 소득대체율 때문에 더 넣었습니다."

이게 어떤 의미일까요? 우선, '소득대체율'이란 쉽게 말해서 가입 기간의 평균소득 대비 나중에 받을 연금액의 비율을 말합니다. 국민 연금이 처음 시행되었을 때의 소득대체율은 70%였습니다. 당시 평균소득이 월 100만 원이라고 가정해 볼게요. 국민연금을 수령할 나이가 되면, 평균소득의 70%에 해당하는 70만 원에 물가상승률을 반영하여 연금 형태로 받습니다. 그때만 하더라도 넣는 돈에 비해 받는 돈이 훨씬 많았습니다.

2026년부터 소득대체율은 43%입니다. 하지만 여기서 놓치면 안 되는 포인트가 있습니다. 43%라는 수치는 국민연금 가입 기간이 40년이라는 전제로 계산한 결과입니다. 국민연금 가입 기간이 20년이면 소득대체율은 절반인 21.5%가 되고, 10년만 가입하면 1/4수준, 즉 10.75%에 불과합니다. 그러면 이런 질문이 돌아오죠.

"가입 기간이 10년 이상이면 연금 형태로 받는다고 하던데요?"

연금 형태로 받는 건 맞아요. 하지만 가입 기간이 짧으면 받는 금액도 그만큼 줄어듭니다. 그래서 국민연금을 많이 받는 가장 현실적인 방법은 가입 기간을 늘리는 것입니다.

가입 기간을 늘리는 좋은 방법은 '추납제도'를 활용하는 것입니다. 만약 군 복무를 마치신 분이라면 군 복무 추납을 고려해 볼 수 있어요. 군 복무 크레딧과 별개로 추납이 적용됩니다. 크레딧 제도는 2008년 1월 1일 이후 입대자 중 6개월 이상의 병역의무를 이행한 사람에게 6개월의 가입 기간을 추가로 인정해 주는 제도입니다. 노령연금을 청구할 때 함께 신청하면 바로 반영됩니다. 외에도 출산 크레딧, 실업 크레딧도 있습니다.

'군 복무 추납'은 군 복무 기간 동안 보험료를 내지 못한 경우, 추후 납입하고 가입 기간을 인정받는 제도입니다. 1988년 1월 1일 이후에 군 복무를 이행한 사람이라면 신청 가능하니 퇴직을 앞둔 아버지 세대도 활용할 수 있습니다. 가입 기간이 길어질수록 연금 수령액에 긍정적인 영향을 주기 때문에 가능하면 빨리 신청하는 것이 좋습니다. 또한 납부 시점에 따라 부담하는 비용이 변경될 수 있습니다.

주부나 만 27세 미만 학생이라면 본인이 희망하여 가입하는 '임의가입'이 있습니다. 만약 여러분에게 자녀가 있다면 만 18세부터 국민연금에 가입할 수 있으니 만 18세 때 임의가입을 통해 가입하고, 이후 취업하고 나서 추납으로 기간을 채우는 것도 좋은 방법입니다. 만 60세 이상이라면 의무가입 대상이 아니어도 계속 가입할 수 있는 '임의계속가입'을 활용할 수 있습니다.

국민연금의 장점은 여기서 끝나지 않습니다. 국민연금이라고 하면 노령연금만 생각하기 쉬운데, 장애 또는 사망을 대비한 장애연금과 유족연금도 있습니다.

그런데 국민연금 가입 기간이 40년이라 하더라도 소득대체율이 43%에 불과하니, 이것만으로는 부족합니다. 퇴직 이후에는 현재 지출하는 금액의 약 70%가 필요하니까요. '퇴직 후에 돈 쓸 일이 그렇게 많을까?'라고 생각할 수도 있지만, 재직 중에는 가지 못했던 여행도 가고 취미 생활도 해야죠. 무엇보다 나이가 들면 의료비 지출이 커질 수밖에 없고요. 지금은 시간적 여유가 없어서 돈을 쓸 일이 적지만, 퇴직하고 나면 시간이 많아져 돈을 쓸 기회도 많아집니다.

그리고 국민연금은 만 65세 이후에 수령이 가능하기에 소득공백기가 생길 수도 있습니다. 평균 퇴직 연령인 만 55세에 퇴직한다고 가정해도 10년간 소득 없이 버텨야 합니다. 이를 보완하기 위해 퇴직연금과 개인연금이 필요한 겁니다.

☑ 절세 삼총사: 퇴직연금, 개인연금, ISA

강의 현장에서 조사하면 의외로 ISA나 IRP, 연금저축펀드 등 절세 삼총사를 활용하지 않는 분이 참 많습니다. 그리고 연금은 특히나 어렵게 생각하셨어요. 연금은 중요한 부분이기에 어렵다고 포기하지 말고 꼼꼼하게 공부해야 합니다. 각 연금의 간략한 특징을 아래와 같이 표로 정리했으니 참고하시길 바랍니다.

| 연금 종류에 따른 특징 |

용어	종류	설명	세제 혜택
퇴직 연금	확정급여형 (DB), 확정기여형 (DC)	회사가 퇴직 시 지급하기 위해 적립	DC형에서 본인이 추가 납입한 금액은 세제 혜택 있음(가입 기간 5년 이상, 수령 기간 10년 이상, 만 55세 이후 수령 시 3.3~5.5% 저율과세)
	IRP	노후 대비 목적이며 개인형 퇴직연금 계좌는 세제 혜택 있음	5년 이상 가입, 수령 기간 10년 이상, 만 55세 이후 수령 시 3.3~5.5% 저율과세
개인 연금	연금저축펀드, 연금저축보험	노후 대비 목적이며 세제 혜택 있음	
	연금보험(세제 비적격 연금)	연금저축과 달리 세액공제를 받지 못하는 상품	10년 이상 유지 시 연금 수령액에 대해 비과세 적용
ISA	신탁형, 중개형, 일임형	3년 만기 절세계좌	200만 원(서민형 400만 원)까지 비과세, 초과 금액은 9.9% 분리과세

퇴직연금

30대 이상의 기혼자들은 대출금을 갚느라 투자는커녕 저축도 어렵다고 말합니다. 하지만 이럴 때일수록 퇴직연금을 적극적으로 활용해야 합니다. 이러면 퇴직금을 자산에 포함하느냐는 질문이 많이 들어옵니다. 지금 당장 쓸 돈이라고 생각하지도 않고, 내 돈이라는 인식도 크지 않아서 그렇습니다. 하지만 그런 이유로 인해 오히려 적극적으로 투자에 활용할 수 있는 자산입니다.

퇴직금은 회사에 쌓아 두는 돈, 퇴직연금은 회사 밖의 금융기관에 적립해서 운용하는 돈입니다. 자칫 회사가 망하기라도 하면 퇴직금도 함께 날아가니 불안하죠. 하지만 퇴직연금은 금융기관이 보관하기 때문에 안정적이라는 장점이 있습니다. 퇴직금은 퇴직 시에 일시금으로 지급되지만, 퇴직연금은 일시금으로 받을 수도 있고, 연금 형태로 받을 수도 있습니다.

퇴직연금의 종류는 크게 DB형, DC형, IRP로 나눕니다. DB형(확정급여형)은 수익도 손실도 회사의 책임입니다. 직장인에게는 퇴직금과 같아서 신경 쓰지 않아도 돼요. DB형은 퇴직금 제도와 유사하게 퇴직 시 '3개월 평균 임금×근속연수'로 계산해서 받습니다. 임금상승률이 높고 장기근속이 가능한, 안정적인 회사라면 DB형이 유리합니다. 다만, 연봉 인상 외에는 퇴직금 증액이 어려워요.

DC형(확정기여형)은 DB형이나 퇴직금과 달라요. 기업이 연봉의 1/12을 직원 명의의 계좌로 넣어 줍니다. 당사자가 직접 운용할 수 있으며, 수익도 손실도 본인의 몫이 됩니다. 원금 손실 가능성도 있고요. 하지만 투자 성과에 따라 퇴직금이 증가한다는 장점이 있습니다. 임금피크제가 적용될 때, 회사가 불안해서 퇴직금을 못 받을 것 같을 때, 투자에 관심이 많고 적극적으로 운용하고 싶을 때는 DC형을 선택하는 것도 방법입니다.

그냥 두는 것은 추천하지 않아요. 만약 이 돈을 안전하게 두겠다는 생각으로 예금으로 내버려 둔다면, 수익률이 물가상승률을 따라가지 못해 실질가치가 줄어들어 손해를 보겠죠. 단순 원리금보장상품으로 두는 것은 피하고, 적극적인 투자 전략을 실행해야 합니다.

그리고 DB형에서 DC형으로 전환하는 건 가능하지만, 반대는 불가능하기에 신중하게 고민하고 여러분에게 유리한 방식을 선택하세요. 기업에서 퇴직연금 교육을 진행할 때 보면 DB형, DC형 모두 선택이 가능한 경우, 임금피크제가 아닌 이상 90% 이상이 DB형을 선택했습니다.

정부는 국민 스스로 노후 준비를 잘하기를 바랍니다. 그래야 복지정책으로 지출하는 사회적 비용이 줄어들 테니까요. 그래서 IRP는 개인적으로 넣었을 때 세제 혜택이 있습니다. 국민이 노후 준비를 적극적으로 하도록 만들 당근인 셈이죠.

IRP는 돈을 납입하는 동안 받는 '세제 혜택'뿐만 아니라, 세금 납부 시점을 뒤로 미루는 '과세이연'과 연금 수령 시점의 세율이 낮은 '저율과세'라는 삼박자를 갖춘 장기자산입니다. 보통은 세금을 제외한 금액으로 돈을 굴려야 하지만, 과세이연 덕분에 원금을 오롯이 투자금으로 활용하면서 복리효과를 기대할 수 있습니다.

IRP와 관련해서는 퇴직 후 재취업을 준비하시던 분으로부터 이런 질문을 받은 적이 있습니다.

"이것 좀 보세요. IRP 계좌가 두 개나 있어요. 뭔가 이상한데요?"

IRP는 금융사별로 계좌를 하나씩 만들 수 있어 여러 계좌를 나누어 운용하는 것이 가능합니다. 개인형 퇴직연금인 IRP는 크게 두 가지 용도로 활용할 수 있습니다. 하나는 회사에서 받은 퇴직금을 이전하여 관리하는 IRP이고, 다른 하나는 본인이 따로 납입해 세액공제 혜택을 받는 개인 납입용 IRP입니다.

이전한 퇴직금을 관리하는 IRP와 개인 납입용 IRP는 연금 수령 시 적용되는 과세 방식과 수령 구조가 다릅니다. 동일 계좌에서 함께 관리하면 과세 구조를 파악하기가 어려워요. 계좌를 분리하면 회사에서 준 퇴직금인지, 내가 개인적으로 넣은 돈인지 명확히 구분할 수 있어서 장기적으로 편리하답니다.

또한, 퇴직금은 일시금으로 받는 것보다 연금으로 받는 게 좋습니다. 수령 기간에 따라 30~50%(2026년 개정안 기준이며, 21년 차 이상 수령 시 최대 50%)의 퇴직소득세 절세 효과가 있기 때문입니다. 퇴직소득세는 개인의 소득 수준과 근속연수에 따라 수백만 원 이상 차이가 날 수 있는데, 이를 연금으로 전환하면 장기적으로 상당한 세금을 아낄 수 있습니다. 대단히 큰 액수는 아니어도 내는 입장에서는 적게 느껴지진 않죠. 합법적인 방법이 있다면 절세하는 편이 좋습니다.

더 큰 이점은 IRP를 이용하여 운용 수익을 키울 수 있다는 것입니다. 이자나 배당소득에 곧바로 과세하지 않고, 나중에 연금으로 받을 때 과세하므로 과세이연 효과가 있습니다. 당장 쓸 필요가 없는 돈이라면 만 55세 이후에 연금 형태로 받으면서 낮은 연금 소득세율 3.3~5.5%(연금 형태로 받으면 만 55~69세는 5.5%, 만 70~79세는 4.4%, 만 80세 이상은 3.3%)를 적용받는 것도 장점입니다.

연금으로 나눠 받는 것도 이점으로 볼 수 있습니다. 이유는 앞서 4% 규칙에 관하여 말씀드린 것과 크게 다르지 않아요. 원금은 지키면서도 자본소득을 수익으로 활용할 수 있기 때문입니다. 경제활동을 할 때의 10만 원과 하지 않을 때의 1만 원은 체감하는 가치가 비슷한 법입니다. 그러니 소액이더라도 매달 생기는 인출 가치를 우선순위로 두면 좋겠습니다.

IRP의 또 다른 활용 방법은 개인적으로 직접 납입하는 개인형 IRP입니다. 최소 5년 이상 유지해야 하고, 만 55세 이후에 연금 형태로 나누어 받을 수 있습니다. 총급여액이 5,500만 원 이하라면 지방소득세 포함 16.5%, 초과하면 지방소득세 포함 13.2%의 세액공제를 받을 수 있고요. 세액공제 한도는 연간 총 900만 원이라는 점도 명심하세요.

900만 원을 입금한 사람의 총급여액이 5,500만 원을 초과한다면 최대 118만 8,000원, 5,500만 원 이하라면 최대 148만 5,000원의 세액공제 혜택을 받을 수 있습니다. 다른 관점으로 생각하면 넣자마자 그만큼의 확정 수익을 얻는다고도 볼 수 있으니, 세액공제 혜택만으로도 상당히 매력적입니다.

개인연금

연금보험과 연금저축보험이라는 이름만 들어도 그 차이가 뭔지 헷갈린다는 사람이 많습니다. 간략히 말하자면 연금저축보험은 세액공제 혜택이 있는 상품, 연금보험은 세액공제 혜택은 없지만, 요건 충족 시 보험 차익에 대한 이자소득세 비과세 혜택을 받을 수 있는 상품입니다.

개인연금은 세제적격 연금과 세제비적격 연금으로 나뉩니다. 세제적격 연금은 '연금저축'으로, 세제비적격 연금은 '연금보험'으로 많이 불리는 것 같습니다. '저축'이라는 말이 들어가면 세제적격 연금으로 보면 됩니다. 세제적격 연금은 연금저축보험, 연금저축펀드, 연금저축신탁이 있습니다(신탁은 2018년부터 판매가 중지되었습니다).

연금저축

개인연금 세제적격 상품은 5년 이상 가입해야 하며 만 55세 이후에 10년 이상의 기간으로 나누어 받는다는 점이 IRP와 비슷해 보입니다. 하지만 세부적으로 들어가면 차이점이 있습니다.

첫째, 납입 한도가 다릅니다. IRP의 세액공제 한도는 연 900만 원,

연금저축은 연 600만 원입니다. 따라서 연금저축에 600만 원을 넣었다면, IRP에는 300만 원을 추가로 납입할 수 있습니다. 여담으로 총급여 5,500만 원 이하인 사람이 600만 원을 납입하면 최대 99만 원의 세액공제를 받을 수 있으며, 5,500만 원을 초과하는 경우에는 약 79만 2,000원을 세액공제 혜택을 받을 수 있습니다. 이는 연말정산 시 환급 또는 세액 감소 형태로 반영됩니다.

둘째, 가입 조건이 다릅니다. IRP는 소득이 있어야 가입할 수 있습니다. 반면 연금저축은 소득이 없어도 가입할 수 있습니다. 그래서 부모가 미성년 자녀의 명의로 연금저축에 가입해 장기적으로 활용하기도 합니다.

셋째, 투자 비중이 다릅니다. IRP는 퇴직연금이기 때문에 안전자산을 최소 30% 이상 포함해서 운용해야 합니다. 즉 위험자산 투자는 최대 70%까지만 가능합니다. 그러나 연금저축은 위험자산 비중에 제한이 없어 주식형 펀드나 ETF 등에 100% 투자할 수도 있습니다.

넷째, 중도인출 방식도 다릅니다. IRP는 전액 해지가 원칙이며, 부분인출은 법으로 정한 요건을 충족해야 가능합니다. 연금저축은 전액 해지뿐만 아니라 부분인출도 비교적 자유롭습니다.

마지막으로 투자할 수 있는 상품이 다릅니다. IRP는 정기예금, 개별 채권, 인프라펀드 등에 투자할 수 있습니다. 그러나 연금저축펀드는 이런 상품에 투자할 수 없습니다.

또한 연금 수령 시 부과되는 세금도 고려해야 합니다. 사적연금(연금저축, IRP) 수령액이 연 1,500만 원을 초과하면, 수령액 전체에 대해 다른 소득과 합쳐서 내는 종합과세나 별도로 16.5%를 적용하는 분리과세 중 하나를 선택해야 합니다. 그래서 1,500만 원 이하로 수령하는 게 이상적입니다. 만약 부부 중 한 명은 소득이 있고, 다른 한 명이 전업주부라면 배우자도 같이 연금저축에 가입하여 연 1,500만 원을 넘지 않도록 둘이 나눠서 받는 것이 좋습니다. 다만, 다른 소득이 많아 소득세율이 24% 이상 적용된다면 종합과세 대신 16.5%의 분리과세를 선택하는 것이 더 나은 전략이 될 수도 있습니다.

10년 이상 투자한 30대 수강생이 이런 질문을 했습니다.

"IRP에는 안전자산을 최소 30% 이상 포함해서 운용해야 하잖아요? 저는 위험자산을 70%보다 더 넣고 싶은데 방법이 있을까요?"

"개인연금의 세제적격 상품을 활용하면 될 텐데요. IRP만 활용하시는 이유가 있을까요?"

"개인연금 세제적격 상품으로 위험자산에 100% 투자할 수 있다는 사실은 잘 알고 있습니다. 하지만 중도해지가 자유롭다는 점이 다른 사람에게는 장점일지 몰라도, 장기투자가 중요하다고 생각하는 저로서는 단점처럼 느껴져서요. 장기투자를 하기 위해 IRP만 활용하고 있습니다."

그분께는 다음과 같이 답변드렸습니다.

"TDF®는 안전자산으로 분류됩니다. TDF를 활용해서 주식 비중을 늘려서 투자하는 방법도 있습니다."

누군가에게는 중도해지가 장점이지만, 어떤 이에게는 단점이 될 수 있다는 사실을 간과할 뻔했습니다. 하지만 해지가 자유롭다고 해서 손해가 없다는 뜻은 아닙니다. 중도해지 시 운용수익뿐만 아니라 세액공제를 받은 원금에도 기타소득세 16.5%가 부과되기 때문입니다. 이런 페널티를 피하려면 꾸준히 납입할 수 있는 금액으로 넣는 것을 추천합니다. 그런데 아무래도 30대라면 생애주기에 따른 단발적인 이벤트가 발생하다 보니, 이런 질문도 받았습니다.

"저는 재테크에 연금저축을 활용할 예정입니다. 그런데 목돈이 필요한 일이 갑자기 생길 수도 있잖아요. 중도해지를 하면 수익뿐만 아니라 세액공제를 받은 원금에도 16.5%의 세금이 부과되니 너무 부담스럽습니다. 담보대출이라도 받을 수 없을까요?"

일부 증권사에서 연금저축 담보대출을 시행하니 여차하면 활용할 수도 있습니다. 하지만 애초에 무리한 납입액을 목표로 잡지 않았으면 좋겠습니다. 반대로 여유가 있는 경우에는 최대 한도까지 활용하는 전략도 고려할 수 있습니다. 연금저축과 IRP를 합한 한도는 연 1,800만 원이며, 그중 세액공제는 최대 900만 원까지 적용됩니다. 세액공제 한도를 채운 이후에도 추가로 900만 원까지 납입이 가능하므로, 이를 활용해 연금계좌를 보다 적극적으로 운용할 수 있습니다.

• 투자자의 생애주기에 맞춰 주식과 채권을 자동으로 조절하는 펀드

다만, IRP를 퇴직용과 개인용으로 나누는 것이 세액공제 혜택 적용 여부를 파악하여 관리하기 수월한 것처럼 개인연금도 연금저축을 세액공제를 받은 돈과 받지 않은 돈으로 분리하는 것이 관리에 용이합니다. 만 55세 이후로 인출 전략을 세우기에 좋으니까요. 세액공제를 받는 계좌는 장기적 관점에서 운용하고, 세액공제를 받지 않은 계좌는 비상시 자유롭게 출금할 수 있도록 유동성 확보를 위한 목적으로 운용할 수 있습니다.

그리고 세액공제를 받지 않았다면 만 55세 이전에 수령해도 원금에 대한 페널티가 없습니다. 세액공제를 받지 않았기에 그에 대한 세금도 없는 것이죠.

연금보험

연금보험에는 공시이율형 연금, 변액연금, 즉시연금이 있습니다. 이 상품들은 일정 요건을 충족할 경우, 보험차익에 대해 비과세 혜택이 있어요. 일반적으로 가입 후 10년 이상 유지하고 일정 조건을 충족하면 연금 형태로 수령하거나 일시금으로 수령할 때 발생한 이자 및 수익에 대해 비과세가 적용될 수 있습니다.

다만 즉시연금은 납입 금액 기준 약 1억 원 이내로 비과세 혜택이 제한되는 점을 유의해야 합니다.

보험사의 적극적인 영업 덕분인지 강의 현장에서 어디에 가입했냐고 물으면 연금보험에 가입했다는 대답이 많습니다. 그중 한 분이 이렇게 질문했습니다.

"연금보험에 가입한 지 10년 정도 되었습니다. 현재 수익률은 이런데, 해지해도 될까요?"

보니까 수익률은 꽤 높았지만, 해지하면 원금보다 적은 금액을 받을 가능성이 있었습니다. 연금보험은 보험료의 일정 금액을 사업비로 떼기 때문에 7년 정도 됐을 무렵에는 수익률이 겨우 원금 정도거나 그 이하인 경우가 많기 때문이에요.

그래서 아직 연금보험에 가입하지 않은 분이라면 그리 추천하지는 않습니다. 다만, 보험은 상품 구조가 다양하므로 모든 상품이 똑같다고 보기는 어렵습니다. 또한 자산가라면 '절세'라는 관점에서 적극적으로 활용하는 상품이기도 합니다.

만약 가입했다면 추납을 활용하는 것도 한 방법입니다. 국민연금의 추납과는 달라요. 국민연금의 추납은 '추후에 납부한다'는 뜻이고, 연금보험의 추납은 '추가로 납부한다'는 뜻입니다. 연금보험 추납제도를 활용하면 사업비가 약 1~2% 수준으로 낮아집니다. 다만, 추납 금액은 계좌이체를 통해 별도로 넣어야 하기도 해서, 투자자로서는 다소 번거로울 수도 있습니다. 그래도 사업비 부담을 낮출 수 있다는 점에서 개인의 상황과 판단에 따라 활용을 고려할 만합니다.

ISA

결혼 예정인 30대 수강생이 이런 질문을 하셨습니다.

"퇴직을 앞둔 직장 선배들은 결혼 후에 한 사람 소득은 생활비로 쓰고, 다른 사람의 소득은 노후자금으로 넣으라고 해요. 이게 맞나요? 지금은 전세로 거주 중이라 집 살 돈도 모아야 하고, 차도 바꿔야 해서요."

결론부터 말씀드리자면 퇴직을 앞둔 사람의 관점에서는 직장 선배의 말이 맞고, 결혼 예정인 사람에게는 정답이 아닐 수 있습니다. 퇴직이 얼마 남지 않은 시점에서는 자녀 교육이나 내 집 마련 등 목돈이 들어가는 이벤트가 끝났을 테니, 노후자산의 비중이 커져야 할 때가 맞습니다.

하지만 결혼을 앞둔 사람이라면 5년 이상 가입해야 하고, 만 55세 이후가 되어서야 연금 형태로 받을 수 있는 연금은 그리 추천하지 않아요. 게다가 결혼처럼 큰돈이 나갈 일이 남아 있다면 더더욱 그렇습니다. 이럴 때는 ISA를 적극적으로 활용하는 것이 좋습니다.

ISA는 계좌에 현금을 넣고 상품을 선택하여 운용합니다. 원금의 납입 한도는 연 2,000만 원입니다. 올해 넣지 않으면 내년으로 이월됩니다. 만약 ISA 계좌를 만들기만 하고 5년 동안 한 푼도 넣지 않았다면 입금 한도는 1억 원이 되는 것이죠.

물론 ISA도 3년 이상 돈이 묶입니다. 그러나 그 3년간 배당금이나 이자 같은 수익금은 찾을 수 없어도, 원금은 별도의 페널티 없이 찾을 수 있습니다. 다만, 원금을 찾으면 한도가 복구되지 않는다는 점을 유의해 주세요. 한해에 넣을 수 있는 한도가 2,000만 원이라고 합시다. ISA에 2,000만 원을 넣었다가 돈이 필요해서 인출하면 그해에는 다시 넣는 게 불가능하다는 뜻입니다.

페널티 없이 원금을 찾을 수 있으니 장기간 돈이 묶인다는 불편함은 내려놓고 ISA의 이점에 대해서 알아볼게요. ISA는 쉽게 말해 마트에서 사용하는 카트입니다. 장을 볼 때 카트 하나를 가지고 들어가서 고기도 담고, 채소도 담고, 과자도 담고 나오면서 한꺼번에 계산하고 할인쿠폰을 제시하는 방식과 같아요.

IRP는 금융사마다 하나씩 개설할 수 있지만, ISA는 전 금융사를 통틀어 딱 하나만 만들 수 있습니다. 그리고 계좌에 어떤 금융상품을 담을 것인지에 따라 종류가 달라요.

예금과 펀드 등 금융사가 정한 범위 내의 상품을 중심으로 운용하고 싶다면 신탁형 ISA를, 주식과 ETF 등 직접투자를 원한다면 중개형 ISA를 선택할 수 있습니다. 누가 나 대신 알아서 장 좀 보면 좋겠다고 생각하는 사람은 은행 또는 증권사가 알아서 돈을 운용해 주는 일임형 ISA에 가입하면 됩니다.

ISA는 수익금에 대해서 200만 원까지 비과세 혜택을 받을 수 있는 것이 가장 큰 장점입니다. 직전 연도의 총급여가 5,000만 원 이하 또는 종합소득이 3,800만 원 이하라면 400만 원까지 비과세가 적용되는 서민형 ISA로 가입할 수도 있습니다. 비과세 한도를 초과한 금액에 대해서도 일반 금융상품처럼 15.4%의 세율이 적용되는 것이 아니라, 9.9%의 분리과세가 적용됩니다.

퇴직연금과 연금저축펀드에서는 레버리지나 인버스 ETF*에 투자할 수 없습니다. 투자자의 노후 준비를 위한 안정적 연금 운용이라는 취지와 맞지 않는 높은 위험도의 상품이나 단기적인 수익을 추구하는 ETF는 투자가 제한되기 때문입니다. 퇴직연금보다는 제약이 덜한 연금저축펀드에서는 선물형 펀드와 선물형 ETF에 투자할 수 있습니다. ISA 계좌에서는 레버리지, 인버스, 개별 주식 등에 투자하는 게 가능하답니다.

ISA는 3년 만기 3개월 전부터 만기 연장을 택할 수 있습니다. 그리고 연금저축펀드 또는 IRP 계좌로 이전하면 이체액의 10%(최대 300만 원)만큼 추가로 세액공제를 받을 수 있죠. 만기에 연금저축펀드 또는 IRP 계좌로 전환하여 세액공제 혜택을 챙기고 노후자금으로 활용하는 것도 좋은 방법입니다. 해지와 개설을 반복하고 만기에 일부 자금을 연금으로 전환하여 추가 세액공제를 활용하는 것이죠.

상황에 따른 전략
ISA를 고려하지 않는 투자자

먼저 연금저축펀드와 IRP의 세액공제 한도를 채운 뒤, 여유가 있다면 추가로 연금저축을 활용하는 방식을 추천합니다. 순위로 표시하자면 아래와 같습니다.

---

* 기초지수가 떨어질 때 수익이 나도록 설계된 상품

1. 연금저축펀드 600만 원

2. IRP 300만 원

3. 세액공제를 받지 않는 연금저축 추가분 900만 원

결혼자금, 전세보증금 등 단기 재무 이벤트가 있는 투자자

ISA는 자금 활용이 비교적 자유로우므로 단기 목표가 있는 경우에 활용하기 좋습니다.

1. ISA 약 80%

2. 연금저축펀드 약 20%

주택 마련을 완료했고, 투자금이 충분한 투자자

1. 연금저축펀드 600만 원 (월 50만 원)

2. ISA 연 2,000만 원 (월 160만 원)

3. IRP 연 300만 원 (월 25만 원)

위 전략을 실행하고도 여유 자금이 있는 투자자

1. 연금저축펀드 600만 원 (월 50만 원)

2. ISA 연 2,000만 원 (월 160만 원)

3. IRP 연 300만 원 (월 25만 원)

4. 세액공제를 받지 않는 연금저축 추가분 900만 원 (월 75만 원)

즉, 가용자금을 절세계좌 순서대로 채워 넣는 방식입니다. 월 310만 원씩 투자한다는 건 고소득층에게 가능한 수치이므로 일반 직장인은 무리할 필요 없어요. 실제로는 절세계좌를 활용하고 있다는 것만으로도 평균 이상입니다.

돈을 흐름을
읽기 위한 초석

☑️ 투자 선택에 영향을 주는 금리

수강생 한 분이 이런 농담을 하셨습니다.

"저는 미래를 정확히 알 수 있습니다. 제가 사면 떨어지고, 제가 팔면 오르거든요."

실제로 많은 분이 비슷한 의문을 갖습니다.

"왜 사기만 하면 주식이 떨어지는 거죠?"

"부동산은 왜 오르는 거죠? 이유를 모르겠습니다."

자산의 가격이 변화하는 배경을 모르면 막연한 불안감 때문에 투자가 더 어려워지는 것 같아요. 날씨는 맑았다가 흐려지면서 오락가락하죠? 경제도 마찬가지입니다. 날씨를 확인하기 위해 밖을 내다보는 것처럼, 경제를 살펴볼 수 있는 창문의 역할을 하는 것이 '경기지표'입니다. 그리고 돈이 흘러가는 곳을 알 수 있는 지표 중 하나가 금리입니다. 금리는 주식과 채권, 부동산 등이 왜 오르고 내리는지 밝혀 주는 등대와 같습니다.

금리를 모른 채 재테크를 공부하는 것은 김치 없이 김치볶음밥을 만들겠다는 것과 다를 바 없습니다. 금리는 돈의 가치와 자산시장의 흐름을 결정짓는 가장 중요한 변수이기 때문입니다. 재테크를 성공적으로 하고 싶다면 반드시 한 번은 짚고 넘어가야 할 주제입니다.

'금리'는 한마디로 경제 주체들이 서로 돈을 빌리거나 빌려줄 때 그 대가로 지급되는 돈입니다. 쉽게 말해, 이자를 원금으로 나눈 것입니다. 원금이 100만 원이고 금리가 10%라면 원금과 금리를 곱해서 이자가 10만 원이라는 계산이 나옵니다. 반대로 이자가 1만 원인데 원금이 100만 원이라면 이자를 원금으로 나눠 금리가 1%라고 계산할 수 있습니다. 그래서 금리를 이자율이라고도 부르죠.

우리는 하나의 존재여도 소속한 집단에서 맡은 역할에 따라 다른 이름으로 불립니다. 가정에서는 자녀이자 배우자이고, 회사에서는 후배 또는 대리입니다. 마찬가지로 금리는 이자율 외에도 할인율, 수익률이라고도 불립니다. 전부 금리를 지칭하는 용어지만 상황에 따라 선택하는 용어가 조금씩 다릅니다.

예를 들어, 100만 원이라는 원금이 있고 이자가 5만 원이라면 '이자율'은 5%입니다. '할인율'은 미래의 자산을 현재의 가치로 바꾸는 것을 말합니다. 다시 말해, 돈의 미래가치를 현재가치로 환산할 때 사용하는 비율입니다. 채무자가 원금 100만 원을 1년 뒤에 105만 원으로 갚는다면 1년 뒤의 105만 원이 현재가치로는 100만 원이므로 할인율은 5%입니다. '수익률'은 투자하는 관점에서 부르는 용어입니다. 100만 원을 투자했는데 1년 후에 105만 원으로 불린다면 연간 수익률은 5%입니다. 이처럼 상황에 따라 용어는 달라도 동일하게 '돈의 가격'을 표현한다는 사실을 알 수 있습니다.

금리는 '돈의 미래가치와 현재가치의 차이'라고 정의할 수도 있습니다. 여러분이 지금 돈을 쓰지 않고 은행에 예금으로 보관한다면 현재가치를 포기하고 미래가치로 이자를 받는 것입니다. 반면 대출을 받으면 미래가치와 현재가치의 차이에 대한 비용으로 이자를 냅니다. 현재가치를 포기하고 미래가치를 얻는 것은 돈을 예금하는 수신뿐만 아니라 여신°이나 투자에도 영향을 줍니다.

금리는 종류도 다양합니다. 기본적으로 금융기관 사이에서 단기적인 자금 거래가 이루어질 때 형성되는 이자율을 '콜금리'라고 합니다. 콜금리 외에도 CD금리, 코픽스 금리, CP금리, RP금리 등 다양한 금리가 있습니다.

중요한 것은 '무엇이 우리의 돈에 영향을 미치는가?'입니다. 이를

• 금융기관이 개인이나 기업에게 돈을 빌려주거나 신용을 제공하는 모든 활동

설명하기 위해서는 거시적 지표를 언급해야 하는데, 그때마다 마음이 무거워지는 건 어쩔 수 없는 것 같아요. 중요한 내용이지만 많은 사람이 지루하게 생각하는 주제이기도 하거든요.

그래서 우리 생활과 밀접한 내용으로 쉽게 다가가 보도록 하겠습니다. 우리에게 낯설지 않은 금리는 '예금금리'와 '대출금리'입니다. 그리고 이 둘의 기준이 되는 것이 바로 '기준금리'입니다. 학교 다닐 때 반장이 "기준!"이라고 외치면 거기를 중심으로 간격을 조절했던 게 기억나실까요? 그것과 다르지 않습니다. 기준금리를 말 그대로 기준으로 삼아 일정 간격을 두고 예금금리와 대출금리를 조정합니다. 여기서 기준금리를 낮춘다는 건 경기를 활성화하기 위해 돈의 흐름을 더 원활하게 만들려는 정책 방향이라고 이해할 수 있습니다.

기준금리를 움직이는 것은 한국은행입니다. 정확히는 한국은행 내부의 금융통화위원회에서 결정합니다. 금융통화위원회는 한국은행 총재를 의장으로 삼고, 정부와 주요 단체에서 추천하는 7명의 위원으로 구성된 위원회입니다. 기준금리를 비롯하여 한국은행의 통화 신용정책을 심의·의결하는 기구죠. 매년 8회에 걸쳐 정해지는 기준금리는 물가, 경기, 환율, 경기 흐름 등 한국 경제 전반에 큰 영향력을 미칩니다.

청소년 교육 때 통화량과 가격 결정에 관한 게임을 진행한 적이 있습니다. 게임 방법은 간단해요. 먼저 첫 번째 순서에서는 모둠별로 1만 원을 주고 사과를 사게 하고요. 두 번째 순서에서는 2만 원으로 사과를 사게 합니다. 한정된 돈으로 가장 많은 사과를 사는 팀이 이기는 게임이에요. 두 번째 순서에서 사과 가격이 많이 오릅니다. 통화량 증가가 자산가치에 반영되기 때문입니다.

월급은 크게 오르지 않았는데 물가가 많이 오르면 돈을 잘 안 쓰게 됩니다. 사회에 돈이 잘 돌지 않으면 돈맥경화로 이어질 수 있고요. 이때 중앙은행이 물가를 잡기 위해 기준금리를 조정해서 시중에 풀린 통화의 양을 조절할 수 있습니다. 돈의 흐름은 경기와 금리에 따라 어떻게 바뀌는지 알아볼까요?

경기에 따른 돈의 흐름

경기 과열

경기가 과열되면 중앙은행은 물가를 안정시키기 위해 금리를 올릴 가능성이 커요. 기준금리가 오르면 그 영향으로 시중금리도 상승합니다. 금리가 높으면 굳이 위험을 감당하면서까지 투자할 이유가 줄어들고, 안전한 데다 높은 이자를 주는 예금으로 돈을 옮기는 경향이 생깁니다. 대출 상환 부담까지 커지면서 시중에 풀렸던 돈이 다시 은행으로 흘러가고, 뜨거웠던 경기는 서서히 식기 시작합니다.

경기 둔화

경기가 늘 좋지만은 않은 법이죠. 경기가 둔화하기 시작하면 경기 회복을 위해 기준금리를 인하합니다. 낮아진 금리에 힘입어 기업에서는 활발히 투자하고 가계에서는 소비를 늘릴 것을 기대하면서요. 이때 유리한 '채권' 관련해서는 3장에서 자세히 설명하겠습니다.

경기 침체

경기에 먹구름이 끼다 못해 천둥번개가 치면 기준금리를 더 낮출 가능성이 커집니다. 금리는 돈의 가격. 즉 '돈의 가치'이죠. 돈의 가치가 낮아지고 시중에 유동성이 풍부해지면, 돈은 상대적으로 가치 보존 수단으로 여겨지는 실물자산으로 흘러갑니다. 대표적인 실물자산이 부동산입니다.

경기 회복

경기가 좋으면 기업에서는 수익을 내기 시작하고 자연스럽게 기업의 가치도 상승합니다. 그리고 투자자가 기업의 호황을 함께 누리는 방법은 기업의 어깨에 올라타는 겁니다. 바로 주주(주식회사의 주인)가 되는 거예요. 돈은 주식으로 흘러갑니다. 단, 주식시장은 실제 경기보다 앞서 움직인다는 걸 명심하세요. 그래서 경기가 회복되기 '시작'할 때 주식은 먼저 오르는 경우가 많습니다.

투자할 때는 기준금리도 중요하지만 실질금리가 더 중요합니다. '실질금리'란 명목금리에서 물가상승률을 뺀 값입니다. 여기서 '명목금리'란 물가 변동을 고려하지 않은 표면상의 이자율로, 쉽게 말하면 통장에 표시된 금리라고 보면 됩니다.

금리가 4%라고 했을 때 이러한 수치가 높은지 낮은지는 상대적입니다. 대출받는 사람에게는 높게 느껴지고, 예금하는 사람에게는 낮게 느껴질 테니까요. 시기에 따라서도 다릅니다. 1980년대에는 은행 금리가 20%에 육박했으니 4%는 말도 안 되게 낮은 금리입니다. 반대로 최근 몇 년간은 3%대의 금리도 찾기가 쉽지 않으니 높게 느껴질 것이고요.

은행에 예금하는 게 좋을지 투자하는 게 좋을지는 물가상승률에 따라 다릅니다. 만약 물가상승률이 5%라면 금리 4%짜리 예금에 돈을 넣는 것은 1% 손해입니다. 근데 물가상승률이 2%라면 예금이 합리적인 선택이 될 수 있습니다. 그래서 실질금리가 중요합니다. 명목금리가 7%이고, 물가가 4% 상승했다면 실질금리는 3%입니다.

반면, 금리가 오르면 대출금리도 오르기 때문에 대출을 받은 투자자 관점이라면 금리가 가장 높은 대출부터 상환할 필요가 있습니다. 대출금리가 오르면 자금조달비용이 증가하기 때문에 부동산 가격이 하락할 가능성이 커집니다. 또한 투자자들이 위험자산을 기피하기 때문에 주식이나 가상화폐도 하락할 수 있습니다.

하지만 위기는 기회와 함께 오는 법이죠. 부동산 실거주자라면 급매나 경매 등을 활용할 수 있습니다. 또한, 사람들이 부동산을 외면하는 시기이므로 오히려 청약 당첨 확률도 올라갈 수 있습니다. 모든 자산은 때에 따라 기회가 될 수 있다는 걸 명심하세요.

금리 상승 시

- 예금금리, 대출금리, 채권금리 상승
- 주식, 가상화폐, 채권 가격, 부동산(시차를 두고 조정) 하락

금리가 내려가면 예금금리도 채권금리도 내려갑니다. 채권 자체가 낯설 수 있으므로 예금의 개념으로 이해해도 무방합니다. 만약 여러분이 은행에 예금하려는 시점에 경기가 좋지 않아 앞으로 금리가 계속 내려갈 것이라고 예상한다면, 1년 만기보다는 3년 만기 예금을 선택할 가능성이 큽니다. 3년이 지난 뒤에 실제로 시장금리가 하락해도 우리는 예금 가입 당시에 통장에 적혀 있던 약정금리, 즉 표면금리로 이자를 받기 때문입니다.

채권금리를 이해하려면 표면금리에 대한 설명이 필요할 것 같아요. '표면금리'는 말 그대로 채권 표면에 적힌 금리입니다. 채권을 가진 사람에게는 수익률이겠죠. 채권의 표면금리는 발행 시 고정되지만, 시장금리는 경제 상황에 따라 변합니다. 금리는 한국은행의 기준금리뿐만 아니라 시장 참여자들의 수요와 공급, 경기 상황, 물가 전망 등 다양한 요인에 의해 움직입니다.

시장금리가 5%일 때 표면금리 5%의 채권을 매수했다고 가정하겠습니다. 이후 시장금리가 3%까지 하락하면 새로 발행된 채권은 연 3%만 지급합니다. 이때 5%를 지급하는 기존 채권은 상대적으로 높은 이자를 주기 때문에 더 매력적으로 보입니다. 시장에서는 프리

미엄을 주고서라도 이를 사고자 하는 수요가 생깁니다. 결국, 시장금리가 떨어지면 기존 채권의 가격은 올라갑니다. 채권 가격이 상승했다면 채권형 펀드나 채권 ETF 등을 매도하는 시기를 고려해 보는 것도 좋습니다.

반면, 금리가 하락하는 환경에서는 주식이나 가상화폐의 가치가 상승할 수 있습니다. 이럴 때 낮은 가격으로 매수하여 장기간 보유한 주식을 매도함으로써 수익을 볼 수 있어요. 또한 성장주를 적립식으로 분할매수하는 방법도 하나의 투자 전략입니다.

부동산은 금리가 내릴 때 가격이 오르는 경향이 있습니다만, 금리 변화가 바로 가격에 반영되기보다는 일정한 시차를 둡니다. 거래량이 늘어난 뒤 가격이 움직이는 경우가 많아요. 따라서 금리가 낮아지는 시기에는 가격 상승이 본격화되기 전에 내 집 마련을 고려할 수 있습니다.

금리 하락 시

- 예금금리, 대출금리, 채권금리 하락
- 주식, 가상화폐, 채권 가격, 부동산(시차를 두고 조정) 상승

하지만 경제 이론은 100% 불변의 법칙이 없습니다. 금리가 상승하던 시기에 강의를 들은 한 수강생이 이렇게 질문했습니다.

"아니, 금리가 오른다고 하기에 주식을 팔았어요. 진짜로 금리가

상승했는데, 왜 주식이 오르는 거죠?"

일반적으로는 금리를 올리면 주식시장이 침체할 가능성이 커요. 하지만 금리가 오른다고 주식이 반드시 하락하는 것은 아닙니다. 주식이 상승하는 금리 인상기도 있어요. 금리 인상이 항상 악재가 아닐 수도 있습니다. 금리 외에도 시장을 움직이는 요인이 많기 때문에 금리 하나만으로 시장의 방향을 단정할 수는 없습니다. 기업 실적, 물가, 고용, 환율 등 여러 지표를 종합적으로 분석해서 포트폴리오를 만드는 것이 중요합니다.

☑ 수요 예측을 돕는 물가

'물건을 모르면 금 보고 사라'는 속담이 있어요. 지금으로 치면 '물건을 잘 모르겠으면 가격을 보고 사라'라고 말할 수 있겠습니다. 가격은 물건이 지닌 가치를 돈으로 나타낸 것이니까요.

개별 상품과 서비스 가격을 화폐단위로 나타낸 것을 가격이라고 합니다. 한 가지 물건의 가격을 파악하는 건 쉽습니다. 제과점에서 판매하는 소금빵 한 개의 가격은 약 2,000원이겠죠.

물가는 사람들이 자주 사는 물건과 서비스의 가격을 모아서 만든 '평균 가격'이라고 이해하면 됩니다. 그래서 영수증에 적힌 숫자만 확인하면 되는 가격과 다르게 곧바로 와닿지 않아요. 지수로 접근하는 노력이 필요합니다.

오늘날 주로 사용되는 물가지표는 소비자물가지수_{Consumer Price} Index, CPI, 생산자물가지수_{Producer Price Index, PPI}, GDP디플레이터 등이 있습니다. 그럼 각 개념을 간단히 설명하겠습니다.

소비자물가지수

- 소비자가 구입하는 상품과 서비스의 가격 변동을 측정하기 위한 지표
- 변동성이 큰 일부 품목을 제외한 근원물가지수로 물가 흐름을 함께 분석하기도 함

통계청은 전국 전국 주요 도시에서 다수의 상품 및 서비스 품목을 대상으로 소비자 구입 가격을 조사하여, 기준시점인 2010년의 소비자물가 수준을 100으로 잡은 지수 형태를 작성하여 매달 발표합니다. 만약 현재의 소비자물가지수가 110이라면 이는 기준시점보다 물가 수준이 10% 높은 것을 뜻합니다.

'근원물가지수'는 소비자물가지수에서 계절적 요인이나 일시적인 외부 요인을 크게 받는 품목을 제외하고 산출한 지수입니다. 대표적으로 날씨의 영향을 많이 받는 농산물, 해외 공급의 영향을 받는 석유류는 제외한 것이죠. 너무 들쭉날쭉한 것들은 빼고 물건값이 움직이는 기본 흐름을 보는 지표입니다.

생산자물가지수

- 회사가 물건을 만들어서 시장에 팔 때 매기는 가격이 어떻게 변하는지 나타내는 지수
- 재화와 서비스의 가격 동향을 파악하고 경기 동향을 판단하는 지표

소비자물가가 소비자가 사는 물건의 가격이라면, 생산자물가는 회사가 파는 물건의 가격입니다. 쉽게 말해, 과자 회사가 편의점에 납품하는 과자의 가격, 빵 공장이 마트에 납품하는 빵의 가격입니다.

생산자물가지수는 한국은행에서 작성하여 매달 발표합니다. 상품 및 서비스의 수급 동향을 파악하고 경기 동향 판단의 지표로 활용할 수 있어요.

수입품의 가격이 오르면 기업이 들여오는 원자재나 상품의 가격이 올라서 생산자물가에 영향을 미칩니다. 그리고 생산자물가가 상승하면 약간의 시차를 두고 소비자물가에도 반영됩니다.

GDP디플레이터

- 국내에서 생산된 재화와 서비스의 평균 가격을 보여 주는 지표

GDP 디플레이터는 가계가 소비하는 상품뿐만 아니라 기업의 투자, 정부의 지출, 그리고 수출품의 가격까지 모두 반영합니다. 즉, 한 국가 안에서 생산된 모든 재화와 서비스의 가치를 종합한 '가장 포괄

적인 물가지수'라고 볼 수 있습니다.

물가는 중요합니다. 앞서 금리를 얘기할 때 명목금리에서 물가상승률을 차감한 실질금리가 중요하다고 했던 부분, 잊지 않으셨죠? 물가는 실질금리뿐만 아니라 실질임금 수준을 결정하는 데에도 중요한 역할을 합니다. 예를 들어 임금이 7% 상승했습니다. 그런데 물가가 6% 상승했다면 실질임금은 1% 상승한 것입니다. 임금상승률이 물가상승률보다 높지 않으면 실제로 쓸 수 있는 돈은 줄어드는 셈이죠. 정부에서 발표하는 여러 통계지표 중에서 국민의 살림살이에 가장 큰 영향을 미치는 요소가 물가입니다.

물가가 지속해서 오르는 현상을 '인플레이션'이라고 합니다. 항상 그런 것은 아니지만, 일반적으로 경기가 호황일 때 인플레이션이 확산됩니다. 경기가 좋으면 소득이 높아지고, 사람들의 지출이 많아지며, 수요가 많아지니 가격이 상승합니다.

수요가 증가하면서 발생하는 수요견인인플레이션은 경제가 성장하거나 소비, 투자, 정부지출 등 총수요가 공급을 초과할 때 발생합니다. 일반적으로 경기가 호황이거나, 저금리 정책이나 재정지출 확대 등으로 가계의 구매력이 상승했거나 통화량이 증가했을 때 나타납니다.

반면 비용인상인플레이션도 있습니다. 비용 상승이 총공급을 감소시키면서 발생하는 인플레이션입니다. 물건을 만들어서 시장에 판매하려는데 재료값이 비싸져서 기존의 가격으로는 물건을 팔아도 남는 게 별로 없다고 합시다. 그러면 기업 입장에서는 굳이 물건을 많이 만들어서 팔 이유가 없어요. 원자재 가격이 비싸졌기 때문에 이윤을 붙여서 팔려면 가격을 올려야 합니다.

실제로 국제 분쟁으로 밀, 해바라기유 공급이 줄어든 적이 있었습니다. 공급이 줄어들어 밀가루 가격이 올라가면 제과점은 빵 가격을 올려야 합니다. 가격이 올라서 소비자가 지갑을 닫으면 제과점의 매출은 떨어지고, 사람을 고용하기도 어려워집니다.

전쟁이 아니더라도 전 세계적인 이상 기후가 인플레이션에 영향을 미치기도 합니다. 가뭄, 홍수, 폭염 등으로 농산물의 생산량이 줄어들면 공급이 감소하죠. 공급이 줄었는데 수요는 그대로면 가격이 오릅니다. 물가가 오르면 중앙은행은 물가를 잡기 위해 기준금리를 올릴 것이고, 이 때문에 가계는 원리금 상환 부담이 커지므로 소비를 줄입니다. 구매력 하락의 악순환으로 이어지는 것입니다.

이렇게 보면 인플레이션은 늘 나쁜 것처럼 느껴지지만, 반드시 그런 건 아닙니다. 경제가 안정적으로 돌아가기 위해서는 지나치게 높지도 낮지도 않은 완만한 물가 상승이 필요합니다. 물가가 너무 낮으면 경제에 활력이 부족하고, 너무 높으면 경제가 불안정하기 때문입니다. 그래서 중앙은행은 보통 연간 2% 안팎의 물가상승률을 목표로 삼습니다.

우리나라는 물가안정목표제를 운영하고 있습니다. '물가안정목표제'란 중앙은행이 일정 기간 달성해야 하는 물가상승률을 미리 정하고, 그 목표를 기준으로 통화정책을 운용하는 제도입니다. 물가가 너무 빨리 오르거나 너무 조금 오르면 사람들이 살기 불편합니다. 한국은행은 금리를 조절하는 등 여러 방법을 써서 목표에 맞게 물가를 움직이려고 노력해요. 이렇게 하면 물가가 갑자기 변하지 않아서 경제가 안정적으로 움직이고, 사람들이 미래를 계획할 때도 도움이 됩니다. 예측이 잘 되는 사회일수록 불확실성이 줄어들기 때문입니다.

경제가 안정적으로 성장할 때 사람들의 소비가 늘어납니다. 물건이 잘 팔리면 기업의 생산이 증가하고, 물건을 더 많이 만들어야 하니 일할 사람을 더 많이 고용합니다. 실업률이 낮아지는 데다가 사람들은 돈을 버니까 번 돈으로 소비도 하고요. 경제가 성장하고, 고용이 증가하고, 임금이 상승하고, 물가가 완만하게 상승해야 경제가 큰 문제 없이 원활하게 굴러갑니다.

그런데 고용 증가 같은 현상은 일어나지 않는데, 물가만 급격하게 오르면 경제에 심각한 악영향을 미칩니다. 급격한 인플레이션은 화폐 가치를 빠르게 하락시키고, 저축도 감소시킵니다. 실질소득이 줄어드는 만큼 소비자는 지갑을 닫고, 이는 기업의 투자 위축으로 이어질 수 있습니다.

미국의 물가가 급격히 오른 적이 있습니다. 그래서 미국 중앙은행이 금리를 빠르게 올렸고, 한국보다 미국의 금리가 높아지는 '금리 역전'이 일어났습니다. 금리가 더 높은 나라에 돈을 맡기면 이자를 많이 받을 수 있으므로 달러로 돈이 몰립니다. 그렇게 원화 가치는 약해지는 상황이 길어지면 자금이 해외로 빠져나갈 위험성도 커집니다.

상품을 저렴하게 살 수 있는 건 좋지만, 물가가 계속 떨어지는 '디플레이션'은 매우 위험합니다. 물건값이 내려가면 겉으로는 좋아 보여도 사실 경제가 힘을 잃고 있다는 신호일 수 있습니다. 가격이 내려가면 기업이 물건을 팔아도 예전만큼 돈을 벌지 못합니다. 그러면 직원들을 해고하거나 투자를 멈춥니다. 일부 기업은 버티다가 문을 닫습니다. 이러면 실직자가 증가하고 가계의 소득도 줄어들겠죠.

물가가 계속 내려가면 사람들은 '지금 사면 손해'라고 생각합니다. 당장 안 사고 버티면 나중에 더 저렴해질 것 같기 때문이죠. 사람들이 소비를 미루면 기업의 매출은 더 나빠지고, 물가는 더 떨어지는 악순환이 시작됩니다. 기업의 실적이 안 좋아지면 주가가 하락할 수도 있고요. 자산이 줄어든 사람들은 더욱 지갑을 닫고, 경제는 움츠러듭니다.

일반적으로 경기가 불황일 때 소비가 줄고, 물가는 안정되는 경향이 있습니다. 하지만 예외도 있습니다. 경기침체로 소비는 위축되는데, 물가는 오르는 상황이 나타나기도 합니다. 이를 '스태그플레이션'이라고 합니다.

경기침체와 물가 상승이 동시에 나타나는 현상을 뜻하는 것으로, 이를 두고 'S의 공포'라고 표현합니다. 원자재 가격이 급등하거나 과도한 통화 공급 등 여러 가지 요인이 종합해서 작용합니다. 고용은 줄어들고 소득은 하락하는데 물가는 오르는 상황이니 고용, 소득, 투자 등 경제 전반에 부정적인 영향을 미칩니다.

시장 불확실성이 커질 때는 신중한 자산배분과 리스크 관리가 더욱 꼼꼼하게 진행되어야 합니다. 경기방어주나 안전자산의 비중을 늘리고 예비비 목적의 현금을 일부 확보하는 것도 생각해 봐야 합니다. 금리와 물가는 경제 전반의 흐름을 좌우합니다. 그리고 이러한 변화는 결국 '돈의 가치'를 결정하는 또 다른 지표, 환율에도 직접적인 영향을 미칩니다.

☑ 해외투자 시 반드시 알아야 할 환율

돈의 가격을 대내적으로 표현하면 '금리'이고, 대외적으로 표현하면 '환율'입니다. 우리나라의 경제 구조는 수출 비중이 높은 만큼 대외 의존도가 매우 높습니다. 그래서 해외 시장의 동향까지 함께 살펴야 경제의 흐름을 정확하게 이해할 수 있습니다.

환율을 파악하기에 앞서 우리가 주유할 때를 생각해 보세요. 1,500원과 1,510원의 차이는 매우 크게 느껴집니다(실제로 국제유가 하락에도 휘발유와 경유 가격이 강세를 보이는 이유가 고환율 때문일 수 있습니다). 1달러가 1,300원과 1,310원일 때의 차이는 불과 10원일지라도 기업의 당기순이익과 손실이 좌우됩니다. 국내 증시의 방향성을 좌우하는 외국인 투자자의 자금도 단 '몇 원' 차이에 큰 영향을 받습니다. 환율은 수출입과 물가, 주가, 고용 등 여러 경제 영역에 영향을 미치기에 꼼꼼히 살펴볼 필요가 있습니다.

'환율'이란 한 나라의 돈과 다른 나라의 돈의 교환 비율입니다. 환율이 올랐다는 개념을 이해할 때는 원화로 달러를 산다고 생각하면 쉽습니다. 이전에는 1달러를 1,300원으로 살 수 있었는데, 이제는 1,400원을 줘야 살 수 있습니다. 그러면 달러의 가격이 올랐다, 즉 '환율이 올랐다'고 보면 됩니다. 달러의 가치가 오르면 환율이 상승하고, 내리면 환율은 하락합니다.

환율의 결정요인은 수요와 공급입니다. 수출 기업이 수출을 많이 하면 달러를 많이 법니다. 외환시장에 달러의 공급이 많아지면 달러 가치는 하락하고 원화 가치는 상승하는 경향이 있습니다. 반대로 외환시장에 달러 수요가 늘어나면 환율은 상승합니다. 그래서 국제수지는 환율 결정에 영향을 미칩니다. 국제수지가 흑자라면 외환시장에 달러 공급이 늘어나서 달러 가치가 내려가고 환율도 하락합니다. 반대로 국제수지가 적자라면 환율이 오릅니다.

국제수지가 환율에 영향을 미치기도 하고 환율이 국제수지에 영향을 미치기도 합니다. 환율이 오르면 외국인으로서는 우리나라 물건이 싸게 보일 겁니다. 1달러가 1,300원에서 1,400원이 되면 같은 1달러로 더 많은 원화 상품을 구매할 수 있습니다. 그래서 환율이 오르면 일반적으로 수출기업에 유리하게 작용합니다. 반대로 환율이 하락하면 수입을 많이 하는 회사에게 유리합니다. 수입기업으로서는 이전에 1,400원 주고 샀을 물건을 1,300원에 살 수 있는 거니까요. 해외여행 상품을 판매하는 여행사의 서비스 수요가 증가하는 경향도 나타납니다.

경상수지도 알아볼 필요가 있습니다. '경상수지'는 한 국가가 외국과 재화와 서비스를 사고파는 거래로 생긴 수입과 지출의 차액을 의미하는 경제지표입니다. 경상수지 흑자는 수출이 수입보다 많아 외국으로부터 번 돈이 많다는 의미입니다. 외화보유액 증가와 환율 안정, 국가신용도 향상 등 긍정적인 영향을 미치는 경우가 많습니다.

반면, 경상수지 적자는 수입이 수출보다 많아서 외화가 유출된 상태입니다. 이는 국내 경제 구조나 경기 상황, 에너지 가격 상승, 설비 투자 확대 등 다양한 요인에 의해 발생합니다. 경상수지가 적자일 때는 외환시장에 달러 공급이 적어지므로 환율이 오릅니다. 당연히 수입품의 물가가 상승하고 원료비나 수입 장비의 도입 비용도 올라갑니다. 이 때문에 국내 수요(이하 내수)가 위축되며 경기침체의 가능성이 커집니다.

미국에서 유학하는 중에 잠시 귀국했던 수강생이 이러한 질문을 하신 적이 있습니다.

"미국에서 생활할 때 쓸 돈이 필요합니다. 국내 주식을 팔아서 마런해야 할까요?"

먼저 주식을 매도하는 대신에 원금 손실 없이 해지할 수 있는 저축이 있는지 확인해 보았습니다. 유학생에게는 저축과 투자도 중요하지만, 환율이 더욱 중요합니다. 지금까지는 원·달러 환율이 1,400을 넘어서면 위험 신호로 해석했습니다. 달러 환율이 1,400원을 넘어선 건 역사적으로 경기 상황이 불안했던 외환위기, 글로벌 금융위기 시기였기 때문입니다. 다만 환율 자체에 공식적인 기준이 있지는 않습니다. 원·달러 환율이 '높다, 낮다'의 기준은 당시의 시장 분위기와 경제 환경에 따라 달라지는 상대적인 판단입니다.

외국인 투자자도 잠시 한국에 들른 유학생과 입장이 비슷합니다. 환율에 따라 이익을 볼 수도, 손해를 볼 수도 있습니다. 투자 시점과 회수 시점을 분리해서 생각할 필요가 있습니다. 미국 투자자가 한국에 투자하면 자신이 보유한 달러를 원화로 바꿔서 투자한 다음, 나중에 다시 원화를 달러로 환전해서 미국에서 써야 합니다.

미국인 투자자에게는 환율이 높을 때(달러 강세, 원화 약세)가 유리합니다. 1달러가 1,000원일 때보다 1,200원일 때에 더 많은 주식을 살 수 있기 때문이죠. 외국인 투자가 늘어나면 투자자가 달러로 원화를 사기 때문에 원화 수요가 늘어나고 원화 가치가 올라갑니다. 투자를 회수하는 시점, 즉 팔 때는 환율이 낮을 때(달러 약세, 원화 강세) 파는 게 유리합니다. 1,200원을 1달러로 바꾸는 것보다 1,000원을 1달러로 바꾸는 게 더 많은 달러로 환전할 수 있기 때문입니다. 원화가 강세일 때 팔아야 더 많은 달러로 바꿔서 활용할 수 있습니다.

결론적으로 미국인 투자자로서는 환율이 높을 때 투자해서, 환율이 낮을 때 회수해야 매매차익뿐 아니라 환차익이 더해져 수익이 커집니다. 만약 투자하는 시점에 1,000원이었던 1달러로 투자했는데 회수하는 시점에 환율이 올라 1달러가 1,200원이 됐다면 주식으로 20%의 수익률을 올렸다고 해도 환차손으로 수익이 상쇄되어 달러 기준으로는 본전도 못 건진 셈입니다.

하지만 현실은 이론과 다릅니다. 환율이 오르고 원화 약세가 지속될 것으로 예상되면, 외국인 투자자는 환차손 위험을 피하려고 주식을 팔고 떠날 수 있습니다. 그 결과, 국내 주식이 하락할 수 있습니다. 반대로 환율이 내려가면 환차익까지 기대할 수 있기 때문에 외국인 투자자는 한국 투자가 매력적으로 보입니다.

환율과 글로벌 자금은 단순히 '싸다, 비싸다'로 움직이지는 않습니다. 그리고 투자자는 환율만 보지 않습니다. 금리 차이나 글로벌 경제 상황, 위험 선호 여부 등에 따라 움직입니다. 보통 글로벌 경기가 불안하면 환율이 높았습니다. 위험 회피 심리로 한국을 포함한 신흥국에서 선진국으로 자금이 빠져나가기 쉽기 때문입니다. 그래서 실제로는 환율이 높을 때 외국인 투자가 줄어드는 경향이 강합니다. 환율이 오르면 코스피 지수가 떨어지는 모습도 확인됩니다(물론 항상 그런 것은 아닙니다). 오히려 환율이 낮을 때 글로벌 경기가 회복 추세에 들어가고, 위험 선호 심리가 강해지면서 신흥국 시장으로의 자금 유입이 많아집니다. 신흥국의 주가 상승으로 초과 수익을 기대할 수 있기 때문입니다.

글로벌 경기가 불안할 때 주가는 하락했는데, 환율이 오른 덕분에 환차익으로 수익을 본 분도 많습니다. 환율이 빠르게 상승하던 시기에 해외투자를 추천했더니 한 수강생이 이렇게 질문하셨습니다.

"지금은 환율이 너무 많이 올랐어요. 해외투자는 환손실로 이어지지 않을까요?"

그래서 저는 이렇게 말씀드렸습니다.

"환율은 심리의 영향이 커요. 귀신도 모른다는 말이 있을 정도로 예측이 어렵습니다."

질문을 주셨던 수강생 두 명의 사례를 보면 각각 상황에 맞는 신중한 접근이 필요함을 알 수 있습니다. 먼저 생활비가 필요한 유학생은 주식을 매도하지 않고 일부 적금을 해지해 생활비를 마련했습니다. 달러 통장을 만들어 조금씩 환전하며 부담을 최소화했죠.

한편 해외투자를 고려한 또 다른 수강생은 환율 변동으로 인한 위험을 피하기 위해 분할매수 전략을 사용했습니다. 결과적으로 두 수강생 모두 급격한 환율 변동에도 별다른 손실 없이 필요자금을 안정적으로 확보하는 데 성공하셨습니다.

두 사례를 통해 알 수 있는 사실 하나는 환율은 아무도 정확하게 모른다는 사실입니다. 그래서 환율은 예측하려 애쓰기보다, 언제든 변할 수 있다는 걸 알고 미리 준비하는 것이 더 중요합니다.

☑ 시중에 풀린 돈의 규모를 드러내는 통화량

시중에 자금이 많이 풀리면, 그 여유자금이 부동산이나 주식 같은 자산시장을 키울 수 있습니다. 자산 가격이 오르면 불평등이 심화할 가능성도 커집니다. 소득의 양극화가 더욱 빨라지니까요. 이런 시기에는 자산가치 상승에 대한 기대로 빚까지 내서 투자하는 사람의 수가 급증하기도 합니다. 실제로 부동산 가격이 급등했을 때, 무주택자가 갑자기 거지 신세가 된 것 같다는 상황을 일컬어 '벼락 거지'라는 말이 나왔습니다. 그리고 급등한 집값을 보며 영혼까지 끌어모아 대출을 끼고 집을 사는 '영끌'이라는 신조어가 만들어지기도 했습니다.

경제가 고성장할 때는 교육의 확대 등으로 근로소득이 늘어날 가능성이 크지만, 경제 성장이 더딜 때는 근로소득의 영향력보다 자본소득의 영향력이 크다는 연구 결과도 있으니까요. 월급만으로는 미래에 대비할 수 없다는 불안감에 더 적극적으로 투자합니다.

통화량이 빠르게 증가한 시기에는 근로소득보다 자산 가격의 상승 속도가 더 빨라지는 현상이 자주 관찰됩니다. 이런 경우, 자산을 보유한 사람과 그렇지 않은 사람 사이의 격차가 단기간에 벌어질 수 있습니다. 실제로 통화량이 상승하면서 넘치는 유동성으로 주식, 금, 코인 가격이 전부 오르는 '에브리싱 랠리 Everything rally' 현상이 나타나기도 했습니다.

화폐유통속도도 중요합니다. '화폐유통속도'는 돈이 얼마나 빠르게 순환하는지 나타내는 지표로, 통화량을 명목 GDP로 나눈 값입니다. 이 값이 클수록 돈의 회전 속도가 빠르고, 낮을수록 느립니다. 돈이 많이 돌면 사람들은 물건을 더 많이 사고, 돈이 적게 돌면 물건을 덜 삽니다.

통화량이 너무 빠르게 증가하면 물건값이나 집값도 올라서 문제가 되고, 통화량이 너무 줄어들면 반대로 경기가 나빠집니다. 그래서 나라에서는 통화량을 적당한 수준으로 조절하려고 합니다. 집값이 많이 올랐던 해를 보면, 당시의 통화량이 증가한 경우가 많았습니다. 이런 경험 때문에 사람들은 '돈이 많이 풀리면 집값이 쉽게 내려가지 않는다'고 말하기도 합니다.

| 통화량 증가가 자산시장에 미치는 영향 |

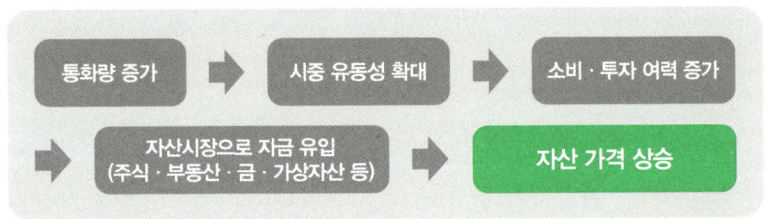

☑ 레버리지 효과를 위한 부채

국가 재정, 자산과 부채, 임금, 소비 등 경제지표는 절대 규모보다 경제 규모 대비 비율이 더 중요한 의미를 갖습니다. 특히 GDP 대비 부채 비율은 국가의 재정 건전성을 평가하는 핵심지표로, 국가신용평가에서도 주요 변수로 활용됩니다.

개인의 상황에 빗대어 생각하면 더 명확해집니다. 예를 들어 원리금으로 150만 원을 낸다고 해 볼게요. 단순 액수로는 이 금액이 적은지 많은지 판단할 수 없습니다. 중요한 건 소득 대비 원리금 상환 비율, 즉 총부채원리금상환비율Debt Service Ratio, DSR입니다.

일반적으로 DSR이 소득의 33% 이하일 때 재정적으로 안전하다고 봅니다. 월 소득이 500만 원이라면 150만 원은 약 30% 정도니 괜찮습니다. 하지만 월급이 220만 원이라면 68%까지 올라가 부채가 문제가 될 가능성이 커집니다.

부채의 용도도 중요합니다. 미래의 소득을 늘리기 위한 투자 목적이라면 부채가 생겨도 괜찮습니다. 하지만 단순히 사치품 소비를 위해 빚을 졌고, 그 때문에 이자 부담이 늘고 추가로 더 높은 금리의 빚을 져야 하는 상황이라면 부채의 늪에서 빠져나오기 힘들어집니다. 이렇게 재정 악화의 악순환이 개인을 경제적인 궁지에 몰아넣을 수 있습니다.

이러한 '부채의 덫'은 국가에도 영향을 줍니다. 특정 국가의 재정 상태를 평가할 때는 단순한 부채 총액보다 GDP 대비 부채 비율을 중점적으로 봅니다. GDP 대비 부채 비율이 늘어나는 것이 무조건 나쁘다고 할 수만은 없습니다. 앞서 말했듯 부채를 더 큰 소득을 얻기 위한 투자의 발판으로 활용한다면, 투자가 성공할 시에 레버리지 효과를 톡톡히 볼 것이기 때문입니다. 하지만 투자 성과가 좋지 않다면 문제가 생기겠죠.

우리나라는 대외 의존도가 높으므로 다른 나라의 GDP에도 관심을 가져야 합니다. 예를 들어 미국의 GDP 성장률 확정치가 큰 폭으로 개선되면 미국의 금리가 인하될 거라는 기대감이 줄어들어 우리나라 주식시장에는 긍정적인 영향을 주지 않습니다.

'국내총생산Gross Domestic Product, GDP'은 현재 경제의 크기와 생산활동을 보여 주는 핵심지표입니다. 하지만 경제를 읽을 때 더 중요한 것은 '지금 돈이 어디에 있고, 앞으로는 어디로 갈 것인가?'라는 질문이에요. 즉 GDP의 수준만으로 경기의 방향성을 파악하기 어렵습니다. 그래서 경제의 전체적인 흐름을 파악하기 위해 경기순환의 개념과 이를 예측하는 걸 돕는 경기선행지수를 함께 살펴볼 필요가 있습니다.

☑️ 경기 예측을 돕는 경기선행지수

우리는 '경기가 좋다' 혹은 '경기가 나쁘다'라는 말을 많이 하지만, 그 정확한 의미를 생각해 본 적은 그다지 없습니다. '경기'란 경제활동 수준이나 상태를 뜻합니다. 경기가 좋다는 건 생산, 소비, 투자 고용 등 경제활동이 활발하고, 돈의 흐름도 원활하여 경제가 성장하고 있다는 긍정적인 상태입니다. 날씨에 빗대자면 맑은 날이라고 보면 될 것 같습니다. 반대로 경기가 나쁘다는 것은 경제활동이 위축되고, 돈의 흐름도 활발하지 않아서 경제가 성장하기 어렵다는 뜻입니다.

경기가 일정한 주기에 따라 '상승-호황-후퇴-불황'의 네 가지 국면을 반복하는 것을 '경기순환'이라고 합니다. 경기가 가장 좋을 때를 정점, 경기가 가장 나쁠 때를 저점이라고 말합니다. 경기의 순환 주기는 정점에서 다음 정점까지, 또는 저점에서 다음 저점까지를 뜻합니다.

수출 감소 폭이 줄어들고 소비자물가지수의 상승률이 둔화하는 가운데 소비자심리지수까지 회복 조짐이라면 경기가 바닥을 통과하고 있다는 신호로 해석하기도 합니다. 이처럼 수축 국면이 확장 국면으로 전환되는 시점, 또는 확장 국면이 수축 국면으로 돌아서는 시점을 '기준순환일'이라고 해요. 기준순환일 확장 국면은 경기 저점에서 정점까지를, 수축 국면은 정점에서 저점까지를 의미합니다.

한국의 경기순환은 확장 국면이 수축 국면보다 길고 완만하게 이어지는 경향이 있으며, 전체 경기순환 주기는 대략 4~5년 정도로 나타납니다. 확장 국면에서는 경제활동이 활발하고 기업 투자와 고용이 증가하지만, 수축 국면에서는 경기 둔화와 함께 소비와 투자도 줄어드는 특징이 있습니다. 이러한 패턴을 이해하면 경기 변화에 따른 자산 운용을 장기적 관점에서 바라보는 데 도움이 됩니다.

경기가 좋아질지 나빠질지, 미래의 경제 흐름을 예측하는 걸 돕는 지표가 몇 가지 있습니다. 그중 대표적인 것이 경기선행지수입니다. '경기선행지수'란 대략 6~9개월 후의 경기 방향을 가늠할 수 있도록, 여러 지표의 변화율을 표준화한 뒤 합성해서 만든 지수입니다. 경기선행지수가 5~6개월 이상 하락하면 경기가 둔화 국면에 접어들 가능성이 큽니다.

OECD 경기선행지수는 주가지수, 주택 인허가 건수, 장단기 금리차, 소비자심리지수 등 경기 흐름을 앞서 반영하는 주요 경제지표를 종합해 산출합니다. 기업경기실사지수, 소비자동향지수 전망치도 눈여겨볼 만합니다.

'기업경기실사지수Business Survey Index, BSI'는 기업체가 느끼는 체감 경기입니다. 기준값인 100보다 작으면 경기 악화를 예상하는 기업이 더 많고, 100보다 크면 경기 개선을 예상하는 기업이 더 많다는 의미입니다. '소비자동향지수Consumer Sentiment Index, CSI'는 소비자가 느끼는 경기를 말합니다. 100보다 작으면 경기 전망을 부정적으로 보고 100보다 크면 긍정적으로 본다는 뜻입니다.

일반적으로 글로벌 불확실성이나 금리 변동, 관세 등 대외적 요인이 복합적으로 작용하며 기업과 소비자 모두 경기에 신중한 태도를 보입니다. 단순히 지수 수준만 확인하는 것에 그치지 말고 상승 또는 하락 요인이 무엇인지, 어떤 요인이 경제 주체의 심리를 움직였는지를 함께 분석해야 경기 흐름을 훨씬 정확하게 이해할 수 있습니다.

경제지표를 읽는 이유는 단순히 시장 상황을 이해하기 위해서가 아닙니다. 자신의 금융 포트폴리오를 어떻게 조정할지 판단하는 데 도움이 되기 때문입니다.

금리가 상승하는 시기에는 채권 가격이 하락하는 경향이 있기 때문에 장기채권 투자에는 신중할 필요가 있습니다. 반대로 금리가 하락하는 국면에서는 채권 가격이 상승할 가능성이 높으므로 포트폴리오에서 채권 비중을 늘리는 전략을 고려해 볼 수 있습니다.

환율 역시 중요한 신호입니다. 원·달러 환율이 상승하는 시기에는 해외자산의 원화 가치가 높아지기 때문에 해외 ETF나 글로벌 자산의 비중을 늘리는 조정하는 전략을 고려해 볼 수 있습니다.

또한 경기의 흐름도 포트폴리오에 영향을 줍니다. 경기 확장기에는 기업의 실적이 개선되리라는 기대가 커지므로 주식의 비중을 확대하는 전략이 유리하고, 경기 침체기에는 현금성 자산이나 안정적인 배당 수익의 비중을 늘리는 것이 리스크 관리에 도움이 됩니다.

결국 경제지표를 통해 돈의 흐름과 자금의 이동을 이해하면, 자산별 특성과 그에 맞는 포트폴리오 전략을 구체적으로 고민할 수 있습니다. 다음 장에서는 이러한 원리를 바탕으로, 주식, 채권, 금, 부동산 등 주요 자산별 특징과 장단점, 포트폴리오 구성 시 고려할 점을 살펴보겠습니다.

3장

내게 딱 맞는
자산이
무엇일까요?

예금, 모든 전략의 기초 공사

☑ 목적에 따라 통장 구분하기

30대는 인생에서 재무 이벤트가 가장 많은 시기입니다. 결혼과 출산, 내 집 마련, 이직과 커리어 변화가 동시에 일어나며, 소득과 지출 구조도 빠르게 달라집니다. 개인의 재무 상태 역시 출렁이며 움직이기 쉽습니다. 이 시기의 불확실성은 개인의 생애주기만이 원인이 아닙니다. 금리와 환율, 주식과 부동산 시장 역시 이전보다 빠르고 크게 움직이는 파도와 같습니다. 하나의 지표에 의존해 재테크 전략을 세우는 건 위험합니다.

이처럼 개인의 삶과 시장 모두 변동성이 큰 상황에서는 단순히 수익률이 높은 자산만을 찾는 접근이 오히려 위험을 키울 수 있습니다. '얼마를 벌 수 있느냐'보다 각 자산의 특징을 자세히 살펴봄으로써 그 역할과 위험을 이해하는 것이 중요합니다.

그래서 이제부터 각 자산을 하나씩 살펴보려 합니다. 자산별 수익 구조와 재테크 방법을 이해한 뒤에 자신의 성향에 맞는 전략과 포트폴리오를 구성하는 방법을 익히시면 됩니다.

우리에게 가장 익숙한 예금 설명부터 시작하죠. 강의를 진행할 때, 뜻밖에 자주 만나는 유형이 있습니다. 바로 자산에서 정기적금이나 정기예금의 비중은 전혀 없고, 투자가 지나치게 큰 비중을 차지하는 분들입니다. 성향마다 세부적으로는 다르겠지만, 통상적으로 저축이 아닌 투자로 재테크를 시작하신 분들 중에 이런 유형이 많습니다.

결론부터 말씀드리면 예·적금은 필요합니다. 특히, 향후 짧은 시일 내에 재무 이벤트가 발생한다면 예·적금 위주의 저축은 필수입니다. 투자는 높은 변동성을 가졌기 때문에 이벤트 시점에 원금 손실이 발생하면 필요자금이 모자라 굉장히 난처해집니다. 일이 꼬일 수도 있고, 나아가 대출까지 받아야 하는 불상사가 생길 수도 있습니다.

예비비 목적의 저축도 그렇습니다. 우리는 살면서 예상치 못한 상황을 맞닥뜨릴 수 있습니다. 본인 또는 가족이 아프거나 반려동물이 아파서 갑자기 거액의 병원비가 필요해질 수 있죠. 사고는 갑작스럽게 터지니까요. 예기치 못한 상황에서는 언제든 현금화 가능한 예금을 활용할 수 있어야 합니다.

현금성 자산은 위기 상황에서 우리를 지켜 주는 방어막 역할을 할 뿐만 아니라, 위기를 기회로 바꾸기도 합니다. 갑작스러운 이슈로 주식을 비롯한 자산의 가치가 떨어졌을 때, 현금이 있으면 평소에 원하던 종목을 매수할 기회가 되기도 합니다. 또는 부동산 급매 시 계약금으로 활용할 수도 있습니다.

예비비 목적으로는 파킹통장을 활용하는 것을 추천합니다. '파킹통장'은 파킹(주차)하는 것처럼 돈을 언제든지 넣었다 뺐다 할 수 있는 통장입니다. 입출금 통장처럼 입출금이 자유롭지만, 이자는 하루만 맡겨도 보통예금의 금리보다 높습니다.

기존에는 CMA를 많이 운용했는데 최근에는 토스나 카카오뱅크 같은 인터넷전문은행의 파킹통장을 많이 활용하고 있습니다. 인터넷전문은행은 불안하다고요? 제1금융권이라 예금자보호제도가 적용되므로 걱정하실 필요는 없습니다. 참고로 파킹통장도 세부적으로는 한도 제한부터 시작해서 각종 조건이 붙은 경우가 많으니 개설 이전에 꼼꼼하게 확인할 필요가 있습니다. CMA 외에 하루만 맡겨도 수익을 기대할 수 있는 상품으로는 MMF, 파킹형 ETF 등이 있습니다.

CMA

'CMA Cash Management Account'는 보통예금보다 높은 이자를 제공하면서도 자유롭게 입출금이 가능한 종합자산관리계좌입니다. 자동이체, 인터넷뱅킹 등 다양한 부가 서비스를 이용할 수 있어요. 회사에 따라 공모주 청약 기능도 제공합니다. 일시적인 여유자금이나 비상금, 투자 대기자금, 모임 회비 등을 관리하는 통장으로 활용합니다.

MMF

'MMF Money Market Fund'는 만기 1년 이내의 우량 채권이나 단기 금융상품에 투자하는 초단기 공사채형 실적배당상품입니다. 자산운용사가 펀드를 만들고 단기 금융상품에 투자해서 수익을 얻는 초단기 금융상품이라고 할 수 있습니다.

이렇게 통장을 세분화해서 돈을 모으는 건 보통 목돈을 모으기 위함이죠. 눈을 모아 눈덩이를 만드는 것처럼 흩어진 돈을 뭉쳐야 해요. 최근에 출시되는 적금 특판상품은 한도가 10~50만 원 정도로 낮아서 돈이 분산되기 쉬우므로 만기된 정기적금을 뭉쳐서 정기예금으로 이전하는 것이 좋습니다.

흩어진 돈을 모아 목돈으로 만들면 관리가 용이합니다. 그리고 더욱 큰 목표를 가지고 저축할 수 있는 동기부여가 되기도 합니다. 성공은 사실 별것 아닙니다. 큰 성공을 위해 오늘의 작은 목표를 달성하는 것이 중요하듯, 무작정 1억 원을 모으는 대신 소액으로 1,000만 원부터 시작하세요. 1,000만 원을 모으는 과정에서 생긴 습관과 노력이 있으면 이후 3,000만 원, 5,000만 원을 모으는 것은 훨씬 쉽게 느껴질 것입니다.

그러면 저축은 어떻게 할까요? 일단 예산을 수립하세요. 제일 먼저 한 달 생활비로 필요한 금액이 얼마인지, 저축 가능한 금액은 얼마인지 파악해야 합니다. 이 과정은 대수롭지 않아 보여도 중요합니다. 실제로 적금 중도해지 사유로 본인이 필요한 금액을 정확히 파악하지 못하는 바람에 생활비가 부족해진 경우가 많습니다.

저축은 '돈'기부여가 중요하니 목표부터 정해야 합니다. 자동차를 사고 싶다면 필요한 자금이 얼마인지 계산한 다음에 얼마씩, 언제까지 모을 것인지 계획합니다. 그리고 돈을 모으면서 멋진 자동차를 머릿속에 그려 보세요. 꿈이 구체적이면 중도해지의 유혹을 느낄 때마다 견딜 수 있는 힘이 되어 줍니다.

과거에는 저축할 때 종이 통장을 받아서 앞장에 꿈을 적는 방법을 쓰기도 했어요. 지금은 디지털 금융의 발달로 비대면으로 계좌를 개설하는 일도 많고, 종이 통장 자체를 잘 쓰지 않습니다. 그러면 은행 어플에서 통장 이름을 별명으로 설정하는 방법도 있습니다. 만약 비재무적 목표가 없다면 구체적인 액수를 목표로 삼아도 좋아요. 사람마다 접근법은 다르니까요.

다만, 예금에는 복리효과를 볼 수 있는 상품이 없다는 점이 아쉽습니다. 그래서 경우에 따라 방법을 달리하면서 복리효과를 보는 것처럼 만드는 것이 중요합니다. 이를 위해 '저축의 세 가지 유형' 이야기를 예시로 꺼내 보겠습니다.

하수: 만기를 앞두고 이자를 받아서 뭘 살지 고민

중수: 이자를 쓰지 않고 원금과 이자를 합쳐 재예치

고수: 돈을 벌어서 번 돈으로 더 많이 저축

하수는 단리효과밖에 되지 않습니다. 중수도 훌륭하기는 하지만, 우리는 고수의 길로 나아가야 합니다. 이자에서 세금 15.4%를 떼고 나면 뒷자리가 지저분할 것입니다. 이때 번 돈을 더 가져와 끝 단위를 0으로 맞추세요. 996만 원이라면 1,000만 원으로 맞추고 1,489만 원이라면 1,500만 원으로 말이죠. 그러면 완성된 느낌을 줘서 중도 해지 확률이 낮아집니다.

☑ 예금에서도 중요한 절세 혜택

정치철학자 벤자민 프랭클린Benjamin Franklin의 명언이 있습니다. "이 세상에서 확실한 것은 오직 두 가지뿐이다. 죽음과 세금."

그만큼 세금은 피할 수 없다는 뜻입니다. 이자도 소득이므로 15.4% 를 떼어가는 이자소득세가 있습니다. 그러나 이자소득세를 내지 않아도 되거나, 적게 내는 금융상품이 있어요. 대표적인 것이 비과세 상품이며, 2장에서 살펴본 ISA, IRP, 연금저축과 저축성보험도 절세 혜택을 볼 수 있는 상품입니다.

| 절세 혜택이 있는 예금 |

상품	특징
ISA(신탁형)	가장 일반적인 절세계좌
비과세종합저축	가입 대상이 제한적인 상품
조합예탁금	상호금융 상품
청년미래적금(예정)	청년 대상 정부지원상품
장병내일준비적금	병역의무를 이행하는 청년 대상 상품
농어가목돈마련저축	농어업 종사자 대상 상품

    비과세 상품으로는 비과세종합저축이 있습니다. '비과세종합저축'은 가입 대상이 만 65세 이상, 장애인, 독립유공자, 기초생활수급자, 고엽제후유의증환자, 5·18민주화운동부상자로 한정적입니다. 총한도는 5,000만 원으로 양호한 수준이지만, 아마 이 책을 읽는 다수의 독자는 해당하지 않을 조건일 가능성이 큽니다.

    일반적으로 활용할 수 있는 대표적인 절세 상품으로는 조합예탁금이 있습니다. 지역농협, 수협, 산림조합, 새마을금고, 신협 등 상호금융기관의 예탁금은 일정 한도 내에서 비과세 혜택을 받을 수 있어요. 다만, NH농협은 은행에 해당하며, 지역농협(단위농협)은 은행이 아닌 상호금융 형태의 협동조합 금융기관이므로 혼동하지 않도록 주의하세요. NH농협은 하나의 회사이지만, OO농협, XX농협 등 지역농협은 독립법인입니다.

은행은 예금보험공사에서 예금자보호법에 따라 은행당 1억 원까지 원리금을 보장해 주지만, 상호금융은 농협상호금융예금자보호기금을 통해 1인당 1억 원까지 보호해 줍니다. 새마을금고도 예금자보호법이 아닌 새마을금고법에 따라 원리금을 보호해 줍니다. 신용협동기구는 독립법인별로 1억 원씩 보호받을 수 있습니다.

상호금융 예탁금은 전 금융기관 합산 기준으로 3,000만 원 한도까지 저율 분리과세가 적용됩니다. 세율은 2026년 기준 5.9%이며, 2027년 이후에는 9.5%로 인상될 예정입니다. 총급여 7,000만 원(종합소득은 6,000만 원) 이하인 경우, 3년간 기존 조건과 동일하게 이자에 대해 1.4%의 농어촌특별세만 과세합니다.

또한 조합예탁금 3,000만 원 이하에서 발생하는 이자와 ISA 계좌의 비과세 금융소득(일반형 200만 원, 서민형 400만 원), 농어가목돈마련저축 등의 이자는 금융소득종합과세 기준금액인 2,000만 원(이자·배당소득 합산)에 포함되지 않는다는 장점이 있습니다. 소득이 높지 않은 30대에는 이러한 절세 혜택을 적절히 활용해서 과세 부담을 줄일 필요가 있습니다.

특히 금리가 동일하다면 과세 여부에 따라 실제 수익률이 크게 달라질 수 있으므로, 금융상품을 선택할 때 세후 수익률 기준으로 비교하는 습관이 중요합니다. 또한 금융소득이 2,000만 원을 초과하지 않도록 관리하면 금융소득종합과세 부담을 줄일 수 있으니 장기적인 자산 관리에도 도움이 됩니다.

☑ 내 조건에 맞는 예금 100% 활용법

자산형성지원사업

저축상품을 활용할 때도 순서가 있습니다. 가장 먼저 고려할 것은 정부가 지원하는 자산형성지원사업입니다.

청년내일저축계좌

- 대상자: 만 19~34세 근로자 혹은 사업자 청년
- 일정한 소득 요건을 만족해야 가입 가능
- 가입자의 소득 수준에 따라 30만 원까지 지원

'청년내일저축계좌'는 일정한 소득 요건을 충족하는 청년의 자산 형성을 돕기 위해 정부가 저축액을 매칭해 주는 제도입니다. 지원 대상은 연령, 개인소득, 가구소득 요건을 모두 충족해야 합니다.

기본적으로 신청 당시 나이가 만 19~34세이면서 근로소득 또는 사업소득이 월 50만 원 초과이고, 가구소득이 기준 중위소득 100% 이하인 청년이 대상입니다. 기초생활수급자나 차상위계층은 월 10만 원 이상의 근로소득 또는 사업소득이 있으면 됩니다.

지원 방식은 비교적 단순합니다. 가입자가 매달 10만 원을 저축하면 정부가 동일한 금액을 매칭해 지원합니다. 즉 매달 10만 원을 넣으면 정부가 10만 원을 추가로 적립해 주는 구조입니다. 취약계층은 매달 최대 30만 원까지 지원받을 수 있습니다. 수익률로 따지면 무려 100~300%에 달하죠.

매달 10만 원씩 저축하면 3년 동안 본인이 납입한 금액은 총 360만 원입니다. 여기에 정부가 동일한 금액을 지원하면 만기 시 약 720만 원을 받습니다. 만약 매달 30만 원의 지원을 받는 대상자라면 만기 수령액은 약 1,440만 원에 이릅니다. 만 35세를 넘으면 받을 수 없는 혜택(수급자, 차상위자, 중위소득 50% 이하에 해당하는 자는 만 15~39세까지 허용)이므로 여러분이 대상 연령에 속한다면 적극적으로 활용해야 합니다.

청년내일채움공제

- 대상자: 중소기업에 재직 중인 만 15~34세 청년
- 청년, 기업, 정부가 각각 일정한 금액을 부담하는 구조
- 현재는 정책 개편으로 인하여 폐지 수순

2016년에 시행된 '청년내일채움공제'는 중소기업에 취업한 청년의 장기근속을 유도하고 자산 형성을 지원하기 위해 마련된 정책입니다. 지원 대상은 만 15~34세 청년으로, 중소기업에 정규직으로 취업한 근로자여야 합니다.

청년, 기업, 정부가 각각 일정한 금액을 내고 2년, 3년, 5년 근속 시 근로자가 만기 때 돈을 받는 구조입니다. 정해진 기간 동안 성실

하게 근무한다면 제법 큰 금액의 돈을 마련할 수 있으나, 정책 개편에 따라 2024년부터 신규 가입이 중단되었으며 지금은 사실상 폐지되었다고 봐야 합니다.

청년희망적금

- 대상자: 일정 소득을 만족하는 만 19~34세 청년
- 비과세 혜택이 적용되며, 연 10%대에 가까운 고금리
- 현재는 가입할 수 없는 상품

2022년에는 '청년희망적금'이 출시되었습니다. 총급여 3,600만 원 이하 또는 종합소득금액 2,600만 원 이하인 만 19~34세 청년이 가입할 수 있는 상품입니다. 비과세 혜택이 적용되며, 월 50만 원까지 납입할 수 있는 2년 만기 적금입니다.

여기에 정부 지원과 우대금리가 더해져 일반 적금보다 높은 금리를 기대할 수 있습니다. 단순히 일반 적금으로 환산하면 연 10%대에 가까운 금리 효과가 있다는 평가도 있었어요. 그만큼 수요가 당초 예상보다 커지면서 재원 부족 문제로 조기에 판매가 종료되었습니다.

청년도약계좌

- 청년희망적금에 비하여 완화된 소득 수준을 적용
- 비과세 혜택이 적용되며, 5년 만기 시 연 9.54% 수준의 금리 효과

- 청년미래적금 출시 예정으로 2025년 말까지 가입 허용

이후 2023년에는 '청년도약계좌'가 새롭게 도입되었습니다. 가입 대상은 만 19~34세까지의 청년으로, 개인소득은 총 7,500만 원 이하이며 중위소득 250% 이하인 가구여야 합니다. 이 상품 역시 비과세 혜택이 적용되며, 정부가 일정한 기여금을 추가로 지원합니다. 기여금은 소득 수준에 따라 차이가 있지만 월 최대 3만 3,000원까지 지급됩니다.

5년 만기 상품으로 매달 최대 70만 원까지 자유롭게 납입할 수 있습니다. 예를 들어 연 6% 수준의 금리가 적용되고 매달 70만 원씩 납입할 경우, 5년 만기 시 약 5,000만 원 수준의 목돈을 마련할 수 있습니다. 은행 이자와 정부 기여금, 비과세 혜택을 모두 고려하면 일반 적금의 금리로 환산했을 때 대략적으로 연 9.54% 수준의 금리 효과가 있는 것으로 평가됩니다. 다만 가입은 2025년 말까지만 허용되었습니다.

청년미래적금

- 대상자: 연소득 6,000만 원 이하의 근로자 또는 연매출 3억 원 이하의 소상공인 청년
- 청년도약계좌 가입자에 한하여 특별중도해지를 허용할 예정

2026년 6월에는 청년미래적금이 새롭게 도입될 예정입니다. 세부 조건은 출시 시점에 확정되겠지만, 현재 알려진 기준에 따르면 가입 대상은 만 19~34세의 청년으로 연소득 6,000만 원 이하의 근로자 또는 연매출 3억 원 이하의 소상공인 가운데 중위소득 200% 이하의 가구여야 가입할 수 있습니다.

3년 만기 상품으로 월 한도 50만 원까지 자유롭게 납입할 수 있으며 비과세 혜택이 적용됩니다. 또한 정부가 납입 금액의 일정 비율을 기여금 형태로 매칭하는 구조입니다. 일반형의 경우 월 납입액의 6%, 우대형은 12%까지 지원됩니다. 청년도약계좌 가입자는 청년미래적금 가입을 위해 특별중도해지도 허용할 예정입니다.

현재 공개된 기준으로 계산하면 만기 시 이자수익을 제외하더라도 최대 약 2,016만 원 수준의 수익을 기대할 수 있습니다. 이후 세부적인 조건이나 대상은 변경될 수 있으므로 출시 이후에 최신 정보를 반드시 확인하세요.

이제 신규 가입자를 받지 않는 혜택까지 포함하여 서술한 이유는 '인생은 타이밍'이라는 말씀을 드리고 싶어서입니다. 가입 대상에 해당하면 무조건 가입할 것 같지만, 교육을 진행하다 보면 대상 연령에 속하는데도 청년을 대상으로 한 정부지원상품에 가입하지 않은 사람들을 종종 만납니다. 의아해서 이유를 물으면 대답은 다음과 같았습니다.

"돈이 오래 묶여서요."

"지금 당장은 여유가 없어요. 나중에 남는 돈이 생기면 그때 넣으려고요."

"내년에 청년지원제도가 새로 나온다던데, 그때 비교해서 더 이득인 상품을 선택하려고요."

그렇게 생각하지 마시고 지금 당장 이용할 수 있는 제도를 적극적으로 활용하세요. 시간은 당신을 기다려 주지 않습니다. 가입 연도를 보면 알겠지만, 가입할 수 있는 시기가 있습니다. 여러분의 요건에 맞는 상품에 먼저 가입하세요. 새로운 상품이 나오면 그때 가서 상품을 갈아탈지, 기존 상품이 만기된 다음에 새로운 상품에 가입할지 고민해도 늦지 않습니다. 일찍 가입해야 만기도 일찍 찾아옵니다.

공제회 상품

이건 소수의 독자에게 해당하는 이야기일 것 같아서 짧게 언급하고 넘어갈게요. 공무원을 대상으로 교육할 때 공제회 상품을 전혀 활용하지 않는 분들을 종종 만납니다. 그러면 저는 그분들에게 이렇게 말씀드리곤 합니다.

"만약 제가 공무원이 된다면, 가장 큰 이유는 공제회에 가입하기 위함입니다."

그만큼 공제회 상품의 혜택이 좋다는 뜻입니다. 한국교직원공제회, 대한지방행정공제회, 군인공제회 등 각종 공제회의 목돈 마련 상품과 서울형 이음공제, 중소기업 재직자 우대 저축공제 등 특정 대상만 활용할 수 있는 상품이 있습니다. 금리가 통상 시중은행 금리보다 높은 편입니다. 자세한 특성, 세율은 상품마다 다르므로 정확한 건 본인이 속하는 공제회에 문의하시는 것이 좋습니다.

| 공제회별 상품 특징(2026년 3월 기준) |

공제회	가입 대상	연금 상품
한국교직원공제회	교사, 교육공무원	퇴직급여(이율 연 4.7%)
대한지방행정공제회	지방자치단체 공무원	퇴직급여(이율 연 4.73%), 분할지급퇴직급여(이율 연 4.75%)
군인공제회	군인, 군무원	적립형 공제(이율 연 4.9%)
과학기술인공제회	과학기술인	과학기술인연금(원리금/실적배당형), 적립형 공제(이율 연 4.85%)

주택청약종합저축

청약은 아파트를 분양받기 위한 일종의 '번호표'라고 볼 수 있습니다. 주택은 크게 국민주택과 민영주택 두 가지 유형이 있으며, 분양받기 위해서는 청약을 해야 합니다. 이때 청약 자격을 갖추기 위해 가입하는 대표적인 저축상품이 주택청약종합저축입니다.

'주택청약종합저축'은 내 집을 저렴하게 구매하는 방법 중 하나로 꼽힙니다. 특히 분양가가 주변 시세보다 낮게 책정된 아파트는 '로또 청약'이라고 불리기도 합니다. 예를 들어, 주변 아파트의 시세는 18억 원인데, 청약을 통하면 10억 원에 분양받을 수도 있으니 8억 원짜리 로또에 당첨된 거나 마찬가지니까요.

단순히 주변 시세보다 싸게 사는 것에서 끝나지 않아요. 분양 후에 아파트가 지어지려면 최소 2~3년이 걸립니다. 이때 사람들의 노동력(인건비), 목재나 철 같은 원자재가 필요하겠죠. 그래서 아파트가 다 지어지면 집값이 물가상승률 이상으로 상승할 확률도 높습니다.

여기서 끝이 아닙니다. '얼죽신'이라는 신조어가 있습니다. '얼어 죽어도 신축'이라는 뜻인데요. 신축 아파트를 선호하는 현상이 늘어나면서 생긴 용어입니다. 다 지어지고 난 후 몇 년간 신축 아파트라는 프리미엄이 붙어서 더 높은 가격으로 거래됩니다.

그럼 청약은 늘 돈이 될까요? 애석하게도 그건 아닙니다. 부동산 양극화가 심화하고 있기 때문입니다. 오르는 곳은 하늘 높을 줄 모르게 오르고, 내리는 곳은 바닥을 치는 추세입니다. 청약시장도 그런 것 같아요. 경쟁률이 수백 대 일을 기록하는 곳도 있지만, 0.01 대 1을 기록해서 미분양 세대가 남아도는 아파트도 있습니다. 그래서 무턱대고 청약을 넣는 것이 아니라 부동산의 입지와 주택의 미래가치를 확인하는 것이 필요합니다.

"주택청약통장을 유지해야 할까요?"
미분양이 많은 지역에서 강의했을 때, 한 수강생이 이런 질문을 하셨습니다. 결론부터 이야기하자면 웬만해서는 그냥 두었으면 좋겠습니다. 해당 지역은 한때 미분양이 많았지만, 이후 주변 시세보다 저렴한 분양가의 아파트가 공급되자 청약 경쟁률이 크게 높아졌습니다. 부동산 시장의 흐름은 언제든 바뀔 수 있습니다. 당장은 딱히 필요치 않아 보이는 청약통장이라도 결정적인 순간에 활용할 기회가 생길 수 있습니다.

부동산 경기가 좋지 않을 때는 주택청약종합저축을 천덕꾸러기로 여기면서 해지하는 분이 많습니다. 하지만 청약은 가입 기간이 매우 중요하므로 해지하지 않는 것이 좋습니다. 특히 투기과열지구 및 청약과열지구의 민영주택 청약은 최소 2년의 가입 기간을 요구하는데, 이런 특수한 경우가 아니라도 청약통장은 가급적 유지하는 것을 추천합니다. 주의할 점은 일반청약 당첨 시 계약 여부와 관계없이 해당 청약통장을 재사용할 수 없다는 것입니다. 계약하지 않더라도 청약통장을 새로 만들어야 하고, 당첨 이력이 있다면 청약이 일정 기간 제한될 수 있습니다.

다만, 일반청약 후 남은 물량을 모집하는 무순위 청약은 청약통장이 없어도 신청할 수 있습니다. 경쟁률이 매우 높아서 당첨 확률이 낮기는 하나, 당첨되면 단기간 내에 분양금을 마련해야 하므로 자금 조달계획을 충분히 세워 둬야 합니다. 또한, 규제지역의 무순위 청약에 당첨된 후에 계약을 포기하면 최대 10년간 재당첨 제한에 걸릴 수 있다는 점을 반드시 유의해야 합니다.

만약 만 19~34세의 무주택 청년이고 연소득이 5,000만 원 이하라면 청년주택드림 청약통장을 활용할 수도 있습니다. '청년주택드림 청약통장'은 청년의 주택 마련을 지원하기 위해 정부에서 제공하는 정책금융상품이므로 주택청약종합저축보다 혜택이 많습니다. 먼저 납입 한도가 최대 월 100만 원으로, 일반 청약저축보다 높습니다. 또한 이자소득 500만 원까지 비과세 혜택이 적용되며, 금리도 일반 청약통장보다 높은 수준입니다.

추가적인 혜택도 있습니다. 1년 이상 가입하고 납입액이 1,000만 원 이상인 상태에서 청약에 당첨되면, 일정 조건을 충족할 경우에 시중 금리보다 낮은 금리로 주택담보대출을 이용할 수 있습니다. 대상 주택은 분양가 6억 원 이하, 전용면적 85㎡ 이하입니다. 그래서 수도권 청년들은 큰 흥미를 느끼지 못하지만, 지방이나 수도권 외곽 지역에서는 충분히 활용할 수 있는 제도입니다.

주택청약종합저축에 가입한 사람이라면 청년주택드림 청약통장으로 전환 신청을 할 수도 있습니다. 전환 후에도 기존의 납입 회차가 그대로 인정됩니다. 또한 기존 청약통장에서 어려웠던 주택자금 목적의 중도인출, 청약 당첨 이후 추가납입, 분양대금 대출 연계 등의 다양한 혜택도 활용할 수 있습니다. 결혼이나 출산에 따른 금리 인하 혜택까지 추가로 받을 수 있으니 청년이라면 적극적으로 활용할 것을 권합니다.

금리와 우대 조건은 정책과 시기에 따라 달라질 수 있으므로 실제 이용 전에는 반드시 최신 정보를 확인하세요. 참고로 청년 우대형 청약통장 가입자는 별도의 신청 없이 자동으로 전환되며, 기존 납입 기간과 금액, 납입 횟수 역시 그대로 인정됩니다. 반면, 일반 주택청약종합저축 가입자는 요건 확인 후 본인이 직접 전환 신청을 해야 합니다.

한 가지 주의할 점도 있습니다. 청약통장은 납입액 외에도 납입 기간과 회차도 중요합니다. 따라서 일반 청약통장에서 전환하기 전에 미납 회차 여부를 확인하는 것이 좋습니다. 전환 이후에는 기존 미납 회차를 만회하기 어렵기 때문입니다. 미납 회차가 너무 길어지면 추후 불이익을 받을 수도 있으니, 불안하시다면 은행에 연체 일수와 납입 횟수를 문의해 보는 것을 추천합니다.

고금리 상품

자산형성지원사업과 비과세 상품을 충분히 활용했다면, 그다음 단계로는 고금리 금융상품을 찾아보는 노력이 필요합니다. 은행이나 금융기관에서는 특정 기간에 특별판매 형태의 고금리 상품을 출시하는 경우가 있습니다. 이러한 상품은 판매 한도가 존재하는 경우가 많아서 선착순으로 마감되기도 합니다. 따라서 금융기관의 신상품 출시 정보를 미리 확인하고, 필요하다면 알림 서비스도 활용하세요.

다만, 고금리 상품은 대부분 납입 한도가 낮습니다. 월 20만 원이나 30만 원 정도의 소액으로 제한되는 경우가 많아요. 따라서 여러 상품에 분산하고, 어느 정도 모이면 모두 정기예금에 모아서 관리하는 방식이 편합니다.

또한 기본금리에 우대금리가 추가되는 구조로 운영됩니다. 우대금리는 급여 이체, 카드 사용 등 특정 조건을 충족해야 받을 수 있는 경우가 많으므로 가입 전에 세부 조건을 꼼꼼히 확인하세요.

주가연계예금

아래와 같은 고민을 토로하신 분이 있습니다.

"코스피가 연일 상승하는데, 주식은 원금 손실 때문에 불안해요. 그렇다고 예금만 하기에는 금리가 낮아 아쉽습니다."

이럴 때는 주가연계예금을 생각해 보는 것도 좋습니다. '주가연계예금Equity Linked Deposit, ELD'은 은행이 개발해 판매하는 정기예금의 한 종류로, 주가의 움직임에 따라 이자가 달라지는 구조의 금융상품입니다. 지수가 일정 조건을 충족하면 일반 정기예금보다 더 높은 이자를 받을 수 있습니다. 쉽게 말해 예금의 안정성과 주식시장의 수익성을 결합한 하이브리드형 예금이라고 볼 수 있습니다. 기본적으로 원금이 보장되는 예금이지만, 코스피와 같은 주가지수의 움직임에 연동되어 추가 수익을 기대할 수 있습니다.

원금의 약 97~98%는 대출 등으로 운용해 예대마진을 확보하고, 나머지 2~3%는 주가지수와 연계된 파생상품(주로 콜옵션• 매입)에 투자합니다. 이러한 파생상품에서 추가 수익이 발생하면 그 일부가 예

● 미래에 특정 자산을 정해진 가격으로 살 수 있는 권리

금 이자로 지급됩니다. 상품 구조가 다소 복잡한 편이에요.

코스피200 지수가 상승하면 이자를 더 받을 수 있고, 하락하거나 같으면 기본금리만 적용됩니다. 그리고 일정 수익률 이상 오르면 낮은 금리로 확정되어 오히려 수익이 줄어들 수 있습니다. '확실한 고수익'을 원한다면 재고할 필요가 있겠죠. 또한 수익 조건이 만기 시의 지수인지, 가입 기간 전체의 지수인지에 따라 다르므로 상품별 상세 조건을 꼼꼼히 따져봐야 합니다.

일반적인 예금처럼 예금자보호법에 따라 1억 원까지 원금이 보장되므로 원금은 지키면서도 정기예금보다 약간 더 높은 수익률을 기대하는 투자자에게 괜찮은 상품입니다.

단, 만기해지 시에만 원금이 100% 보장됩니다. 정기예금은 중도해지를 하더라도 이자를 적게 받을 뿐이지 손해는 보지 않지만, 주가연계예금은 중도해지 시 원금 손실 가능성이 있습니다.

예금은 기본적으로 안정적이므로 재테크 전략의 출발선이죠. 하지만 금리가 기대보다 낮기 때문에 적절한 투자 운용이 필요합니다.

시간이
수익이 되는 채권

☑ 채권이 뭔가요?

강의에서 주식뿐만 아니라 채권도 분산해서 넣을 필요가 있음을 강조하면, 쉬는 시간에 찾아오시는 분들의 단골 대사가 있습니다.

"주식은 해 봤는데, 채권은 모르겠어요."

대한민국 채권시장의 규모는 매우 큰 편입니다. 그중 개인이 보유한 채권 비중은 매우 낮은 편입니다. 과거에는 몇억 단위의 자금이 있어야 투자할 수 있는 영역이었기에 개인이 채권에 접근하기 어려웠으나, 금융시장이 발달하면서 상황이 달라졌습니다. 1만 원 정도의 소액투자도 가능해져서 미국 국채도 100달러면 살 수 있는 시대가 되었어요.

우리가 가장 안전하다고 생각하는 예·적금과 함께, 국채 역시 안정성이 높은 자산으로 꼽힙니다. 어느 국가의 채권이냐에 따라 다르지만, 대체로 국가가 망하지 않는 한 받을 수 있으니까요. 리스크 관리 측면에서도 변동성을 낮추며 안정적인 투자를 할 수 있는 좋은 대안입니다.

채권으로 돈을 버는 방법을 설명하자면 두 가지로 말씀드릴 수 있습니다. 첫째, 높은 금리의 채권을 사서 만기까지 그대로 보유합니다. 둘째, 시장금리 하락 시 채권 가격 상승을 이용해 매매차익을 얻습니다. 이자는 이자소득세를 내야 하지만 일반적으로 채권의 매매차익은 비과세입니다. 금융소득종합과세 대상에서 제외되거든요.

이제 채권에 관심이 생겼을까요? 채권의 용어부터 차근차근 알아보겠습니다. '채권'은 회사나 국가에 돈을 빌려주고 정해진 이자를 받는 것을 뜻합니다. 채권도 투자이기 때문에 원금 손실 가능성은 있어요. 만약 회사가 부도로 사라지면 돈을 못 받을 수 있습니다. 그래도 채권자가 우선변제권을 가져서 돈을 받는 순서가 주식보다 빠릅니다. 회사가 정상적으로 채무를 이행할 시, 만기까지 보유하면 원금과 이자를 받을 수 있습니다.

채권의 이름만 봐도 채권의 기본 정보를 알 수 있습니다. 일반적으로 채권 이름에는 발행 주체, 표면금리, 만기, 발행 순서 등이 포함됩니다. 표면금리는 채권 발행 시 정해진 금리이고, 만기는 투자자가 원금을 돌려받을 수 있는 시점입니다.

국내 국채도 '국고+표면금리+만기+발행 회차' 형식으로 표시되므로 이름만 보면 기본 정보를 확인할 수 있습니다. 국고는 국가가 발행한 채권임을 의미하고, 표면금리는 채권 발행 시 적용되는 금리입니다. 만기는 채권이 상환되는 시점이며, 발행 회차는 해당 채권의 발행 순서를 표시합니다.

국채는 정부가 발행하고 상환 책임을 지는 채권으로, 일반적으로 안정적 자산으로 분류됩니다. 또한, 한국 국채는 장기적으로 외국인 투자자금 유입 가능성과 장기금리 안정에 긍정적인 영향을 줄 수 있는 세계국채지수World Government Bond Index, WGBI 편입이 확정되었습니다. 따라서 국내 투자자에게는 안정성과 장기 수익 측면에서 의미 있습니다.

채권의 이자율은 표면금리와 수익률로 나눌 수 있습니다. '표면금리'는 채권 발행 시 정해지는 고정 이자율로, 쿠폰금리라고도 합니다. 반면 '수익률'은 채권의 가격 변동을 반영한 실제 수익률로, 시장에서 거래되는 과정에서 변동합니다. 투자자들이 흔히 말하는 '채권 금리'는 일반적으로 만기수익률YTM을 의미합니다.

표면이율이 5%인 1만 원짜리 채권이 있다고 가정해 봅시다. 이 채권을 시장에서 9,500원에 매수했다면, 만기 시 1만 원을 받으므로 500원의 매매차익이 발생합니다. 여기에 연간 이자 500원을 더하면 총수익은 1,000원이 됩니다. 이를 매수가격 9,500원 기준으로 보면 수익률은 약 10.5%가 되겠죠. 반대로 1만 100원에 매수했다면 만기 시에 1만 원을 받게 되므로 100원의 매매손실이 발생합니다. 하지만 이자로 500원을 받기 때문에 순수익은 400원입니다. 이를 매수가격으로 나누면 단순 수익률은 약 4% 수준이에요.

채권에 투자하는 방법은 크게 두 가지예요. 개별 채권을 직접 사는 방식과 채권 ETF를 활용하는 방식입니다. '개별 채권'은 알짜배기 채권, 알맹이 채권이라는 의미에서 붙은 이름으로, 흔히 알채권이라고 부릅니다. 증권사나 은행을 통해 직접 매수할 수 있습니다. 개별 채권은 만기까지 보유하면 원금을 돌려받을 수 있습니다. 또한, 일반적으로 매매차익에 대해서는 비과세이고 이자에만 15.4%의 이자소득세를 부담하면 됩니다.

반면, 채권형 ETF는 여러 채권에 분산투자하는 상장지수펀드입니다. 주식처럼 증권계좌에서 쉽게 매매할 수 있고, 소액으로도 다양한 채권에 투자할 수 있다는 장점이 있습니다. 다만 일반적인 ETF는 만기가 정해져 있지 않아 시장금리 변동에 따른 원금 손실 가능성이 있습니다.

채권의 가격은 시장금리와 반대로 움직입니다. 시장금리가 높을 때 채권 가격은 낮아지므로 이때 투자하면 상대적으로 높은 수익률을 기대할 수 있고, 향후 금리가 하락할 때는 시세차익까지 얻을 수 있습니다. 자세한 건 채권을 발행한 기관, 이자 지급 시기에 따라 다르니 투자 전에 알아볼 필요가 있습니다.

발행 주체에 따른 채권 분류

- 국채는 발행금리는 낮아도 안전성이 높음
- 하이일드 채권(정크 본드)은 이자율과 위험도 모두 높은 채권

채권은 발행 주체에 따라 크게 국채, 회사채, 특수채 등으로 나눕니다. 더 세부적으로 들어가면 국채(3년, 5년, 10년, 20년, 30년 등), 지방채(지방자치단체), 특수채(예금보험공사, 한국전력공사, 토지주택공사 등 특별법에 따라 설립된 법인), 금융채(금융기관)가 있습니다.

금융채는 금융기관이 자금 조달을 위해 발행하는 채권으로 국책은행채인 산금채(산업은행), 중금채(중소기업은행), 시중은행채(신한은행, 우리은행 등), 기타 금융채(신한카드, 산은캐피탈 등)입니다.

하지만 '채권'이라고 하면 가장 먼저 떠올리는 것이 첨가소화채권입니다. 개인투자자들의 매매도 비교적 많은 편입니다. '첨가소화채권'은 국민이 관공서에서 면허·허가·인가를 받거나 등기·등록을 신청할 때 세금과 함께 의무적으로 매입해야 하는 채권을 말합니다. 대표적인 예로 국민주택채권 1종과 지역개발채권이 있습니다. 이러한 채권은 정부가 발행하는 채권이기 때문에 안전성이 높은 편입니다. 발행금리는 낮지만, 할인 구조로 거래되기 때문에 매수 시점과 매도 시점에 따라 수익률이 달라집니다. 다만, 실제로는 의무적으로 매입한 뒤에 곧바로 정리하는 사람이 많습니다.

채권이라고 늘 안전하지는 않으니 다음 종류는 주의해야 합니다.

'하이일드 채권'은 신용등급이 낮은 기업이 발행하는 채권으로, 이자율이 높지만 부도 위험도 크기 때문에 고위험·고수익 상품으로 분류됩니다. 하이일드 채권은 '정크 본드'라고도 불리며, BB+ 등급 이하의 채권이 정크 본드로 분류됩니다. 정크 본드는 투자 관점에서 '투기 등급 채권'을 의미합니다. 원금 손실 가능성이 있고, 시장 변동성에 민감하여 유동성이 낮을 수 있습니다. 만약 여러분의 투자 성향이 안정형이라면 국채를, 중립형이라면 국채와 우량 회사채를, 적극투자형이라면 하이일드채에 투자하시길 권합니다.

이자 지급 시기에 따른 채권 분류

채권은 이자 지급 방식에 따라 할인채, 이표채, 복리채로 구분할 수 있습니다. 먼저 '할인채'는 만기일 이전에 이자를 지급하지 않는 채권입니다. 대신 만기일에 받을 이자만큼 채권 가격을 할인해서 발행합니다.

발행 이율이 7%이고 만기가 1년인 1만 원짜리 할인채가 있다고 가정해 보겠습니다. 발행 시점에 약 9,345원(10,000/1.07)에 구입할 수 있고, 1년 뒤 만기 시에 1만 원을 받습니다. 그 차액이 사실상 이자가 됩니다. 즉 할인된 가격에 사서 만기 때 액면가를 받는 구조로, 만기일 이전에 이자 지급을 하지 않으므로 '무이표채권'이라고도 합니다. 대표적으로 통화안정증권이 있습니다.

다음은 이표채입니다. '이표채'는 일정 기간마다 이자를 지급하는 채권입니다. 보통 3개월 또는 6개월마다 이자를 받습니다. 회사채, 공사채, 그리고 2년 이상 만기의 금융채 등이 대표적인 이표채입니다. 표면금리가 연 7%이고, 이자를 3개월마다 나눠서 지급하는 3년 만기의 1만 원짜리 이표채가 있다고 가정할까요? 이 경우에 연간 이자는 700원이므로 3개월마다 이자를 175원씩 받고, 만기가 되면 원금 1만 원에 마지막 이자를 더해서 1만 175원을 받습니다.

마지막으로 복리채입니다. '복리채'는 중간에 이자를 지급하지 않고, 발생한 이자가 자동으로 재투자되어 만기에 원금과 함께 지급되는 채권입니다. 예를 들어 발행 이율이 7%이고 5년 만기의 1만 원짜리 복리채라면, 이자가 계속 재투자되기 때문에 만기 시에 약 14,025원을 받습니다. 국민주택채권, 지역개발채권, 일부 금융채와 특수채 등이 여기에 해당합니다.

채권에는 만기와 관련된 개념도 있습니다. 채권이 처음 발행된 시점부터 만기까지의 기간을 '발행만기'라고 합니다. 발행 후 5년 뒤에 상환되는 채권의 발행만기는 5년입니다. 만약 발행 후 2년이 지난 시점이라면, 남은 기간은 3년입니다. 이렇게 현재 시점에서 만기까지 남은 기간을 '잔존만기'라고 합니다. 채권의 금리와 가격은 보통 이 잔존만기를 기준으로 비슷한 만기의 채권들과 비교되어 결정됩니다.

채권 듀레이션도 중요한 개념이니 짚고 넘어갈게요. '채권 듀레이션'이란 투자 시점에서 원금과 이자를 모두 회수하는 데 걸리는 평균

기간을 의미합니다. 쉽게 말해서 본전을 뽑는 시간이죠. 채권 듀레이션은 채권 가격이 이자율 변화에 얼마나 민감한지를 나타내는 지표이기도 합니다. 듀레이션이 긴 채권일수록 가격 변동성이 큽니다. 또한, 이자 지급 주기가 짧을수록 듀레이션이 줄어듭니다. 3개월마다 이자를 지급하는 채권은 1년에 한 번 지급하는 채권보다 듀레이션이 짧아 안정성이 높습니다. 듀레이션을 요약하면 다음과 같습니다.

듀레이션이 긴 채권: 금리 변동에 민감하며 수익 기회와 변동성 모두 큼
듀레이션이 짧은 채권: 금리 변동에 비교적 덜 민감하여 안정적

듀레이션 위험은 시장의 금리 변화에 따른 가격 변동이고, 신용 위험은 원리금 상환의 불확실성입니다. 채권의 금리가 일정하더라도 잔존만기가 짧아지면 가격은 점차 액면가에 수렴하는 특성이 있습니다.

채권의 수익률은 무위험 수익률[•]과 기간 프리미엄 그리고 신용 프리미엄의 합으로 결정됩니다. 국채 1년물의 금리가 3%이고 국채 5년물이 3.8%라면 무위험 수익률이 3%이고 기간 프리미엄이 0.8%입니다. 국채 1년물 금리가 3%인데 회사채 1년 금리가 4%라면 1%의 신용 프리미엄이 포함된 것입니다. 즉 채권 금리는 단순한 금리가

• 어떠한 위험 없이 달성할 수 있는 수익률

아니라 무위험 수익률, 기간 프리미엄, 신용 프리미엄이 합쳐진 결과라고 이해하면 됩니다.

☑ 채권으로 주식 수익을 얻는 방법

전환사채

- 회사채를 그 회사의 주식으로 전환할 권리가 있는 채권
- 안정성과 시세에 따른 고수익을 기대할 수 있음

'전환사채'는 회사채를 발행한 회사의 주식으로 전환할 수 있는 권리가 부여된 채권입니다. 다시 말해 채권에서 주식으로 변신하는 거죠. 채권으로서 안정성, 주식으로서 시세차익에 의한 고수익을 기대할 수 있는 상품입니다.

그러나 주식으로 전환할 수 있는 권리 때문에 같은 회사의 일반채권보다 금리가 낮습니다. 만약 주가가 하락하면 채권으로서의 이자율은 낮은 데다 주식 전환권도 행사하지 못할 수도 있습니다. 전환권을 행사하지 않으면 만기일에 낮은 이자율만 적용됩니다.

전환사채 투자를 이해하려면 패리티의 개념을 아는 게 중요합니다. '패리티'란 주식 관점에서 본 전환사채의 이론가치를 뜻합니다. 풀어서 말하자면 전환사채를 주식으로 바꿨을 경우, 현재의 주가가

전환가격 대비 얼마나 높은지 나타내는 비율이며 '주가/전환가격×100%'로 계산합니다. 전환가격은 고정되므로 주가가 상승하면 패리티도 올라가고, 반대로 주가가 하락하면 패리티도 하락합니다.

신주인수권부사채

- 새로운 주식을 받을 권리가 있는 채권
- 신주인수권을 분리하면 전략에 따라 추가적인 수익을 기대할 수 있음

'신주인수권'이란 새로운 주식을 받을 수 있는 권리이며, '신주인수권부사채'는 채권에 이 신주인수권이 붙은 것입니다. 일정 기간이 지난 후에 일정한 가격으로 일정한 수의 신주를 인수할 권리를 사채권자에게 부여한 채권이므로 안정성과 수익성을 동시에 만족합니다. 주가가 상승하면 주식 전환을 통해 추가 수익을 얻습니다. 분리형이라면 신주인수권을 분리하여 다양한 투자 전략을 구사할 수도 있고요. 하지만 주가가 약세라면 불이익을 받을 수 있으며 인수권 행사 후에 저이율의 사채만 남습니다.

교환사채

- 다른 회사의 주식으로 교환할 권리가 있는 채권

'교환사채'는 채권 소지자가 일정 기간 내에 사전에 합의한 교환조

건으로 발행회사가 보유한 다른 회사의 주식으로 바꿀 권리가 있는 채권입니다. 채권을 발행한 회사가 아니라 다른 회사의 주식이라는 게 좀 특이점이죠. 전환사채나 신주인수권부사채와 달리 기존에 발행된 주식으로 교환하므로 시간이 들지 않는다는 장점이 있습니다. 또한, 채권의 형태이기 때문에 이자를 받을 수 있고, 교환 대상 주식의 가격이 상승하면 추가 수익을 기대할 수도 있습니다. 즉 안정적인 이자 수익을 확보하면서도 주가 상승에 따른 이익을 노릴 수 있는 투자 수단입니다.

주식 관련 사채는 투자자가 원하면 주식으로 바꿀 수 있는 권리가 붙어 있는 채권입니다. 이런 특성 때문에 매력적으로 보이지만, 기업이 이런 채권을 발행하는 이유도 함께 살펴야 합니다. 기업이 자금 조달에 어려움을 겪고 있어서 발행한 경우도 있기 때문입니다. 따라서 투자할 때는 주가 상승 가능성보다는 기업의 부도 위험성을 꼼꼼하게 확인하는 것이 중요합니다.

또한, 주식 관련 사채에는 발행기업의 콜옵션이 붙은 경우가 있습니다. '콜옵션'이란 발행기업이 미래의 일정 기간 내에 정해진 가격으로 채권을 되사올 수 있는 권리를 말합니다. 가령 '수의상환채권'이라는 채권은 발행기업이 원하면 일정 가격으로 채권을 상환할 수 있는 권리가 있습니다. 시장금리가 하락하면 발행기업이 수의상환권을 행사해 기존 채권을 상환하고 더 낮은 금리로 새 채권을 발행할 수 있습니다. 결국 투자자 입장에서는 원래 기대했던 수익을 얻지 못할 가능성이 있기 때문에 주의가 필요합니다.

이쯤 되면 투자 방법도 궁금하시겠죠. 주식 관련 사채에 투자하는 방법은 크게 두 가지입니다. 하나는 발행시장에서 사는 것이고, 다른 하나는 유통시장에서 사는 것입니다.

발행시장은 사모시장과 공모시장으로 나눌 수 있습니다. '사모시장'은 특정 투자자만 참여할 수 있고, '공모시장'은 누구나 참여할 수 있습니다. 공모시장에 참여하고 싶은 투자자는 주관회사 또는 인수회사에 증거금을 내고 청약을 신청하면 됩니다.

발행 시점에 청약하는 방법 외에는 유통시장을 통해서 살 수 있습니다. 공모로 주식 관련 사채를 발행하면 한국거래소에 상장하기 때문에 모바일트레이딩시스템Mobile Trading System, MTS 또는 홈트레이딩시스템Home Trading System, HTS를 통해 살 수 있어요. 공모 일자와 청약 방법 등은 금융감독원 전자공시시스템(다트)에서 회사명을 입력하여 조회할 수 있습니다.

☑ 채권도 안정적인 것이 최고라면

소극적인 채권 투자 전략은 현재의 채권 가격에 모든 투자 정보가 이미 반영되었다고 가정합니다. 즉, 미래를 예측하려 하지 않고 안정성과 유동성을 최우선으로 고려하는 전략입니다. 여기서는 초과수익을 기대하기 어렵기 때문에 채권을 안전하게 운용하는 데 초점을 맞춥니다. 대표적인 전략으로 만기보유 전략, 사다리형 만기전략 등이 있습니다.

만기보유 전략

- 만기까지 보유하는 전략
- 원금과 세후 수익을 받을 수 있으며 금리 변동에 따른 가격 변동 회피

'만기보유 전략'은 말 그대로 만기까지 보유하는 전략입니다. 예를 들어 잔존만기가 약 8개월이라면, 매입가가 액면가보다 낮은 채권을 매수해 만기까지 보유하고 원금과 차익을 얻을 수 있습니다. 액면가 1만 원짜리 채권을 9,700원에 매수했다면 만기 시 1만 원을 상환받게 되어 약 3% 수준의 수익을 얻을 수 있습니다.

금리가 오르든 말든 만기까지 보유하면 원금과 이자를 받을 수 있는 안정적인 전략이죠. 안정적인 운용을 선호한다면 추천합니다. 수익률은 중도매도보다 낮을 수도 있지만, 원금 상환의 안정성과 세후 수익의 예측 가능성 측면에서 안정적이니까요. 매도로 인한 수수료도 부담스럽지 않다는 장점이 있습니다. 실패 확률이 낮고 금리 예측이 필요치 않아 금리 변동이 걱정스러운 투자자에게 적합합니다.

이표채는 만기 이전에 이자를 지급하기 때문에 듀레이션이 짧아

지고, 그만큼 가격 변동성이 상대적으로 낮다는 장점이 있습니다. 다만 중간에 재투자 리스크가 존재합니다. 반면에 할인채나 복리채는 만기에 원리금이 일괄적으로 지급되는 구조로 재투자 리스크가 낮고, 만기 시점 기준으로 수익 구조의 예측 가능성이 높습니다.

사다리형 만기전략

- 만기가 다양한 채권을 보유함으로써 포트폴리오를 유지하는 전략
- 채권 상환과 재투자만 관리하면 되므로 관리가 간편함

'사다리형 만기전략'은 여러 만기를 가진 채권을 분산해서 보유하는 것으로, 수익성과 현금흐름을 안정적으로 관리하는 투자 방식입니다. 매년 상환되는 채권의 원금이 전체 채권액의 20%가 되도록 만든다고 가정하면, 채권 구성은 1년 만기, 2년 만기, 3년 만기, 4년 만기, 5년 만기 각 20%씩입니다. 1년 만기 채권이 만기되면 2년짜리는 1년 만기 상품이 되고, 5년짜리는 4년 만기 상품이 됩니다. 이때 5년 만기 채권에 재투자해서 포트폴리오를 유지합니다.

일반적으로 투자 기간이 길수록 수익률곡선이 우상향하므로 장기 채권의 수익률이 높습니다. 만기가 다양한 채권을 보유하므로 위험과 현금흐름이 균등하게 분산되어 안정적이기도 하죠. 장기적으로 위험은 분산한다는 특징이 있으므로 안정적인 현금흐름을 추구하는 투자자에게 적합한 전략입니다.

하지만 평균 수익률은 높아도 적극적인 전략에 비하면 낮다는 점이 아쉬워요. 금리 상승기에는 단기채권을, 하락기에는 장기채권을 활용하여 유연하게 대응하는 방법도 있습니다. 하지만 투자 시기나 채권 수익률 동향에 초점을 맞추면 이점이 줄어들 수밖에 없습니다.

바벨형 만기전략

- 유동성과 수익성 둘 다 잡기 위해 양극단에 투자하는 전략
- 금리 상승기에 새로운 금리로 투자할 수 있음

'바벨형 만기전략'은 유동성 확보를 위한 단기채권과 수익성 확보를 위한 장기채권을 매수하는 전략입니다. 양극단에 투자하는 셈이죠. 중기채권의 수익률은 다른 두 가지보다 변동이 덜할 것으로 예상하여 보유하지 않습니다.

단기채권을 통해 자금 유동성을 확보하면서도 장기채권의 높은 금리를 활용할 수 있다는 장점이 있습니다. 또한 단기채권은 만기가 빨리 돌아오기 때문에 금리가 상승할 경우에는 새로운 금리로 재투자할 수 있는 유연성도 있습니다.

다만, 바벨형 만기전략은 시간이 흐름에 따라 중기채권으로 변하는 장기채권을 다시 장기채권으로 교환해야 하므로 관리가 어려울 수 있고, 교환에 따른 비용이 발생한다는 점을 숙지하세요.

인덱싱 전략

- 채권시장 전체의 시장 수익률을 따라하는 전략
- 개별 채권 선택, 금리 예측 등 적극적 운용 불필요

'인덱싱 전략'은 채권시장 전체의 시장 수익률을 복제하는 것으로, 시장을 대표하는 채권지수의 성과를 그대로 따르는 방법입니다. 수수료가 저렴한 것이 장점이죠. 국내 채권지수로는 현재 한국거래소에서 발표하는 KRX채권지수와 국고채프라임지수가 있습니다.

채권에도 신용등급이 있으므로 투자 시 안전을 고려해 A등급 이상을 구매할 것을 추천합니다. '신용등급'은 채권의 원리금 상환 능력과 채무불이행 위험을 평가하여 투자자에게 정보를 제공하는 체계입니다. 소고기의 등급이 높을수록 맛있듯이 채권은 신용등급이 높을수록 채무불이행 위험이 낮고 상환률이 높아서 안정적입니다.

투자등급(AAA, AA, A, BBB): 원리금 지급 가능성 높음, 투자 위험 낮음
투기등급(BB, B): 채무불이행 위험 높음, 이자율 높음

이론상 AAA~BBB 등급은 원리금 지급 확실성이 높지만, 환경 변화에 따라 위험할 수 있어 실제 투자에서는 A등급 이상에 투자하는 것이 안전합니다.

☑ 수익성에 집중하는 채권 운용 전략

적극적인 전략은 단기적 관점에서 고위험·고수익을 추구하는 운용 방식입니다. 이 전략은 시장이 비효율적이라는 가정을 기반으로 합니다. 즉, 공개되지 않은 정보나 투자자의 비합리적 행동 등으로 인해 채권의 내재적 가치(실제로 창출할 수 있는 가치)와 시장 가격이 다르며, 이를 활용하면 초과 수익을 얻을 수 있다고 봅니다.

투자자는 일시적으로 가격이 불균형을 이룬 채권을 찾아 상대적으로 저평가된 채권은 매수하고, 고평가된 채권은 매도하며 수익을 극대화합니다. 이러한 액티브 전략으로는 수익성 위주의 투자로 미래를 예측하는 금리예측 전략, 매매를 통한 채권교체 전략이 있습니다.

금리예측 전략
- 가격 변동폭이 큰 장기채권을 매수하여 가격 상승에 따른 차익을 기대
- 금리 예측 실패 시 감당할 수 있는 위험 수준을 고려할 것

금리 인하가 예상되면 채권 가격 상승이 전망되므로 채권의 비중을 확대하는 것이 유리합니다. 특히 미국 국채에 투자할 때는 환율 변동을 함께 고려하는 것이 중요합니다. 채권의 만기가 길거나 표면이율이 낮을수록 듀레이션이 길어져서 금리 하락 시 채권 가격의 상승 폭이 커지기 때문입니다.

하지만 금리 예측이 잘못될 경우, 투자자는 수익성과 유동성 측면에서 감당할 수 있는 위험이 어디까지인지 고려해야 합니다. 장기채권은 금리 변동에 민감해서 예상과 달리 금리가 상승하면 채권 가격이 하락할 수 있으며, 만기까지 자금이 묶이는 단점도 있습니다. 특히 20~30년물과 같은 장기채권은 자금 유동성에 한계가 있을 수 있으므로, 포트폴리오 구성 시 만기를 분산해야 합니다.

금리 인하가 예상될 때는 가격의 변동폭이 큰 장기채권을 매수하여 수익률을 높이는 전략을 활용할 수 있습니다. 반대로 금리 인상이 예상될 때는 현금 비중을 늘리거나 잔존기간이 1년 이하인 단기채권과 장기채권을 함께 매입하는 바벨형 만기전략을 활용하여 투자 손실을 낮추는 방법도 고려할 수 있습니다.

채권교체 전략

- 포트폴리오에 포함된 채권을 동종 또는 이종 채권으로 교체하는 전략
- 금리 및 신용 스프레드 변화에 따라 저평가 종목을 교체하여 수익 추구

'채권교체 전략'은 적극적인 전략 중 하나로, 포트폴리오에 포함된 채권을 다른 채권으로 교체하는 방법을 말합니다. 채권시장에서는 표면이자율, 만기, 신용등급 등 거의 모든 조건이 서로 대체 가능한 경우가 많지만, 수요와 공급의 일시적인 불균형으로 인해 가격 차이가 발생하기도 합니다. 이때 저평가된 채권은 매수하고, 고평가된 채

권은 매도하는 전략을 통해 수익을 추구할 수 있습니다.

만기와 신용등급이 유사한 두 국채가 시장에서 거래되는데, 일시적인 수급 요인으로 한 채권의 가격이 상대적으로 낮게 형성되었다고 가정해 볼까요? 이때, 투자자는 보유한 채권을 매도하고 상대적으로 저평가된 채권으로 교체하여 향후 가격 정상화 과정에서 추가 수익을 얻을 수 있습니다. 이러한 전략은 채권 간 가격이 일시적으로 왜곡될 때 그 차이를 활용하는 방식입니다.

이처럼 동종 채권을 교체하는 전략 외에도 만기, 신용등급, 발행 주체 등이 서로 다른 이종 채권으로 교체할 수도 있습니다. 경기 호황 국면에서 불황 국면으로 전환될 때, 기업의 신용위험이 높아지면 신용등급이 높은 채권과 낮은 채권 간의 수익률 스프레드●가 확대되는 경향이 있습니다. 투자자는 신용등급이 낮은 채권에서 더 높은 위험 프리미엄을 기대합니다. 그 결과, 해당 채권의 금리는 상승하고 가격은 하락할 수 있습니다. 반대로 안전자산 선호가 증가하면서 우량채권의 수요가 증가해서 우량채권의 가격은 상승하고 금리는 하락합니다. 즉 채권 가격과 금리는 반비례 관계를 보입니다.

이러한 상황에서 투자자는 현재 보유한 채권보다 신용도가 더 높은 채권으로 교체하는 전략을 활용할 수 있습니다. 특히 채권을 중도에 매도할 가능성이 있다면 우량채권을 선택하는 것이 유리합니다.

● 두 채권 간의 수익률 차이

반대로 채권을 만기까지 보유할 계획이라면 상대적으로 금리가 높고 신용등급이 낮은 채권에 투자해 이자 수익을 기대하는 전략도 고려할 수 있습니다. 다만 신용등급이 낮은 채권은 부도 위험이 존재하므로 신중한 접근이 필요합니다.

신용 스프레드는 회사채와 국고채 간 금리 차이를 의미합니다. 신용 스프레드가 커질수록 회사채 투자에 대한 위험을 더 크게 평가한다는 뜻입니다. 신용도와 유동성이 낮은 신용채권에 대한 수요가 줄어들고, 금융시장 불확실성이 커지면서 위험 프리미엄이 크게 증가합니다. 고위험을 감수할 의향이 있는 투자자는 이러한 고위험·고수익 채권에 관심을 가질 수 있지만, 부도 위험은 반드시 주의해야 합니다.

또한 국채 수익률이 상승하면 시중금리 상승 압력으로 작용할 수 있습니다. 국채 수익률이 시중금리의 가이드라인 역할을 하기 때문입니다. 따라서 채권교체 전략을 운용할 때는 금리, 신용 스프레드, 시장 유동성 등을 종합적으로 고려하여 포트폴리오를 조정하는 것이 중요합니다.

수익률곡선 타기 전략

'수익률곡선 타기 전략'은 수익률곡선이 일반적으로 우상향 형태를 보인다는 특성을 활용한 투자 전략입니다. 수익률곡선상의 롤링 효과와 숄더 효과를 활용해 추가적인 수익을 추구합니다. 시장 전체의 금리 수준이 크게 변하지 않더라도 시간이 지나면서 채권의 잔존

만기가 줄어들면, 해당 채권은 수익률곡선상에서 더 짧은 만기 구간으로 이동합니다. 이 과정에서 채권 가격이 상승할 수 있습니다.

예를 들어 장기채권을 매입한 뒤 일정 기간 보유하면 시간이 흐르면서 만기가 줄어듭니다. 그러면 동일한 채권이 더 낮은 수익률이 적용되는 구간으로 이동하고, 이 시점에 채권을 매도하면 만기까지 보유하지 않더라도 자본 차익을 기대할 수 있습니다. 이러한 현상을 '롤링 효과'라고 합니다. 투자자는 이 효과를 활용해 장기채권을 보유하다가 잔존만기가 짧아지는 시점에 매도함으로써 추가 수익을 얻을 수 있습니다.

또한 일반적으로 수익률곡선은 단기 구간에서 기울기가 더 가파른 경우가 많습니다. 따라서 동일한 수익률곡선 구조에서는 잔존만기가 줄어들수록 금리 하락 효과(롤다운 효과)가 상대적으로 크게 나타날 수 있습니다. 이처럼 곡선의 기울기를 활용해 롤링 효과를 극대화하는 것을 '숄더 효과'라고 합니다.

이 전략은 안정을 추구하는 만기보유 전략과는 달리, 금리 환경에 대응하여 채권의 만기를 교체하면서 수익을 추구하는 방식으로 이해할 수 있습니다.

다만, 이 전략은 수익률곡선이 우상향 구조를 유지한다는 전제가 필요합니다. 금리 상승기에 접어들면 잔존만기 단축에서 발생하는 가격 상승 효과보다 금리 상승에 따른 채권 가격 하락 폭이 더 커질 수 있어, 오히려 손실이 발생할 수도 있습니다.

☑ 안정성, 수익성 모두 챙기는 전략

채권이 항상 수익을 보장하는 것은 아닙니다. 시장금리가 상승하면 매도 시 손실이 발생하고, 환율 변동도 위험 요인이 되니까요. 만기까지 보유하면 원금 상환을 기대할 수 있지만, 적극적인 운용 전략을 구사해서 금리 하락에 따른 매매차익을 기대한 경우에는 유동성이 제한될 수 있습니다. 그래서 투자 목표를 관리하거나 손실을 제한하기 위한 전략도 활용할 수 있습니다.

상황대응적 면역전략
- 안전마진이 존재하며 적극적으로 운용하여 초과 수익 추구
- 안전마진이 사라지면 금리가 변해도 목표수익률을 확보하도록 운용

목표수익률 달성이 어려울 것으로 판단되면 보수적으로 운용하고, 안전마진이 충분하면 적극적으로 운용해 초과 수익을 추구하는 전략입니다. 해당 전략을 사용하기 위해서는 최소 목표수익률을 설정해야 합니다. 이때 단기·중기·장기 목표를 구분하고 구체적이며 현실적인 목표를 세우는 것을 추천합니다.

포트폴리오 보험전략
- 포트폴리오 손실 폭을 미리 정함

- 손실 폭의 범위 안에서 위험자산과 안전자산의 비중을 조정하여 운용

'포트폴리오 보험전략'은 포트폴리오의 가치가 일정 수준 이하로 떨어지지 않도록 방어하면서 상승장에서 수반되는 이익도 어느 정도 얻을 수 있는 전략입니다. 포트폴리오 손실 보호라는 관점에서 보험의 성격을 지니기 때문에 포트폴리오 보험전략이라고 합니다. 만기 보유 전략과 병행하거나 위험자산을 일부 포함하여 운용하는 방식으로도 활용할 수 있습니다. 상황대응적 면역전략은 목표수익률을 지키는 데 초점을 두었다면, 포트폴리오 보험전략은 포트폴리오를 구성하는 자산의 가치가 일정 수준 이하로 떨어지지 않도록 손실을 관리하는 데 집중하는 전략입니다.

금리 상승기에는 단기채권 위주의 투자가 유리합니다. 만기가 짧은 단기채권은 금리 변동에 대한 위험도가 상대적으로 낮기 때문입니다. 금리 환경이 불확실할 때는 물가연동국채를 활용할 수도 있습니다. 이처럼 채권 투자도 금리 환경과 투자 목적에 따라 다양한 전략을 활용할 수 있으며, 자신의 투자 성향과 목표에 맞는 전략을 선택하는 것이 중요합니다.

장기투자
관점에서 본 부동산

☑ 부동산 투자의 기본 지식

부동산은 나이를 불문하고 관심도가 매우 높은 자산입니다. 의식주 중 '주'는 누구에게나 필요하기 때문이에요. 부동산에 투자하는 이유도 결국 '내 집 마련'이라는 목표로 귀결되는 경우가 많습니다.

부동산은 입지뿐만 아니라 매수 타이밍도 중요합니다. 잘못된 시점에 매입하면 자금이 오랫동안 묶여서 기회비용이 커질 수 있기 때문입니다. 부동산학은 경제학에서 파생된 학문이므로 부동산 매수 타이밍을 포착하기 위해서는 수요와 공급, 거시경제, 경기순환 등 경제학의 핵심 원리에 대한 이해가 필요합니다.

부동산 경기는 일반 경기보다 순환주기가 길고 변동 폭도 크게 나타납니다. 부동산 경기는 유형과 지역에 따라 개별적으로 움직이며, 그 변동의 진행 속도에도 차이가 있습니다.

예를 들어 상업용·공업용 부동산 경기는 대체로 일반 경기와 비슷한 흐름을 보이지만, 주거용 부동산 경기는 역순환을 보이기도 합니다. 이 책에서는 주로 주거용 부동산의 건축 경기를 중심으로 설명할 예정입니다.

부동산 경기 변동

'부동산 경기'는 부동산 시장이 일반 경기와 유사하게 호황기, 후퇴기, 불황기, 회복기의 네 가지 국면을 주기적으로 반복하는 현상을 말합니다. 마치 파도가 출렁이듯 등락을 거듭합니다. 다만 부동산 경기는 일반 경기와 다르게 가격이 안정적으로 유지되는 특수한 국면인 '안정기'라는 것이 존재합니다.

호황기

부동산 가격이 지속적으로 상승하고, 투자가 활발히 이루어지는 시기입니다. 투자심리가 과열되며 단기 차익을 노린 투자자가 많아집니다. 과거의 거래가는 새로운 거래가의 하한선이 되고, 매도인이 우위에 있는 시장이 형성됩니다.

후퇴기

호황기에 착공된 물량이 시장에 쏟아지며 공급이 수요를 초과하는 시기입니다. 가격 상승이 멈추고 약보합을 형성하다가 하락으로 반전하며 경기 후퇴가 시작됩니다. 거래량이 점차 감소하며, 고금리 환경이 유지되거나 추가적인 금리 인상이 발생할 수 있습니다. 금리 부담으로 여유자금이 줄어들고, 대출을 통한 투자심리가 위축됩니다. 과거 거래가가 새로운 상한선이 되며, 매수인이 우위인 시장이 나타납니다.

불황기

거래량이 급격히 줄면서 부동산 가격이 하락하는 시기입니다. 과거 거래가는 새로운 가격의 상한선이 되며, 매수인은 우위에 있음에도 투자를 망설입니다. 공실률이 상승하고 가격 하락 폭이 커집니다. 언론에서는 '실수요자에게는 투자 적기'라는 표현을 사용하기도 합니다. 저렴한 매물을 찾는 전략을 택할 수 있지만, 단기 투자자는 높은 금리와 대출 상환 부담을 고려하여 신중하게 접근할 필요가 있습니다. 현금 확보를 우선할 수 있어요.

회복기

늘 깜깜한 밤이 아니듯 경기도 바닥에만 머무르지 않습니다. 저점에서 거래가 다시 늘어나기 시작하는 시기를 뜻합니다. 낮아지는 금리를 활용한 투자자들이 시장에 진입하여 거래량이 단계적으로 회복됩니다. 부동산 가격은 하락을 멈추고 반전하여 상승세를 보이기 시작합니다. 과거의 거래가는 새로운 기준가가 되거나 하한선을 형성합니다.

주택매매가격지수

'주택매매가격지수'는 주택 매매가격의 변동 추이를 수치로 나타내는 부동산 통계 지표입니다. 특정 시점 대비 현재의 주택 매매가격 변화를 백분율로 표시하며, 이를 통해 부동산 시장의 과열 여부, 침체 상태, 정책 효과, 지역별 가격 분석 등을 확인할 수 있습니다. 한국부동산원에서 공식적으로 발표하고, KB부동산이나 부동산통계정보 시스템에서도 확인할 수 있습니다.

부동산 시장이 과열인지 침체인지 판단할 때 참고할 또 다른 지표가 PIR 지수입니다. 'PIR Price to Income Ratio'은 가구 소득 대비 주택 가격의 비율을 나타내며, 연봉을 한 푼도 쓰지 않고 모아야 집을 살 수 있는 기간으로 이해하면 됩니다.

PIR 지수가 10이라면 연봉을 10년간 모두 저축해야 집을 구매할 수 있다는 뜻입니다. PIR 지수가 높을수록 집값이 소득에 비해 비싸다는 의미이며, 이는 시장이 고평가되었을 가능성을 시사합니다. 이처럼 가격과 소득의 괴리를 함께 확인하면 부동산 시장의 과열 여부를 보다 객관적으로 판단할 수 있습니다.

부동산 시장에서의 금리

부동산 경기에서 금리는 중요한 변수입니다. 앞서 이야기했듯 부동산은 움직임이 느리고 시간상으로 경기에 후행하는 경향이 있습니다. 금리 인상도 마찬가지로 즉각적인 효과보다는 시차를 두고 부동산 가격에 영향을 미칩니다.

부동산 투자는 과거의 시장 동향에 의존하는 학습효과가 있습니다. 금리 인상 초기에는 '금리가 더 오르기 전에 집을 사야 한다'는 심리로 수요가 증가합니다. 이후 금리가 일정 수준 이상 오르면 가격 상승 압력이 완화되며, 시차를 두고 부동산 가격에 반영됩니다.

그러나 늘 예외는 있는 법이죠. 경제가 위태로울 때는 금리 인상이 즉각적으로 영향을 미치는 경향이 있습니다. 유동성 부족과 심리적인 위기감이 합쳐져 부동산 가격이 급락합니다. 일본의 사례를 보면 버블 붕괴 이후에 금리가 인상되며 부동산 가격이 몇 년간 지속적으로 하락했고, 글로벌 금융위기 당시의 미국에서도 주택 가격이 급락했습니다. 우리나라 역시 기준금리를 빠르게 인상하면 부동산 가격에 대한 시차 반응이 단축되는 경향이 있습니다.

또한 부동산 관련 정책도 부동산 가격에 강한 영향을 미칩니다. 규제나 완화 정책은 투자자의 투자 의사를 흔들고, 거래량과 가격의 단기 변동성을 확대합니다. 따라서 부동산 시장을 판단할 때는 금리와 정책 외에도 수급 상황까지 함께 고려해야 보다 정확한 흐름을 읽을 수 있습니다.

주택구입부담지수

부동산을 현금만으로 마련하는 사람은 극히 드물죠. 대부분 대출을 활용하는데, 이때 중요한 지표가 주택구입부담지수입니다. '주택구입부담지수K-HAI'는 중위소득 가구가 표준대출을 통해 중위가격 주택을 구입할 때, 상환 부담이 어느 정도인지를 나타내는 지수입니다. (중위가격 주택을 구입할 때의 월 원리금 상환액/중위소득 가구의 월 소득)×100으로 계산합니다.

HAI 100 이상: 소득 대비 부담이 크며 집값이 상대적으로 고평가됨

HAI 100 이하: 사람들의 구매력이 높으며 집값이 상대적으로 저평가됨

HAI 지수를 지역별로 비교하면, 서울과 지방의 상황이 크게 다르게 나타나기도 합니다. 이는 부동산은 개별성이 강하다는 특징을 드러내는 현상입니다. 심지어 동일한 아파트 단지 내에서도 위치, 방향, 환경에 따라 가격과 가치가 달라집니다.

주거용 부동산은 장기적으로 수급과 거래량 변화에 민감하며, 착공률 또한 가격에 영향을 미칩니다. 이 밖에도 총부채원리금상환비율, 전세가율, 금리 등 다양한 요인이 서로 맞물려 움직이므로, 시장을 분석할 때 이러한 상호작용을 함께 고려해야 합니다.

부동산은 주식처럼 빠르게 환금할 수 있는 자산이 아니기 때문에 단기매매의 대상이 아니라, 경제 흐름과 함께 이해해야 할 장기적 자

산입니다. 특히 30대에는 주거 문제, 자산 형성, 대출 등 다양한 재무 이벤트가 동시에 발생하므로, 지금 당장 매수 여부를 결정하지 않아도 괜찮아요. 부동산이 어떻게 움직이는지 이해하는 것만으로도 충분한 의미가 있습니다.

☑ 부동산 투자 프로세스 5단계

부동산 투자는 다른 자산군보다 투자 기간이 길고 투자 금액도 큽니다. 살 때, 보유할 때, 팔 때 전부 적지 않은 세금이 붙으므로 투자를 결정할 때 신중해야 합니다. 그래서 부동산 투자를 할 때는 계획부터 실행까지 일련의 과정을 거칠 필요가 있어요. 부동산 투자 프로세스를 5단계로 나눠서 설명하겠습니다.

목표 설정하기
- 투자 목적에 따라 접근 방법과 기대수익이 달라지므로 신중히 고려
- 유동성, 세금까지 따져야 실수익이 예상에서 크게 벗어나지 않음

투자의 목적이 무엇인지 생각해야 합니다. 노후 대비를 위한 월세 수익을 목표로 하는지, 아니면 시세차익을 추구하는지에 따라 투자 전략이 달라집니다. 투자 기간이 1~2년 정도의 단기인지, 5년 이상

의 중기인지, 10년 이상의 장기인지에 따라서도 다르겠죠. 본인의 투자 성향이 안정형인지, 공격형인지도 생각해 보세요. 수도권에 투자할지, 지방에 투자할지도요.

투자는 위험과 기대수익률의 균형이 핵심입니다. 노후 대비를 위한 월세 수익처럼 안정적인 수익이 목적이라면, 수익률은 낮더라도 안전한 부동산에 투자할 수 있습니다. 반대로 시간 여유가 있고 꾸준한 소득이 보장된다면, 위험을 감수하고 높은 수익률을 목표로 삼을 수도 있습니다. 개발 예정지에 투자해서 시세차익을 노리는 방식도 선택지에 올릴 수 있는 것이죠.

부동산 투자에서는 유동성도 중요한 고려 사항입니다. 투자한 자금을 얼마나 빨리 회수할 수 있는지 따져야 합니다. 일반적으로 부동산은 장기투자가 권장되며, 세후 수익률로 계산하면 생각보다 실수익이 낮을 수도 있습니다. 또한 토지나 주택 관련 정책적 규제를 꼼꼼히 확인해야 하며 공인중개사, 감정평가사 등 전문가의 조언을 받아야 합니다.

부동산 투자에 영향을 미치는 투자 환경 분석하기

- 변동성을 면밀히 분석해 예상과 현실의 간극을 줄여야 함
- 금리, 경기 흐름, 정책 등 부동산 시장의 전반적인 경향을 이해해야 좋은 입지가 보임

투자 환경이 변하면 기대수익이 현실과 달라지기도 합니다. 기대가 실망으로 바뀌는 걸 방지하기 위해 변동성에 대한 면밀한 분석이 필요합니다. 부동산 투자는 거시적 분석이 중요해요. 금리, 경기 흐름, 정책 등 부동산 시장의 전반적인 경향을 이해해야 합니다. 부동산 경기를 읽는 데 도움되는 지표들은 대략적으로 아래와 같습니다.

| 부동산 경기의 지표 |

유형	주요 지표
선행지표	주택 인허가 실적, 건설수주, 건축 허가
동행지표	건설 투자, 건설기성, 건축착공 면적
후행지표	준공 면적

부동산은 개별성이 강하고 지역별로 특성이 다르므로 지역 분석도 필수입니다. 지방자치단체는 지역 발전을 위해 공간계획을 세우므로 각 시청 홈페이지에서 도시 기본계획을 확인할 수 있습니다. 동일한 지역이라도 인구 유입이 다르기 때문에 인구 소멸을 막는 일자리 창출 효과도 함께 고려해야 합니다.

실제로 한 지역에서는 대기업 공장을 장기간 유치하면서 고용과 인구가 동시에 증가했습니다. 행정안전부와 통계청 자료를 보면, 최근 10여 년간 해당 지역의 고용증가율과 인구증가율은 전국 평균을 웃돌았고, 특히 인구는 두 자릿수 증가세를 보였습니다. 일자리와 인구의 동반 증가는 주택 수요를 구조적으로 끌어올리는 요인이 되었고, 결과적으로 주택 가격 상승으로 이어졌습니다.

또한 교통 호재도 중요한 변수입니다. 신혼부부를 비롯한 젊은 세대는 대도시 중심부 대신 인접 생활권에서 시작해도 괜찮습니다. 교통 여건이 개선되는 지역을 발판 삼아 주거 수준을 단계적으로 높이는 전략을 활용하세요.

자금조달계획 수립하기

- 세금, 가용 자금, 대출 한도를 확인하고 부채를 적절하게 설정
- 대출 방식에 따라 이자의 차이가 크므로 상황을 고려하여 신중히 선택

부동산 투자를 위해서는 먼저 예산을 설정해야 합니다. 이때 취득세, 재산세, 종합부동산세 등 각종 세금도 함께 고려해야 하며, 가용 자금과 대출 가능한 한도를 확인하는 과정이 반드시 필요합니다.

대출을 활용하면 레버리지 효과를 기대할 수도 있습니다. 투자금이 충분하다면 강남 3구나 한강 벨트에 투자하는 것도 가능하겠지만, 현실적으로는 자금이 부족해서 제약이 따르죠. 특히 30대 투자자라면 50~60대에 비해 투자 여력이 상대적으로 제한적입니다. 과도한 부채를 사용하면 원리금 상환 부담이 커져 위험성이 증가하므로 적정 부채 비율을 지키는 것이 중요합니다.

일반적으로 총부채원리금상환비율 40% 이하, 주택담보대출비율

70~80% 이하를 안전하다고 봅니다. 또한 근시일 내에 생길지도 모를 재무 이벤트나 예상치 못한 변수에 대비해 예비비를 어느 정도 확보해 두는 것도 필요합니다.

대출받을 때는 금액, 기간, 월 원리금 상환 가능액, 이자율, 중도상환수수료 유무 등을 확인하는 것이 중요합니다. 정책금융상품은 주택도시기금이나 한국주택금융공사 등을 통해 확인할 수 있으며, 은행연합회를 통해 다양한 대출상품을 비교하는 것도 도움이 됩니다.

대출금 상환 방식도 원금 균등상환방식으로 할지, 원리금 균등상환방식으로 할지 신중히 선택해야 합니다. 두 방식의 차이점은 아래와 같습니다.

원금 균등상환방식

- 원금을 균등하게 상환하고, 이자는 남은 원금에 적용
- 초기에 이자 부담이 크지만, 시간이 지날수록 원금이 줄면서 부담이 감소

원리금 균등상환방식

- 원금과 이자를 합산하여 매달 동일한 금액을 납부
- 상대적으로 초기 부담이 적지만, 총이자 부담이 큰 편
- 상환액이 일정하므로 현금흐름 관리가 용이

간단한 예시를 들어서 이해를 돕겠습니다. 대출금 2억 원, 대출 기

간 20년, 연이자율 3%를 가정하면, 원금 균등상환방식의 총이자는 약 6,000만 원입니다. 그에 비해 원리금 균등상환방식의 총이자는 약 6,600만 원으로 무려 600만 원의 차이가 발생합니다. 따라서 대출 방식을 선택할 때는 초기 부담, 총이자, 현금흐름 관리 등을 종합적으로 고려해서 결정해야 합니다.

투자 대상 선정 및 분석하기

- 토지이용계획확인서, 등기부등본, 건축물대장, 지적도 확인은 기본
- 어떤 유형의 부동산을 구입하든 입지 확인은 필수

법적 환경 분석은 부동산 투자에서 필수적인 과정입니다. 공법상 이용 제한에 관한 사항은 토지이용계획확인서를 통해 확인하고, 소유권 등 권리관계는 등기부등본을 통해 확인합니다. 또한 소재지와 건축면적 등의 정보는 건축물대장에서 확인할 수 있으며, 위치·형상 및 경계는 지적도를 통해 공부상 확인이 필요합니다. 현장 답사를 통해서는 임대차계약 여부, 법정지상권이나 유치권과 같은 권리가 존재하는지 확인해야 합니다. 또한 공부상 확인한 내용과 실제 현황이 일치하는지도 함께 파악해야 합니다.

부동산 투자에서는 임장이 매우 중요합니다. 실제 현장을 방문하여 건물의 관리 상태를 확인하고, 학군·교통·상권 등 인근 환경을 포함한 입지 분석을 진행해야 합니다. 또한 시세와 실거래가, 임대

조건 등을 조사하여 주변 부동산과 비교해야 합니다. 수익형 부동산의 경우 월세, 대출이자, 관리비, 세금 등을 고려해 순수익률을 계산해야 하며, 공실률 확인도 필수입니다.

부동산 투자 시에는 부동산 유형에 따라 고려할 요소가 다릅니다. 먼저 아파트의 경우 세대수가 많을수록 거래가 활발하고 임차권 확보가 수월합니다. 미혼이나 딩크족이라 하더라도 학군은 여전히 중요한 요소로 작용합니다. 향후 매도 시의 수요층을 고려해야 하기 때문입니다. 실제로 부동산 수요층은 자녀를 양육하는 부부가 많은 편이며, 맞벌이 가정일수록 학군의 중요성이 더욱 커집니다. 따라서 아파트 단지 내 또는 인근의 유치원, 초등학교, 중·고등학교, 학원 등의 수준과 접근성을 함께 살펴보는 것이 좋습니다. 아이가 초등학교에 입학한 이후에는 이사하기 쉽지 않기 때문입니다. 또한 주거 환경과 아파트 브랜드 역시 확인하면 좋습니다.

연립 및 다세대주택의 경우 주차시설 확보 여부를 확인하는 것이 중요합니다. 최근에는 집보다 차량을 먼저 보유하는 경우도 많기 때문입니다. 주차장이 부족하다면 인근에 공영주차시설이 있는지 확인하세요. 아울러 빌라 밀집도와 향후 재개발 가능성도 함께 살펴봅시다.

오피스텔은 역세권이나 신도시 등 유동 인구가 많은 지역을 선택하는 것이 유리합니다. 오피스텔은 아파트보다 공용시설이 많아서 분양면적에 비해 전용면적이 작은 경우가 많으므로 허위 광고에 주의해야 합니다. 현장을 방문해 주변 상황을 확인하고, 시세와 공실률 등을 함께 체크해서 안정적인 수요가 있는지 살펴봐야 합니다.

수익형 부동산은 배후세대와 인구 밀도가 높고 소비 여력이 뒷받침되는 상권일수록 안정적입니다. 또한 지하철이나 버스 등 대중교통을 도보로 이용할 수 있는 접근성이 중요하며, 직장인·주부·학생 등 유동인구가 많은 지역일수록 유리합니다. 이와 함께 상권정보시스템을 활용해 상권·입지·수익성·경쟁 분석 내용 등을 종합적으로 검토해 보는 과정이 필요합니다.

매매계약 등 투자 실행하기

- 계약금, 중도금, 잔금, 세금 등 금전이 오가는 일을 처리
- 매입 이후에는 건물을 관리하면서 포트폴리오를 조정

가격과 조건 등에 대한 매매 협상을 거친 후, 계약금·중도금·잔금의 지급 일정 등을 정하여 매매계약을 체결합니다. 이후 잔금 지급과 함께 소유권 이전등기를 진행하고, 필요한 경우 대출 실행과 세금 납부도 이루어져야 합니다. 또한 계약 체결 전에는 등기부등본을 다시 한 번 꼼꼼히 확인하여 권리관계에 이상이 없는지 점검하는 것이 중요합니다.

투자 이후에는 부동산의 관리와 운영 단계가 있습니다. 세입자를 모집하고 건물의 유지·보수를 관리하며, 임대 수익을 지속적으로 점검해야 합니다. 또한 정기적으로 수익률을 재점검해서 포트폴리오를

조정할 필요가 있으며, 시장 변화에 대응하여 전략을 재조정하는 과
정도 중요합니다.

☑ 부동산 분산투자의 효과

통계청이 최근 발표한 가계금융복지조사에 따르면 우리나라 가계
자산의 약 75%가 부동산 등 실물자산에 집중되어 있습니다. 이는 부
동산이 중요한 자산임을 의미하는 동시에, 특정 자산군에 자산이 과
도하게 편중되어 있다는 신호이기도 합니다.

물론 부동산은 총자산 포트폴리오에서 중요한 자산입니다. 특히
다른 자산군과의 상관관계를 고려할 때, 부동산은 분산투자 효과가
크다고 평가됩니다. 따라서 부동산은 주식이나 채권과 함께 포트폴
리오에 포함하는 게 좋습니다. 실제로 부동산은 총자산 포트폴리오
의 전반적인 위험을 감소시키는 데 기여하는 것으로 알려져 있으며,
주식 및 채권과 비교적 낮은 상관관계를 보입니다.

투자에서는 무엇보다 위험을 낮추는 것이 중요합니다. 부동산 투
자에서는 위험을 크게 체계적 위험과 비체계적 위험으로 구분합니다.

체계적 위험

'체계적 위험'은 특정 부동산에 국한되지 않고 모든 부동산, 나아

가 주식과 채권 등 다른 자산군에도 함께 영향을 미치는 위험입니다. 대표적인 예시로 금리 상승, 경기침체, 지정학적 리스크가 있습니다. 포트폴리오에 부동산을 다양하게 편입시켜도 완전한 제어가 불가능하며 회피할 수 없는 위험입니다.

비체계적 위험

'비체계적 위험'은 특정 지역이나 개별 부동산에 국한된 위험으로, 동일한 자산군 내에서 분산투자를 통해 상당 부분 제거할 수 있습니다. 예를 들어 특정 지역의 부동산이 하락하면 다른 지역의 부동산으로 포트폴리오를 구성함으로써 위험을 낮출 수 있습니다. 비체계적 위험은 피할 수 있는 위험입니다.

포트폴리오는 분산투자를 통해 위험을 줄일 수 있습니다. 자산군을 예금, 채권, 주식, 부동산 등으로 다양화하면 비체계적 위험을 줄일 수 있습니다. 체계적 위험은 완전히 분산할 수는 없지만, 상관관계가 낮은 자산을 함께 편입하면 포트폴리오 전체 변동성에 미치는 영향을 완화할 수 있습니다.

부동산 시장 역시 경기 변동, 정책 변화, 인구구조 등 다양한 요인의 영향을 받습니다. 따라서 부동산에만 집중적으로 투자하는 것은 추천하지 않습니다. 하나의 부동산 자산에 집중적으로 투자할 경우, 시장 변동에 따라 손실을 볼 가능성이 크기 때문입니다. 주택도 예외는 아닙니다. 과거에는 내 집 마련이 최우선 과제로 여겨졌지만, 최근에는 집을 소비재로 바라보는 시각도 적지 않습니다.

부동산 투자는 실물자산이라는 이유로 비교적 안전한 투자처로 여겨지는 경향이 있습니다. 그러나 하나의 자산군, 특정 지역, 혹은 동일한 시점에 집중적으로 투자하면 오히려 포트폴리오 전체의 위험도가 높아진다는 사실을 명심하세요.

장기적으로는 인구구조의 변화 역시 부동산 시장에 큰 영향을 미칩니다. 인구 감소와 고령화로 인해 부동산 수요가 줄어들면 장기적으로 가격이 하락 압력을 받을 가능성이 커지겠죠. 이미 우리나라 일부 지방에서 나타나는 현상입니다.

하나의 부동산에 투자하기보다 지역, 유형, 투자 시점, 규모 등이 서로 다른 부동산에 분산투자하면 같은 자산군 내에서도 위험과 수익 구조를 다양화할 수 있습니다. 이처럼 여러 부동산 자산을 조합해 구성한 것을 부동산 포트폴리오라고 합니다.

다만, 현실적으로 개인이 여러 채의 부동산을 직접 보유하며 포트폴리오를 구성하기는 쉽지 않습니다. 내 집 마련조차 부담스러운 상황에서 지역과 유형이 다른 부동산을 추가로 매입하기는 더욱 어렵기 때문입니다.

이 때문에 직접 보유하기보다는 간접투자를 통한 소액 분산투자가 하나의 대안이 될 수 있습니다. 이러한 역할을 하는 대표적인 투자 수단이 바로 부동산 펀드와 부동산 리츠입니다.

☑ 소액으로 건물주가 되는 투자법

이때 알아 둘 필요가 있는 것이 바로 소액으로 접근할 수 있으면서 주식과의 상관관계가 상대적으로 낮은 대체자산인 부동산입니다. 부동산 리츠와 부동산 펀드는 부동산을 직접 매입하지 않더라도 증권을 통해 부동산 자산에 간접적으로 투자할 수 있습니다.

지금 당장 투자를 결정할 필요는 없습니다. 그저 이러한 자산을 하나의 자산군으로 이해하고 그 구조와 특징을 숙지하는 것만으로도 향후 투자 선택의 폭을 넓히는 데 도움이 됩니다.

부동산 '직접투자'는 투자자가 직접투자 대상이 될 부동산을 물색하여 투자하는 형태입니다. '간접투자'는 투자가가 간접투자상품(금융상품)으로 투자하는 것을 말합니다.

미국, 일본, 호주, 싱가포르 등 주요 선진국에서는 투자 포트폴리오의 일부를 부동산 리츠나 부동산 펀드(수익증권)에 분산투자하는 전략이 널리 활용되고 있습니다. 특히 연기금, 보험사, 대형 자산운용사 등의 기관투자자는 부동산 간접투자를 자산군 중 하나로 포함해 리스크 분산과 안정적인 수익을 추구합니다.

'리츠Real Estate Investment Trusts, REITs'는 다수의 투자자로부터 자금을 모아 부동산과 부동산 증권 등에 투자하거나 운용하면서 발생한 수익을 배당 형태로 환원하는 부동산 간접투자기구입니다. 국토교통부장관의 설립인가를 받아 상법상 주식회사 형태로 설립하며, 자산의

70% 이상을 부동산과 부동산 관련 증권에 투자해야 합니다. 상장 리츠는 이 투자회사를 주식시장에 상장시킨 형태로, 일반투자자가 주식처럼 쉽게 매매할 수 있도록 설계된 구조입니다.

부동산 직접투자는 취득세, 양도세, 보유세 등 세금이 부담스럽죠. 하지만 리츠는 세제 측면에서도 일정 요건을 충족할 시에 부담을 완화할 수 있는 제도적 장치가 마련되어 있으며, 투자 시점의 제도에 따라 활용할 수 있는 절세법이 다양합니다.

그러나 리츠의 배당 수익은 확정적으로 보증되는 것이 아니라는 사실을 말씀드려야겠어요. 수익이 운용 성과에 따라 달라지기 때문입니다. 가치 하락이나 공실 증가, 운영 실패 등 투자한 자산이 부실해지면 수익률이 하락하고, 심각한 경우에는 원금 회수도 어려워집니다. 그래서 부동산 리츠에 투자할 때는 그 안을 자세히 열어볼 필요가 있습니다. 오피스텔, 쇼핑몰, 물류센터, 데이터센터에 심지어 요양원까지 있어서 투자 대상이 다양하기 때문입니다. 상세 정보는 리츠정보시스템 대국민 홈페이지에서 확인할 수 있습니다.

리츠에 투자하는 방법은 무척 간단해요. 일단 증권계좌를 개설하고 돈을 입금합니다. 그리고 상장된 리츠의 정보를 확인한 다음에 투자할 종목을 선택해서 시세 확인까지 합니다. 마음을 굳히셨으면 원하는 종목을 주문하고, 주문이 체결되면 끝입니다. 주식을 매매하는 방법과 똑같죠?

'부동산 펀드'는 펀드 재산의 50%를 초과하여 부동산 및 부동산 관련 자산에 투자하는 펀드를 의미합니다. 여기서 말하는 부동산은 토지나 건물 외에도 부동산 개발과 관련된 법인에 대한 대출, 부동산을 기초로 한 파생상품, 부동산회사법에 따라 부동산투자회사가 발행한 주식, 임차권이나 분양권 등 종류가 다양합니다.

부동산 펀드는 투자 구조와 수익 방식에 따라 크게 대출형과 임대형으로 나눌 수 있습니다. '대출형'은 부동산 개발사업자에게 자금을 대출해 주고 이자를 받는 구조입니다. 부동산 관련 프로젝트파이낸싱 Project Financing, PF에 투자하는 PF 대출형도 이에 속합니다. 이때 펀드는 개발사업의 대주단●으로 참여해 대출 기간 동안 이자를 수취하고, 만기에는 분양대금이나 매각대금 등을 통해 원금을 상환받습니다.

반면 '임대형'은 이미 완공된 건물을 매입해 임대 수익을 얻는 것을 주요 목표로 삼습니다. 우리나라에서는 임대형 부동산 펀드의 비중이 높아 부동산 펀드의 절반 이상을 차지하고 있습니다. 일반적으로 안정적인 투자를 선호하는 투자자에게는 임대형이, 높은 수익률과 위험을 감수하는 투자자에게는 대출형이 적합합니다.

외에도 국내외 다른 운용사의 부동산 펀드를 편입하는 재간접형 부동산 투자와 펀드가 직접 시행사로 등판하거나 시행사의 지분을 보유해 개발사업에 참여하는 개발형 부동산 펀드도 있습니다. 다만 개발형 펀드는 경기가 둔화되면 손실 위험이 확대될 수 있어, 일반적

● 돈을 빌려준 단체

으로 금리 상승기에는 안정적인 임대형 부동산 펀드를 선호하는 경향이 있습니다.

국내 리츠는 대부분 국내 부동산에 투자하기 때문에 국내의 부동산 상황에 영향을 많이 받습니다. 하지만 부동산 펀드는 해외 부동산 투자도 다수 이뤄지고 있으므로 세계 경기와 해당 국가의 경제 상황을 확인할 필요가 있습니다.

기업의 성장 가능성에 투자하는 주식

☑ 주식을 사면 세상을 보는 눈이 달라진다

여러분이 매일 가는 카페나 좋아하는 게임을 만든 회사에 투자할 수 있다면 어떨까요? 그게 바로 주식입니다. 주식은 주식회사에서 출자자가 가진 지분을 의미합니다.

주식회사가 설립될 때 처음 정하는 1주당 법정 가격을 액면가라고 합니다. 다만 '액면가'는 자본금 규모를 파악하기 위한 회계적 기준일 뿐, 실제 주식시장에서 거래되는 가격과는 큰 관련이 없는 경우가 많습니다. 주식시장에서 거래되는 가격은 기업의 가치와 시장의 수요·공급에 따라 결정되며, 이를 '주가'라고 합니다.

비상장 기업이 성장해 더 많은 자본이 필요해지면, 일반투자자를 대상으로 처음 주식을 공개하는 '기업공개Initial Public Offering, IPO'를 진행합니다. 이 과정에서 증권사가 주관사로 참여해 주식 발행을 돕고, 회사가 상장되며 처음으로 정해지는 가격을 '공모가'라고 합니다.

주식을 거래하려면 증권계좌가 필요합니다. 보통은 일반 증권계좌를 통해 이루어지며, 노후 대비 목적이라면 IRP처럼 세제혜택이 있는 계좌를 활용할 수도 있습니다. 단기매매를 주로 하는 투자자라면 수수료가 저렴한 증권사를 선택하는 것도 하나의 방법입니다.

주식 주문창에서 현재가는 해당 주식의 현재 가격을 의미합니다. 지정가 주문은 원하는 가격과 수량을 직접 정해서 주문하는 방식입니다. 지금 당장 매수하고 싶다면 시장에서 형성되는 가격으로 즉시 체결되는 시장가 주문을 사용하면 됩니다. 하지만 리스크를 관리하는 분할매수의 관점에서 웬만해서는 지정가로 가격을 나누어 분할매수로 사는 편이 좋습니다. 실제로 "아침에 급하게 사는 바람에 너무 비싸게 샀어요."라고 후회하시는 분도 자주 만나거든요.

일단 다음 장으로 넘어가서 포트폴리오를 만들기 전에 주식 1주를 매수하는 것을 추천합니다. 뭘 살지 고민이라고요? 월가의 영웅이라고 불리는 피터 린치Peter Lynch의 명언이 있죠.

'당신이 매일 가는 쇼핑몰과 생활 속에서 발견하는 것이야말로 최고의 투자 기회다.'

여러분의 생활과 밀접한 기업에 투자하는 것이 성장할 종목을 찾는 좋은 방법이 될 수 있어요. 주식은 일단 자주 사는 물건을 판매하는 회사가 되었든, 좋아하는 연예인의 소속사가 되었든 1주를 사는 것부터 시작합니다.

내 돈이 1만 원이라도 주식시장에 들어가 있어야 금융시장을 향한 관심도가 올라갑니다. 주식을 하지 않을 때는 큰 관심이 없다가, 1주라도 매수하는 순간 세상을 보는 관점이 달라집니다. 미국의 금리가 오를지 내릴지에도 관심이 가고 말이죠.

☑ 주식시장을 파악하는 대표지수

주식 투자를 오랫동안 하신 분들도 대개 무지성으로 했을 뿐, 제대로 된 공부는 해 본 적이 없다고 말합니다. 그러니 주식 용어부터 차근차근 살펴보겠습니다. 주식 유통시장은 발행된 주식이 거래되는 시장을 말하며 크게 코스피와 코스닥이 있습니다.

코스피
- 대한민국 제1증권시장으로, 중대형 우량기업 중심으로 구성
- 코스피 지수는 시가총액 가중 방식으로 산출되며, 시가총액 변화를 통해 상승과 하락을 파악

'코스피 Korea Composite Stock Price Index, KOSPI'는 대한민국의 제1증권시장으로, 정식 명칭은 '유가증권시장'입니다. 장은 오전 9시부터 시작하여 오후 3시 30분까지 운용됩니다. 삼성전자, SK하이닉스, LG에너지솔루션, 한화에어로스페이스, 현대자동차, KB금융 등 대기업 대부분이 코스피 시장에 상장되었습니다. 지수의 변동이 상대적으로 적은 편입니다.

코스피는 1956년에 개설되어 종목 수와 시가총액이 꾸준히 증가하고 있습니다. 하루 평균 거래량도 상당한 수준으로, 거래가 활발합니다. 코스피에 상장되려면 엄격한 상장 요건을 충족해야 합니다. 일반적으로 설립 후 일정 기간이 지나야 하며, 충분한 자기자본과 매출, 상장주식 수 및 일반주주 요건을 갖추고 있어야 합니다. 최근 몇 년간 영업이익이 있어야 하고, 신용평가도 일정 수준 이상이어야 합니다. 중대형 우량기업으로 구성된 이유가 이 때문입니다.

주식시장의 종합시황을 파악하기 위해서는 대표지수가 필요합니다. 코스피 지수는 유가증권시장에 상장된 기업들의 주가에 발행주식 수를 곱한 시가총액을 기준으로 가중평균하여 산출하는 시가총액식 지수입니다. 유가증권시장 전체의 주가 흐름을 파악할 수 있습니다. 지수는 기준시점을 설정해 산출되며, 비교 시점의 시가총액 변화로 상승과 하락 정도를 이해할 수 있습니다.

한편 코스피200 지수는 코스피 지수를 구성하는 종목이 너무 많아서 시장 대표성이 떨어진다는 점을 보완하기 위해 만들어졌습니다.

유가증권시장에 상장된 주식 가운데 산업별 최우량 종목 200개로 산출하는 지수입니다. 최대주주 지분, 정부 지분, 자기주식 등을 제외한 유동주식 기준 시가총액방식으로 산출합니다.

코스피200 지수는 코스피 지수와 상관관계가 매우 높습니다. 이는 코스피200을 구성하는 기업들이 유가증권시장 시가총액의 상당 부분을 차지하고 있기 때문입니다.

코스닥

- 성장 가능성이 높은 벤처·중소기업 중심의 주식시장
- 코스닥 지수의 변동성은 비교적 큰 편

'코스닥Korea Securities Dealers Automated Quotations, KOSDAQ'은 성장 가능성이 높은 벤처·중소기업 중심의 시장입니다. 아직 코스피 상장 요건을 갖추지 못한 기업들이 초기 자금을 조달하기 위해 진입하기도 합니다. 상장 요건을 보면 자기자본 요건과 설립 연수, 공모주식 비율, 매출액, 시가총액 등이 코스피보다 낮습니다.

코스닥은 미국의 기술주 중심인 나스닥을 벤치마킹해 1996년 7월에 만들어졌습니다. 기술기업과 성장기업 위주로 구성되었으며, 종목 수는 약 1,700개 수준이고 시가총액은 약 수백조 원대입니다. 하루 평균 거래량이 코스피보다 많기도 합니다.

코스닥 지수는 코스닥 시장에 상장된 기업의 주가에 주식 수를 곱한 시가총액을 가중평균하여 산출합니다. 본래 지수의 기준시점은 1996년 7월 1일이며 기준지수는 100이었으나, 이후 닷컴 버블과 글로벌 금융위기, 무역전쟁 등 여러 사건으로 큰 변동을 겪었습니다. 그리하여 2004년 1월에는 기준지수를 1,000으로 조정하여 시장 신뢰도를 회복했습니다.

해외투자가 보편화되면서 해외 주가지수에 대한 이해도 중요해졌어요. 대표적으로 MSCI 지수가 있습니다. 'MSCI 지수'는 모건스탠리캐피털인터내셔널이 산출하는 세계주식지수입니다. 전 세계 투자기관이 해외투자 시 기준으로 삼는 대표지수로, 미국계 대형 펀드에서 많이 사용합니다. MSCI ACWI Index(전 세계), MSCI World Index(선진국), MSCI EM Index(신흥국), MSCI Frontier Index(프런티어) 시장 등으로 분류하며, 한국은 MSCI EM Index에 포함되어 있습니다. MSCI 지수는 유동주식 기준 시가총액 가중 방식으로 산출하며, 정부 보유 주식이나 자사주 등 유통이 어려운 주식은 제외합니다. MSCI ACWI Index는 전 세계 주식시장을 추종하는 대표적인 비교지수로, 전 세계 주식시장의 약 85%를 추종하며, 미국의 비중이 절대적이어서 S&P500의 영향을 크게 받는 편입니다.

개별 국가의 주가지수로는 미국의 S&P500, 나스닥, DJIA가 있습니다. 일본은 닛케이225, 영국은 FTSE100, 중국은 상해종합지수입니다. S&P500은 뉴욕증권거래소와 나스닥 시장에 속한 주요기업

500개의 주식으로 구성되었으며, 대표성과 활용성이 높습니다. 나스닥 지수는 나스닥 시장 전체 기업을 포함하며, 기술·성장주 중심입니다. DJIA는 미국 증권거래소에 상장된 대표기업 30개의 주가를 가중해 산출한 지수로 1896년부터 사용했습니다. 가장 오래된 주가 지수라는 상징성이 높습니다. 나스닥100은 나스닥 상장 비금융기업 중 시가총액 상위 100개 기업으로 구성됩니다.

개인투자자는 S&P500과 나스닥100 지수를 활용하는 것이 보편적입니다. S&P500 편입 조건은 정성적 평가와 객관적인 기준을 모두 만족해야 합니다. 주요 미국 증권거래소에 상장된 기업 중에서 본사가 미국에 있는 대형기업이 대상입니다. 시가총액, 거래량, 수익성 등 안정성과 유동성을 갖춘 기업 중심으로 구성됩니다.

나스닥100은 은행과 보험사를 제외한 상위권 비금융기업으로 구성됩니다. 나스닥에 상장되어 있으면 미국 기업이 아니어도 편입할 수 있습니다. 주로 기술·성장주가 포함됩니다. 시가총액을 기준으로 상위 기업이 자동으로 편입되도록 설계되었어요.

☑ 코스피 등락에서 배우는 투자 타이밍

코스피는 한국 경제와 주식시장을 가늠할 수 있는 중요한 잣대입니다. 주식시장은 늘 위기와 기회가 반복되었으며, 이러한 흐름 역시 일정한 패턴을 보이는 경향이 있습니다. 코스피의 과거 패턴을 이해하면 다가올 위험과 기회에 대비하는 힘을 기를 수 있습니다.

주가 흐름을 읽는 능력이 생기면, 투자 전략과 타이밍에 대한 감각이 생깁니다. 투자를 잘하는 기본적인 원칙은 싸게 사서 비싸게 파는 것, 즉 공포 속에 매수하고 환희 속에 매도하는 것입니다. 시장의 흐름을 이해하면 그게 가능해져요.

또한 코스피의 흐름을 알면 장기투자에 대한 믿음이 생깁니다. 코스피는 장기적으로 우상향 형태를 보였으며, 이러한 과거 데이터는 투자자의 심리를 안정시키는 힘이 됩니다. 이제 코스피의 시기별 급등 요인과 급락 요인을 살펴보겠습니다.

1980년대 후반의 대한민국은 3저 호황(저유가·저금리·저달러)의 영향으로 크게 성장했습니다. 코스피는 1986년 말의 140포인트에서 상승세를 타고 1989년 4월에 1,000포인트를 돌파하는 등 약 7배 상승했습니다. 반도체, 철강, 자동차 등 제조업 중심의 수출산업이 급격하게 성장했습니다. 1988년에는 서울올림픽 개최로 국가 이미지가 개선되고 투자심리가 회복되면서 주식시장 열기가 더욱 뜨거웠습니다. 실제로 당시 주식시장에는 강한 투자 열풍이 불었죠.

그러나 3저 호황이 종료되며 경기가 둔화되었습니다. 1990년 초반부터 연간 33% 하락하는 결과가 발생했죠. 게다가 1990년 8월에는 걸프전이 발발하여 국제 유가가 크게 상승하고 무역수지가 하락하며 기업의 수익성 하락으로 이어졌습니다. 또한 근로자의 임금이

상승하고 고금리가 지속되면서 기업 실적과 시장 유동성에 큰 부담을 가했습니다. 결국 복합적인 요인으로 코스피는 1992년 8월에 460포인트로 급락합니다.

1994년 10월, 코스피는 다시 1,000포인트를 돌파했습니다. 1993~1994년 사이 세계 반도체 경기가 회복되면서 한국의 메모리 반도체 수출이 급증했고, 정부의 주택 200만 호 정책으로 건설경기가 활성화되었습니다. 또한 1992년 이후 외국인 투자 개방으로 자금 유입이 증가한 점도 긍정적인 요인이었습니다. 여기에 금리 인하로 시장 유동성이 확대되고, 당시 연 7~8%의 경제성장률 속에서 수출과 내수가 모두 양호했던 점이 코스피 상승을 뒷받침했습니다.

하지만 코스피 상승 탄력은 1994년 이후 점차 둔화되었고, 1997년 IMF 외환위기로 인해 또다시 폭락을 경험합니다. 1997년 11월에는 외화보유액이 고갈되었고, 한국은 IMF에 구제금융을 신청했죠. 이로 인해 환율은 1달러당 900원대에서 2,000원에 근접할 정도로 폭등했습니다. 이로 인해 많은 기업과 은행이 도산했고, 외국인 투자 자금이 빠르게 유출되면서 주식시장은 붕괴했습니다.

하지만 한국은 세계 역사상 유례없는 빠른 속도로 위기를 극복했습니다. 국민들이 힘을 모아 1998년 1월부터 전국 단위의 금 모으기 운동을 해서 IMF 외환 상환에 보탰습니다. 약 2년 9개월 만에 돈을 다 갚았죠. 이는 당시 국제사회에서 한국은 '약속을 지키는 나라'라는 평가를 내린 계기가 됩니다.

덕분에 1999년 말, 코스피는 1,000포인트를 회복했습니다. 외환위기로 인한 원화 약세가 오히려 수출 경쟁력을 상승시켜 무역수지 개선에 도움을 주었고, 이는 주가 상승 요인으로 작용했습니다. 특히 1999년 하반기는 글로벌 IT·반도체 호황기였습니다.

그러나 2001년 9월, 전 세계 주식시장의 불확실성이 확대되고 투자심리가 극도로 위축됐던 시기에 코스피는 400포인트대로 급락합니다. 닷컴 버블의 붕괴와 함께 미국 증시가 급락했기 때문이에요. 2001년에는 미국에서 9·11 테러가 발생하며 세계 증시가 큰 충격을 받고, 한국 증시도 심각한 하락 압력을 받았습니다.

그러다가 정부의 경기 부양 정책으로 2002년 3월, 코스피는 24개월 만에 900포인트로 반등합니다. 경기침체를 극복하기 위해 한국은행은 금리를 인하했고, 정부는 건설경기 촉진과 내수 소비 활성화를 위해 재정지출을 확대했습니다. 미국 증시의 안정이 한국 증시에도 긍정적인 영향을 미쳤습니다.

그러나 개인의 과도한 신용카드 사용과 대출 증가로 신용불량자(현 금융채무불이행자)가 급증했습니다. 개인파산이 증가했고, 카드사는 위기를 맞는 듯 보였습니다. 이러한 금융 불안으로 코스피는 2003년 3월에 700포인트로 하락했습니다.

2003년 이후에는 미국 등 주요국의 경기 회복 및 저금리 정책과 완화적 통화정책으로 세계 경기가 회복되었습니다. 거기에 IT산업이 호황을 맞이했고, 국내 경제가 안정되는 등 복합적인 호재가 겹쳤습니다. 무엇보다 적립식 투자 문화가 확산한 것이 주효했습니다. 장기적인 분산투자로 위험을 줄일 수 있다는 인식이 퍼졌고, 펀드나 ETF 등 다양한 금융상품이 출시되었습니다. 2007년 7월의 코스피는 약 2,000포인트로 크게 상승했습니다.

그러나 2008년에 미국의 서프라임 모기지 사태로 글로벌 금융위기가 찾아옵니다. 미국에서 신용도가 낮은 차입자들에게도 무분별하게 주택담보대출을 승인한 여파로 재정이 부실해지면서 금융기관들이 대규모 손실을 보았습니다. 미국의 대형 투자은행인 리먼 브라더스의 파산이 경제적으로 큰 충격을 미치며 세계금융시장에 불안이 엄습했습니다.

대외 의존도가 높은 한국에도 악영향을 미쳤습니다. 위험회피 심리가 커진 외국인 투자자들이 한국 주식시장에서 이탈하면서 코스피지수가 급락했습니다. 한국은 신흥국으로 분류된다는 사실을 잊지 말아야 합니다.

2009년 3월, 코스피는 약 900포인트에서 출발하여 2010년 1,700포인트까지 회복했습니다. 이는 미국과 한국 등 주요국의 경기부양책과 글로벌 유동성 공급의 효과였습니다. 미국발 글로벌 금융위기 이후, 한국은 신흥국 중에서도 특히나 빠른 속도로 증시를 회복하며 해외의 신뢰를 얻었습니다.

그러나 유럽 재정위기와 미국 S&P500 신용등급 강등으로 인해 글로벌 경기 둔화 우려가 커지면서 2011년 5월에 약 2,200포인트

수준에 도달했던 코스피가 같은 해 10월에 약 25% 조정을 겪으며 1,650포인트까지 하락했습니다.

2020년의 코로나19 팬데믹을 기억하실까요? 코스피가 약 40% 급락했다가 2020년 4월부터 2021년 중반까지 급등하여 개인투자자가 대폭 증가한 시기였죠. 사상 초유의 금리 인하와 함께 시중 유동성이 확대되며 돈은 주식시장으로 흘러갔습니다. 하지만 이후 풍부한 유동성은 물가상승률로 이어졌습니다.

2022년부터 2023년까지 물가가 폭등하면서 미국에서는 금리를 빠르게 인상했습니다. 달러 강세의 영향으로 외국인 투자자가 한국의 주식시장에서 이탈했습니다. 경기침체 우려로 코스피는 2,800포인트에서 2,200포인트까지 급락했습니다.

최근에는 AI에 대한 기대감과 반도체 산업 호조가 코스피 상승을 이끌어 왔습니다. 다만 지정학적 리스크로 변동성이 확대되는 모습도 보입니다. 유가 급등과 안전자산 선호 심리 등이 시장 변동에 큰 영향을 미치고 있습니다.

주목할 부분은 시장이 외부 충격으로 인해 일시적으로 흔들려도 결국 기업 가치와 경기 흐름에 수렴하며 회복하는 복원력을 보였다는 사실입니다. 폭락이 영원한 하락을 의미하지 않으며, 폭등도 마찬가지입니다. 물론 과거의 흐름이 반드시 미래를 보장하지는 않지만, 이러한 관점에서 코스피 등락의 흐름을 이해하면 판단을 내리는 데 도움이 될 것입니다.

☑ 실적이 탄탄한 종목을 찾는 법

기본적 분석

기본적 분석은 크게 재무제표를 분석하는 양적 분석과 재무제표에 나타나지 않는 요소를 분석하는 질적 분석으로 나눌 수 있습니다. '양적 분석'은 숫자로 확인할 수 있는 재무상태표와 손익계산서를 중심으로 분석하는 방법입니다. 반면 '질적 분석'은 경제 상황, 산업 동향, 기업이 추진하는 사업 및 경영진 등 재무제표에 나타나지 않는 요소를 평가합니다.

기본적 분석의 접근 방식에는 하향식과 상향식이 있습니다. 하향식은 먼저 경제 상황을 분석하고, 그다음으로 산업 동향, 개별 기업 분석 순으로 흘러갑니다. 상향식은 반대로 개별 기업부터 시작하여 산업과 경제 전반으로 분석 범위를 넓히는 방식입니다.

기관투자자나 외국인 투자자들은 일반적으로 하향식 방식을 사용합니다. 그림을 그릴 때 스케치를 통해 전체적인 구도와 형태를 먼저 파악한 뒤에 세부적 묘사와 색감을 더해 완성하듯, 투자도 경제 전반을 파악하고 산업, 기업 순으로 범위를 좁혀 분석하는 하향식 분석이 전체 흐름을 이해하고 세부 판단을 명확히 하는 데 도움이 됩니다.

많은 개인투자자가 '좋은 기업만 잘 고르면 수익이 날 것이다'라고 생각합니다. 하지만 현실은 그렇게 간단치 않습니다. 개별 기업이 아무리 우수해도 거시경제나 시장의 상황이 좋지 않을 때는 주가 상승이 쉽지 않거든요.

서브프라임 모기지 사태로 촉발된 글로벌 금융위기 때도 그렇습니다. 2008년 한 해 동안 S&P500은 약 40% 하락이라는 수치를 기록했고, S&P500에 포함된 500개 기업 중 480개 이상이 주가 하락을 겪었습니다.

위 사례처럼 아무리 개별 기업이 뛰어나더라도, 시장 전체를 뒤흔드는 거시적 충격 앞에서는 주가 상승이 어렵습니다. 이런 리스크를 피하기 위해 거시환경부터 점검하는 하향식 분석이 중요합니다. 거시경제의 흐름을 먼저 읽고, 유망한 산업으로 좁혀 가며, 그 안에서 경쟁력 있는 기업을 선별하는 과정이 필요합니다.

기업분석

기업분석은 재무제표 분석과 재무지표 분석으로 구분합니다. 재무제표는 크게 재무상태표와 손익계산서로 구성되며 금융감독원 전자공시시스템, 인터넷포털 금융서비스, 증권사 HTS/MTS 등에서 확인할 수 있습니다.

금융감독원 전자공시시스템Data Analysis, Retrieval and Transfer System, DART이 가장 신뢰도가 높습니다. 금융감독원 전자공시시스템에서는 사업보고서를 통해 기업의 사업 내용까지 확인할 수 있습니다.

재무제표를 살펴볼 때는 모기업과 자회사를 합산한 연결 재무제표를 보는 것이 중요합니다. 개별 재무제표는 모회사만 포함되어 있어 자회사의 재무 상황은 반영되지 않기 때문입니다. 따라서 모회사가 지배하는 자회사의 적자가 극심하더라도 개별 재무제표만으로는 이를 확인할 수 없습니다. 연결 재무제표를 보면 숨겨진 위험과 실질 성과를 모두 파악할 수 있어, 보다 정확한 투자 판단이 가능합니다.

재무상태표(구 대차대조표)는 특정 시점에서 기업의 재정 상태가 어떤지 알 수 있습니다. 재무상태표는 왼쪽에 자산, 오른쪽에 부채와 자본으로 구성되었습니다. 부채와 자본을 합하면 자산과 같아야 합니다. 구성 요소를 간략히 설명하겠습니다.

자산
- 1년 이내에 현금화할 수 있는 유동자산과 1년 이상 보유하는 비유동자산으로 구분

부채
- 기업이 갚아야 하는 빚
- 1년 안에 갚아야 하는 부채는 유동부채, 1년 이후 갚는 부채는 비유동부채로 구분

자본
- 자산 총액에서 부채 총액을 차감한 금액
- 순자산이라고도 지칭

재무상태표가 특정 시점의 기업 상태를 보여 준다면, 손익계산서는 일정 기간에 기업이 얼마를 벌고, 어디에 썼으며, 얼마나 남겼는지를 보여 주는 재무제표입니다.

모든 수치를 외울 필요는 없으며, 핵심 구조와 의미를 이해하는 것이 중요합니다. 그래도 매출액, 영업이익, 당기순이익은 중요하니 짚고 넘어가겠습니다.

매출액

- 일정 기간의 판매 총액으로, 기업의 사업 규모와 성장성을 나타냄
- 꾸준히 성장했다는 것은 기업의 제품이나 서비스가 시장에서 잘 팔리고 있다는 것을 의미함

영업이익

- 매출액에서 매출원가를 제외한 총이익에서 판매비와 관리비를 뺀 금액
- 일회성 수입과 비용을 제외하고 본업으로 벌어들인 이익을 보여 줌
- 기업의 체력과 경쟁력을 판단하는 데 유용한 지표
- 매출액이 큰 데 비해 영업이익이 낮다면 원가가 부담되거나 경쟁이 심화되었을 가능성이 있으니 유의해야 함

당기순이익

- 모든 비용, 세금, 이자 등을 제외하고 최종적으로 남는 순이익

- 여러 재무지표와 직접적으로 연결되며, 수익 가치를 중시하는 투자자에게 중요한 항목

재무제표 분석은 재무제표의 핵심 항목을 수치와 비율로 해석하는 과정입니다. 이를 통해 기업이 얼마나 안정적이고 수익성이 있는지 빠르게 확인할 수 있습니다. 여기에는 다양한 지표가 있지만, 특히 중요한 몇 가지 지표를 중심으로 살펴보겠습니다.

안정성 지표

안정성 지표에는 부채비율, 유동비율 등이 있습니다.

부채비율

'부채비율'은 자기자본에서 부채가 차지하는 비율을 의미합니다. 일반적으로 100% 이하를 안정적이라고 보며, 200% 이하를 양호한 수준으로 평가합니다. 만약 200%를 초과한다면 자기자본보다 부채가 2배 이상 많다는 뜻이므로 안정성에 적신호가 켜진 셈입니다.

유동비율

'유동비율'은 1년 이내에 현금화할 수 있는 자산으로, 단기 채무를 얼마나 감당할 수 있는지 나타내는 비율입니다. 자산으로 부채를 얼마나 커버할 수 있는지 나타내는 지표로, 최소 100% 이상이어야 안

전합니다. 기업의 매출이 양호하더라도 유동비율이 100% 미만이라면 당장 갚아야 할 빚을 감당하지 못해 단기적인 자금 압박을 받을 가능성이 있습니다. 일반적으로 3개월 치 고정비(판매비, 관리비 등) 수준의 현금성 자산을 비축해 두면 단기 리스크가 낮다고 평가합니다.

주당순자산

'주당순자산 Book value Per Share, BPS'은 자본 총계를 발행주식 수로 나눈 값으로, 한 주당 자본이 얼마인지 알 수 있습니다. 즉 기업이 청산될 경우에 주주가 한 주당 받을 수 있는 순자산가치를 의미합니다. 안정적인 투자를 선호하는 투자자에게 중요한 지표입니다.

수익성 지표

수익성 지표는 기업이 수익을 얼마나 잘 내고 있는지를 나타내는 지표입니다. 일반적으로 자본이나 매출액 대비 비율로 계산합니다. 그중 특히 중요한 지표가 자기자본이익률입니다.

자기자본이익률

- 순이익 ÷ 자기자본 × 100
- 투자한 자기자본으로 얼마나 많은 이익을 만들었는지 나타내는 지표

'자기자본이익률 Return On Equity, ROE'는 자기자본 대비 일정 기간

에 이익을 얼마나 냈는지 나타내는 비율로, 순이익을 자기자본으로 나눠서 계산합니다. 듀퐁분석으로 세분화하면 더 많은 정보를 얻을 수 있습니다. 이때의 계산식은 '매출액순이익률×총자산회전율×재무 레버리지'입니다.

매출액순이익률: 이익을 얼마나 남겼는가?

총자산회전율: 자산을 얼마나 효율적으로 활용했는가?

재무 레버리지: 부채를 활용해 자기자본 수익을 얼마나 증대했는가?

자기자본이익률은 자기자본을 얼마나 효율적으로 활용했는지 보여주는 핵심지표입니다. 워런 버핏은 이 지표가 15% 이상인 기업을 선호한다고 알려졌습니다만, 일반적으로 10% 이상이면 안정적인 수준으로 평가합니다.

주당순이익

- 당기순이익 ÷ 발행주식 수 = 한 주당 수익금
- 일반적으로 주당순이익과 기업의 수익성은 비례

'주당순이익 Earnings Per Share, EPS'은 당기순이익을 발행주식 수로 나눈 값입니다. 즉, 한 주당 얼마나 벌었는지 나타내는 대표적인 수익성 지표입니다. 일반적으로 주당순이익이 높을수록 수익성이 좋다고 평가하지만, 일회성 이익 여부 등을 함께 고려해야 합니다.

이는 밸류에이션 지표를 계산할 때도 중요한 기준이 됩니다. '밸류에이션'은 현재 주가가 기업 가치에 비해 적정한 수준인지 판단하는 도구입니다. 아무리 좋은 기업이라도 주가가 기업 가치에 비해 지나치게 높다면 위험할 수 있기 때문에 재무지표와 함께 살펴봐야 합니다.

주가수익비율

- 주가 ÷ 주당순이익 = 이익 대비 주가 수준

'주가수익비율Price Earning Ratio, PER'은 주가를 주당순이익으로 나눈 값으로, 주가가 한 주당 수익의 몇 배인지 나타내는 지표입니다. 예를 들어 주가가 1만 원이고 주당순이익이 1,000원이라면 주가수익비율은 10입니다. 이는 기업이 현재 수준의 이익을 계속 낸다고 가정할 때, 투자자가 원금을 회수하기까지 약 10년이 걸린다는 의미입니다.

일반적으로 주가수익비율이 낮으면 이익 대비 주가가 저평가된 종목, 높으면 고평가된 종목으로 보는 경향이 있습니다. 주가수익비율이 높은 경우는 현재 이익이 크지 않거나, 주가가 기업 가치에 비해 높게 형성되었을 가능성을 의미하기도 합니다.

하지만 투자 전략에 따라 해석은 달라질 수 있습니다. 주가수익비율이 높은 기업은 현재 이익은 크지 않더라도 미래 성장성이 높게 평가된 기업일 수도 있습니다. 반대로 낮은 기업은 성장성이 낮거나 보수적인 경영을 하는 기업으로 평가받았을 가능성도 있습니다.

이처럼 주가수익비율을 기업의 성장성과 함께 판단하기 위해 사용하는 지표가 '주가이익증가비율 Price Earnings to Growth Ratio, PEG'입니다. 이는 주가수익비율을 기업의 주당순이익 성장률로 나눈 값으로, 성장성을 반영한 밸류에이션 지표입니다. 일반적으로 이 지표가 1보다 낮으면 성장성에 비해 저평가되었다고 해석하기도 합니다.

주가순자산비율

- 주가 ÷ 주당순자산 = 기업가치 평가배수
- 1을 기준으로 이보다 낮으면 기업의 가치가 낮게 평가되었다고 봄

'주가순자산비율 Price to Book-value Ratio, PBR'은 주가를 주당순자산으로 나눈 값입니다. 이는 기업의 순자산가치 대비 주가가 어느 수준에서 거래되고 있는지를 나타내는 지표입니다. 일반적으로 주가순자산비율이 1 이하면 낮은 가격에 거래되고 있다는 의미이기 때문에 저평가된 상태로 해석합니다. 다만, 무형자산 비중이 큰 기업이라면 단순 비교만으로 판단하기 어려울 수 있습니다.

기본적 분석은 기업의 내재가치를 파악하는 방법입니다. 하지만

일반투자자에게는 쉽지 않은 방법 같아요. 복잡하고 시간도 많이 드는 작업이기 때문입니다. 실제로 "죽도록 분석해서 투자했는데도 수익률이 마이너스입니다."라고 하신 분들도 적지 않습니다.

기본적 분석은 회계 정보를 바탕으로 하지만, 회계 자료가 작성된 시점과 현재는 다릅니다. 또한, 회계 정보의 신뢰성에도 한계가 있습니다. 무엇보다 기본적 분석의 전제 자체가 완벽히 맞지 않을 수도 있어요. 기본적 분석은 시장이 완전히 효율적이지 않다는 전제를 둡니다. 아직 주가에 충분히 반영되지 않은 정보가 존재하며, 그 정보가 투자 기회가 될 수 있다고 봅니다.

하지만 여러분이 특정 직업군 종사자가 아니라면 분석에 사용하는 자료 대부분은 이미 공개된 정보입니다. 이미 시장 가격에 반영되었을 확률이 높습니다. 기본적 분석으로는 시장보다 높은 이익을 얻기가 쉽지 않은 이유입니다. 무엇보다 주가는 숫자만으로 설명되지 않습니다. 주가에는 투자자의 심리와 기대가 반영되니까요. 결국, 시장은 사람의 심리가 더 크게 작용하는 곳인지도 모릅니다.

☑ 투자심리를 읽는 법

기술적 분석은 과거의 주가와 거래량의 움직임을 분석해 추세, 패턴, 지표 등의 형태로 나타내고, 이를 바탕으로 미래의 주가 흐름을 예측하는 투자 방법입니다. 기술적 분석은 종목을 선정하거나 매수와 매도 시점을 결정하는 데 활용할 수 있습니다.

또한 투자심리를 파악하는 데에도 부분적으로 도움됩니다. 시장 가격에 다양한 정보가 반영된다고 가정했을 때, 차트에 나타나는 가격과 거래량의 움직임은 결국 투자자들의 심리가 반영된 결과이기 때문입니다.

이러한 기술적 분석에는 이동평균선과 같은 추세선, 반전형 패턴과 지속형 패턴 등의 패턴 분석, OBV, VR, RSI 등의 지표 분석과 엘리어트 파동, 일목균형표 등의 시장구조 이론이 있습니다.

추세분석

'추세분석'은 주가의 방향성을 읽는 기술입니다. 작은 파도는 방향을 예측하기 어렵지만, 큰 파도는 흐름을 어느 정도 가늠할 수 있습니다. 주식시장도 마찬가지입니다. 단기적인 움직임은 불규칙해 보이지만, 큰 흐름에서는 일정한 방향성이 나타납니다. 추세분석은 이러한 큰 흐름(상승, 하락, 횡보)을 파악해서 주식을 언제 사고 팔지 판단하는 데 활용합니다.

추세선을 그릴 때는 선의 길이가 길수록, 기울기가 완만할수록 신뢰도가 높습니다. 상승추세선, 하락추세선, 평행추세선을 간략히 설명하면 다음과 같이 요약할 수 있습니다.

상승추세선: 여러 저점을 연결했을 때 위로 향하는 선

하락추세선: 여러 고점을 연결했을 때 아래로 향하는 선

평행추세선: 고점끼리 연결한 선과 저점끼리 연결한 선이 서로 평행하며,
가격이 일정 범위(채널) 안에서 움직이는 경우

이러한 추세선을 통해 투자자는 시장의 방향과 매매 시점을 보다 객관적으로 파악하는 데 도움을 얻을 수 있습니다.

이동평균선

이동평균선은 일정 기간의 주가를 선으로 연결함으로써 주가의 추세를 파악하는 기술적 분석 지표입니다. 이동평균선은 각 기간에 해당하는 주가를 산술평균한 값을 차례대로 연결해서 단기 이동평균선, 중기 이동평균선, 장기 이동평균선으로 구분합니다. 각 이동평균선의 기간은 아래와 같습니다.

단기 이동평균선: 5일, 10일, 20일

중기 이동평균선: 60일

장기 이동평균선: 120일

이렇게 계산한 평균값을 차례로 연결하면 주가의 흐름을 한눈에 볼 수 있습니다. 20세기 초 미국에서는 이동평균선이 지금처럼 널리

활용되지는 않았습니다. 일부 전문가만 활용할 수 있었기 때문에 주가 흐름을 파악하고 이후의 방향성을 판단하는 데 아주 유용한 도구로 평가되었습니다.

단기 이동평균선이 중기 이동평균선 위에 있고, 중기 이동평균선이 장기 이동평균선 위에 있는 정배열 상태에서는 상승 추세가 뚜렷하게 나타나며, 확률적으로 유리한 진입 구간입니다. 다만, 이동평균선은 과거의 주가를 기반으로 계산되는 후행 지표이므로, 실제 시장 전환 시점보다 늦게 발생할 수 있다는 점을 함께 고려해야 합니다.

'골든크로스'는 단기 이동평균선이 중·장기 이동평균선을 아래에서 위로 돌파하는 순간을 의미하는 용어입니다. 이는 약세장에서 강세장으로의 전환을 나타내는 매수 신호로 해석합니다.

반대로 '데드크로스'는 단기 이동평균선이 중장기 이동평균선을 위에서 아래로 돌파하는 순간을 의미합니다. 강세장에서 약세장으로의 매도 신호로 해석합니다. 이 두 가지 현상은 이동평균선의 교차를 통해 주식시장의 추세 전환 가능성을 시각적으로 보여 주는 대표적인 기술적 분석입니다.

다우이론의 6국면

다우이론에서는 주식시장을 상승장과 하락장으로 나누고, 각 3국면씩 총 6국면으로 구분합니다. 이 국면은 주식시장 참여자의 심리 변화와 자금 흐름을 반영합니다.

상승장의 3국면

(1) 매집 국면

- 경제가 회복되지 않아 불안을 느낀 일반투자자가 매도하는 시기
- 저점이라는 사실을 눈치챈 전문투자자는 조용히 주식을 매집하기 시작함

(2) 상승 국면

- 일반투자자가 재진입하며 거래량이 늘어나고 상승 추세 본격화
- 추세선 돌파, 골든크로스 등 기술적 분석 신호가 나타나는 구간
- 투자 수익을 극대화할 수 있는 시기

(3) 과열 국면

- 주식에 관심이 없던 사람들까지 투자하는 시점
- 일상적인 대화에서 주식투자가 주제가 될 정도면 이미 고평가 구간에 들어섰을 가능성 높음
- 주가가 이미 많이 오른 상태에서 시장이 정점을 향해 달려가는 시기이며 사실상 고점

하락장의 3국면

(1) 분배 국면

- 고점 부근에서 형성되며 호재가 생겨도 주가가 오르지 않음

- 주가가 조금만 내려가도 거래량이 급증하기에 전문투자자는 매
  도하여 수익을 실현함

(2) 공포 국면
- 주가가 급락하며 거듭된 악재로 인해 일반투자자는 극도의 공
  포심에 휩쓸려 보유한 주식을 처분
- 아이러니하게도 약세장의 중간 단계이거나 마지막 단계일 가능
  성이 높음
- 주식시장은 극단적인 공포 속에서 서서히 바닥을 형성하는 모
  습을 보임

(3) 침체 국면
- 주가는 대폭 하락하고 주식 거래량도 급감하는 등 일반투자자
  가 주식시장을 떠나는 시기
- 전문투자자는 저점을 확신하고 투자해서 새로운 순환을 시작함

갭
- 추세의 흐름에 따라 돌파, 급진, 소멸 등 갭의 종류가 순환하며 변화함
- 갭으로만 판단하지 말고 주가 흐름과 거래량을 함께 분석해야 함

주식시장에서의 '갭'이란 전일 종가와 다음 날의 시가 사이에 가

격 차이가 생겨 형성되는 공백을 뜻합니다. 뉴스, 경제 지표, 세계 주식시장 동향, 환율, 원자재 가격 변동, 투자심리 변화 등 다양한 요인이 주가에 강하게 반영될 때 발생합니다. 갭의 종류로는 일반 갭, 돌파 갭, 급진 갭, 소멸 갭, 아일랜드 갭 등이 있습니다.

갭의 발생은 주식시장에 새로운 변화가 발생하거나 강한 추세 전환이 일어날 가능성을 제시하는 신호로 해석합니다. 주가가 조정을 거치며 갭 구간을 메우기도 하는데, 이때 갭이 완전히 메워지면 해당 신호의 의미가 약해질 수 있습니다.

돌파 갭

- 주요 지지선이나 저항선을 강하게 돌파할 때 발생
- 새로운 추세가 시작되는 신호로 해석

급진 갭

- 추세가 본격적으로 강화되는 구간에서 발생
- 거래량이 증가하고 시장 참여자들의 확신이 높아지면서 추세의 가속화를 나타냄

소멸 갭

- 추세 반전 직전에 발생하며 대량 거래와 함께 형성되는 경우가 많음
- 추세가 과열되어 곧 반전될 가능성을 시사하는 신호

아일랜드 갭

- 주가가 정점을 찍은 후 갭을 형성하며 상승세에서 내림세로 급격히 전환될 때 발생
- 차트상에서 마치 섬처럼 고립된 가격 구간을 형성

패턴 분석

- 반복되는 투자심리의 흔적을 시각화한 결과
- 시장의 전환점이나 추세의 지속 가능성을 파악하는 데 활용

'패턴 분석'은 차트나 데이터에서 반복적으로 나타나는 형태의 규칙성을 통해 시장의 흐름과 변화를 예측하는 투자 기법입니다. 패턴은 크게 두 가지로 나뉩니다.

먼저 '반전형 패턴'은 패턴을 통하여 전환점을 발견하고자 하는 전략입니다. 헤드앤숄더, 역헤드앤숄더, 이중천장형, 이중바닥형, 원형천장형, 원형바닥형, 확대형 등이 있는데, 그중 중요하게 봐야 하는 몇 가지를 소개하겠습니다.

헤드앤숄더

왼쪽 어깨와 오른쪽 어깨의 저점을 연결한 목선(넥라인)을 기준으로 주가가 이를 하향 돌파하면 추세 전환의 신호로 해석합니다. 왼쪽 어깨는 상승 기대감이 크고 거래량이 많습니다. 머리 구간에서는 고

점을 갱신하며 시장에 대한 시선이 매우 긍정적입니다. 오른쪽 어깨에서는 매수세가 약해지고 지나치게 올랐다는 불안감이 확산하며, 이후 목선(넥라인)보다 하향 이탈하면 시장 심리가 공포로 바뀌어 하락 추세가 본격화될 수 있습니다.

이중바닥형

바닥에서 추세가 반전하는 신호를 의미합니다. 첫 번째 바닥에서 공포로 급락하고 한때 반짝 올랐다가 다시 하락하지만, 이전 저점 근처에서 지지받습니다. 이쯤이 바닥일 수 있겠다는 기대심리로 매수세가 증가하는데, 이때 저항선을 돌파하며 추세가 반전됩니다.

다음으로 '지속형 패턴'은 일정한 패턴이 완성되고 이후 다시 기존 추세가 이어지는 형태입니다. 뾰족뾰족한 패턴이 많습니다. 삼각형, 직사각형(박스권), 깃발형, 쐐기형 등이 대표적입니다. 이러한 패턴은 추세가 잠시 움직임을 쉬었다가 재가속되는 구간을 보여 줍니다.

삼각형

매수자와 매도자의 힘겨루기가 되다가 그 간격이 점점 좁혀지며 거래량이 줄어듭니다. 어느 순간 한쪽의 힘이 폭발하며 강한 돌파가 발생하고, 기존 추세가 이어지는 경우가 많습니다.

깃발형

단기 급등이나 급락 후에 잠시 쉬어 가는 조정 구간입니다. 큰 상승 또는 큰 하락 후에 숨 고르기 국면으로 접어들고, 매도세와 매수세는 잠시 균형점을 찾습니다. 이때, 거래량은 감소하며 기존 추세가 지속될 것이라는 신호로 해석합니다.

이처럼 패턴은 단순 그림이 아니라 투자심리를 알 수 있는 중요한 단서가 됩니다. 기술적 분석은 투자자들의 감정과 매매심리를 이해하는 것이 주요 목적임을 잊어서는 안 됩니다.

지표 분석

지표 분석은 가격의 강도와 속도, 즉 시장의 움직임을 수치로 읽는 도구로 활용합니다.

상대강도지수

'상대강도지수Relative Strength Index, RSI'는 주가의 상승과 하락 속도를 비교하여 과매도 또는 과매수를 판단하는 지표입니다. 매매 시점을 결정하는 데 활용할 수 있어요. 일반적으로 70 이상이면 과매수 상태로 매도 신호이며, 30 이하이면 과매도 상태로 매수 신호로 해석합니다. 단독으로 활용하기보다는 이동평균수렴·확산지수 등 다른 지표와 함께 사용하면 시너지 효과가 증가합니다.

이동평균수렴·확산지수

'이동평균수렴·확산지수Moving Average Convergence & Divergence, MACD'
는 골든크로스의 후행성을 보완하기 위하여 만들어졌습니다. 일반적
으로 이동평균수렴·확산지수선이 시그널선을 상향 돌파하면 매수
신호고, 하향 돌파하면 매도 신호로 해석합니다. 상대강도지수와 함
께 사용하면 시장의 추세와 속도, 과열 정도를 동시에 파악할 수 있
어서 더욱 안정적인 투자를 하는 데 도움을 줍니다.

거래량

거래량은 일정 기간 동안 주식이 얼마나 활발히 거래되었는지 나
타내는 수치입니다. 주가의 움직임과 밀접하게 연관되어, 주가를 선
행하거나 함께 움직입니다. 둘의 관계를 나타내면 다음과 같아요.

| 주가와 거래량의 관계 |

주가 상승, 거래량 증가	추가 상승에 대한 기대감으로 매수세 강화
주가 상승, 거래량 감소	매수세가 약해져 상승세 둔화 가능성
주가 하락, 거래량 증가	매도세가 강하게 작용, 추가 하락 가능성
주가 하락, 거래량 감소	매도세 약화, 반등 가능성

이처럼 거래량은 단순한 숫자가 아니라 시장 참여자들의 심리와
자금 흐름을 읽는 핵심지표입니다. 따라서 주가의 움직임을 해석할

때 반드시 고려해야 합니다.

OBV

- 거래량을 통해 주가 추세의 힘과 방향을 파악할 수 있는 지표

'OBV On-Balance Volume'는 가격과 거래량을 함께 반영한 누적지표로, 거래량이 주가를 선행한다는 가정에 기반합니다. 주가가 올라가면 해당 기간의 거래량을 더하고, 주가가 내려가면 거래량을 빼서 계산합니다. OBV가 상승하면 주가 상승 추세가 강화되고, OBV가 하락하면 주가 하락 추세로 접어들 가능성이 큽니다.

VR

- 거래량을 통해 시장 참여자들의 매수·매도 심리를 확인하는 지표

'VR Volume Ratio'은 OBV의 보완지표로 활용합니다. 일정 기간의 주가 상승일 거래량과 하락일 거래량의 비율을 계산하여 투자심리의 방향성을 보여 줍니다. 바닥권 판단에서 신뢰도가 높은 편이에요. 일반적으로 150%를 기준선으로 삼고 70% 이하는 시장 침체, 단기적 매수 신호로 봅니다. 반대로 450% 이상이면 과매수권을 의미하므로 매도를 고려하는 게 좋아요.

기술적 분석은 방향을 알 수 있는 힌트가 될 수는 있지만, 확신을 주지는 못합니다. 과거의 주가 추세와 시장 참여자의 심리가 같은 형태로 반복된다는 전제 자체가 현실적이지 않기 때문입니다.

골든크로스 하나만 놓고 보더라도 어느 시점을 기준으로 삼느냐에 따라서 분석가마다 해석이 다릅니다. 기술적 분석은 절대적인 답이 아니라, 투자 성공률을 높이는 해석의 도구입니다. 투자가치를 무시하고 시장의 변동에만 집착하면 원인을 알 수 없고, 방향을 판단하기도 어렵습니다. 진정한 투자자는 미래는 알 수 없다는 것을 인정하는 사람입니다. 따라서 시장을 이기려고 하기보다 시장에 오래 남는 구조를 만드는 것이 중요합니다. 결국 중요한 것은 지표가 아니라 판단력, 나만의 기준과 원칙을 지키는 일관성입니다.

국내 자산이 불안할 때는
달러

☑ 달러 투자의 중요성

달러 투자의 특징은 크게 세 가지로 제시할 수 있습니다. 안정성, 수익성, 포트폴리오 분산입니다.

안정성

달러는 전 세계에서 통용되는 기축통화입니다. 국내 주식, 부동산이 동시에 하락하는 위기의 순간에도 수요가 꾸준한 달러는 안전자산 역할을 합니다. 원화 약세 시에는 달러 예금과 채권의 가치가 상승하여 원화 기준으로 자산가치를 보호해 주기도 하고요. 달러는 모든 상황에서 안전한 자산은 아니지만, 글로벌 위기 국면에서 상대적으로 강한 방어력을 보이는 통화입니다.

수익성

환율이 오르면 환차익을 얻을 수 있습니다. 미국 주식 같은 달러 기반 자산은 장기적으로 성장세를 보였는데요. 달러 투자는 해외주식, 채권, 원자재 등 해외투자 기회에 접근하는 시작점입니다. 달러가 있어야 미국 주식과 채권을 쉽게 매수할 수 있으니까요. 환차익은 부수적인 효과이며, 장기수익의 핵심은 달러 표시 자산의 성장성입니다.

포트폴리오 분산

통상적으로 달러 자산은 원화 자산과 상관관계가 낮습니다. 달러 자산과 금, 채권 등으로 포트폴리오를 구성하면 위기 시에 충격을 흡수하는 효과가 큽니다. 당연히 글로벌 위기 국면에서 완충장치 역할을 할 수 있겠죠.

고환율 시대에는 리스크 관리가 중요해요. 앞으로 환율이 어떻게 흘러갈지 정확히 예측하겠다는 다짐보다는 어떤 상황에서든 버틸 수 있는 구조를 만들어 두는 것이 핵심입니다. 그래서 원화에만 신경을 쏟지 말고, 달러를 보유하는 것이 좋습니다. 달러 예금이나 미국 주식처럼 안정적인 방법으로 분산투자하는 방식을 고려해 보세요.

☑ 환차익까지 따라붙는 달러 예금

달러 예금은 가장 기본적인 달러 투자입니다. 은행에서 예·적금을 달러로 예치하기만 하면 되는 간단한 방법으로 투자할 수 있습니다. 원화를 환전해서 넣어 두면 이자는 물론이고 환율이 오를 때 환차익까지 기대할 수 있어요.

기본적으로 예금이기에 원화 예금과 비교했을 때 어느 쪽의 금리가 높은지 확인하고 가입하는 게 좋겠죠. 원화 예금과 동일하게 이자 소득에 세금이 부과됩니다(여기서 발생하는 환차익은 비과세입니다). 다만 달러 예금은 보통 금리가 낮아서 이자에 대한 세금 부담은 크지 않은 편입니다. 그리고 원금과 이자를 합산하여 원화 환산 기준 1억 원까지 예금자보호법의 보호를 받을 수 있다는 것도 장점입니다. 단, 환율에 따라 원화 환산액이 달라질 수 있는 점은 유의해야겠죠.

최근에는 1달러로도 시작할 수 있는 상품이 많아요. 환전수수료도 70~90%의 우대율을 적용하기도 해서 과거에 비하면 접근성이 많이 높아졌습니다. 그래도 상품에 따라 환전수수료 외에 원화 환전 시 환율 스프레드˙가 발생할 수 있습니다.

달러 예금은 겉으로 보기에는 큰 단점이 없어 보이지만, 한 번에 많은 금액을 넣으면 변동성으로 인해 손실 위험이 커집니다. 최근에

• 은행 및 환전소에서 고지하는 매매기준율과 실제로 적용하는 환율의 차이

는 하루에도 환율이 크게 오르내리는 일이 잦으므로 매수 시점을 잘못 선택하면 손해를 볼 수 있습니다. 이 때문에 분할매수를 택하는 편이 안전합니다.

한 가지 팁을 말씀드리자면 매달 같은 날짜에 월급의 5%를 달러로 바꾸는 방법이 있습니다. 예를 들어, 1,350원 아래로 내려가면 매수 금액을 늘리고 1,450원 선에 근접하면 매수보다 보유 또는 차익실현 비중을 늘리는 거예요. 본인만의 기준을 만들어 두면 좋습니다.

☑ 두 가지 상승 국면에 오르는 투자법

달러 예금이 가장 기본적인 투자법이지만, 미국 주식이나 달러 표시 채권처럼 달러로 거래되는 자산에 투자하는 방법도 있습니다.

미국 주식은 원화 주문 서비스로 환전 없이 거래할 수도 있고, 달러로 환전해서 직접 매수할 수도 있습니다. 매도 후에는 달러로 입금되고요. 주가 상승과 환율 상승의 효과를 동시에 누릴 수 있습니다. 반대로 주가가 올라도 환율이 하락하면 환차손이 발생합니다. 모든 투자에는 양면성이 있는 법이니까요.

단, 미국 주식은 주가 상승으로 인한 매매차익에 세금을 부과한다는 점을 유의하셔야 합니다. 미국 주식의 배당금에는 미국 정부에서 15%의 세금을 원천징수합니다.

어느 투자든 포트폴리오 분산이 중요하듯, 환율 변동성이 큰 달러 자산도 몰아서 매수하는 건 위험합니다. 전체 금융자산의 10~20% 이내로 매수하고, 환율 부담을 줄이기 위해 여러 번에 걸쳐서 매수하는 것이 리스크 관리에 도움이 됩니다.

또한 이미 달러 자산을 보유하고 있다면, 환율이 올랐다고 해서 반드시 원화로 바꿔야 하는 것은 아닙니다. 달러 자산을 그대로 유지하며 장기적 관점에서 관리할 수 있으며, 주식이나 채권 등 달러 투자 기회를 계속 활용할 수 있습니다.

미국 채권 역시 이자에 환차익까지 기대할 수 있습니다. 미국 국채는 가장 안전한 자산 중 하나입니다. 만기까지 유지하면 가격 변동에 따른 손실 위험을 줄일 수 있습니다. 중간에 채권 매매로 인한 차익이 발생하더라도 채권의 매매차익은 주식과 다르게 비과세입니다. 다만, 이자소득에는 세금이 부과되며 채권 ETF 등 간접투자 상품은 과세 방식이 다르니 상황에 맞춰 잘 알아봐야 합니다.

안정적인 투자를 원한다면 장기적 관점에서 보유하는 미국 국채도 생각해 볼 수 있습니다. 은행이나 증권사에서 달러로 미국 국채를 사면 되는 간단한 방식으로 투자할 수 있습니다.

화폐 가치가 하락할 때는
금

☑ 금은 이럴 때 오른다

"지금이 금의 고점인 것 같아요! 팔까요?"

최근 몇 년 사이에 유독 증가한 질문입니다. 금은 '오르냐? 내리냐?'의 관점으로 접근하기보다 장기적 관점에서 안전자산의 형태로 가져가는 자산입니다. 포트폴리오를 다각화하는 데 유용해요.

여담으로 그때는 금리 인하 이슈와 더불어 지정학적 리스크가 지속되고 있어서 더더욱 금을 보유해야 하는 시기이기도 했습니다. 금은 이자나 배당금을 지급하지 않는 자산이므로 금리가 낮아질수록 금의 가치가 커지니까요.

이후로 글로벌 금융시장에서 금값은 큰 폭으로 상승했습니다. 금은 지속적인 강세를 보이며 안전자산으로서의 존재감을 또다시 자랑했죠. 지정학적 리스크, 금리 변동성, 중앙은행 수요 확대 등이 복합적으로 작용한 결과로 보입니다.

그럼 금값은 왜 이렇게 오를까요? 극단적인 예시로 우리나라가 전쟁 중이라고 가정합시다. 대한민국에서만 쓸 수 있는 원화보다 전 세계 어디에서나 쓸 수 있는 금을 가지고 있는 게 훨씬 유용하겠죠. 금이 위기 시의 안전자산으로 주목받는 이유입니다. 그리고 금은 증권과 상관계수가 낮습니다. 금은 대체적으로 상승 추세를 보였으니, 불안하다면 금에 투자하는 것도 좋은 방법이에요.

지정학적 리스크가 클 때 안전자산을 선호하는 심리가 커지면서 금값이 오르는 경우가 흔하지만, 금값에 영향을 미치는 요인은 다양합니다. 금은 이자도, 배당도 없습니다. 그래서 실질금리(명목금리-인플레이션율)가 낮아질수록 금을 보유할 때 생기는 기회비용이 줄어들어 투자의 메리트가 커집니다. 달러가 약세일 때도 금값이 오를 수 있습니다. 금은 달러로 표시되기 때문에 달러가 약세라면 비달러권 투자자는 금값이 저렴해졌다고 느끼기도 합니다.

역사적으로 금은 인플레이션 국면에서 상대적으로 강세를 보인 사례가 많습니다. 물가 상승으로 화폐 가치가 하락할 때, 투자자들이 재산을 보호하기 위해 변동성이 낮고 장기적으로 가치가 유지되는 자산으로서 금을 선호했기 때문입니다. 금은 중앙은행 보유, 국제 결제, 산업 수요 등 여러 가지 요인으로 일정한 가치를 유지해 왔기 때문에 '안전자산'으로 평가됩니다.

단, 금에 변동성이 없는 것은 아닙니다. 단기적으로 급등하거나 급락할 수 있으며, 금값이 오르는 속도가 너무 빠르면 조정될 가능성도 있습니다. 그래서 금은 자산의 5~10% 정도의 비율로 제한하고 장기적 관점에서 분산투자용으로 접근하는 것을 추천합니다.

☑ 실물로 보유하면 이득일까?

실물로 금 투자를 하는 방법으로 널리 알려진 것은 골드바, 즉 금괴입니다. 내 손에 만져지는 실물로 거래하기 때문에 일단 심리적 안정감이 큽니다. 설령 은행이나 증권사가 도산하더라도 내 손에 골드바가 있으니 아무런 불이익이 없습니다. 그리고 시세차익을 얻어도 비과세라는 점이 매력적이에요.

하지만 골드바는 매입 시 부가가치세 10%와 세공비 3~5%가 추가로 발생하므로 사는 순간 그만큼 손해를 본 기분입니다. 그뿐일까요? 제일 큰 문제는 '보관'입니다. 집에 금괴를 놓고 다니는 건 상당히 불안하죠. 도난당하기 딱 좋은 실물자산이니까요.

"나중에 자녀에게 그대로 물려주면 증여세를 절세하는 효과가 있지 않을까요?"

이렇게 질문하시는 분도 꽤 많습니다. 금 자체를 증여하는 것은 증여 신고를 하지 않아도 가능하지만, 자녀가 이를 처분해 고가의 부동산을 구입하면 자금출처조사가 요구될 수 있습니다. 최근에는 증여세 관련으로 자금 흐름을 엄격하게 확인하는 경우가 많아 이런 방식이 항상 통한다고 보기는 어렵습니다.

☑ 골드뱅킹으로 투자하기

증권사 앱에서 금현물 계좌를 개설하면 KRX금시장을 통해 사고 팔 수 있습니다. 골드바는 최소 100g 단위로 거래할 수 있지만, 금현물 계좌는 1g 단위로도 거래할 수 있습니다. 매매차익에 대해서 세금이 없으며, 금융소득종합과세 대상에서도 제외됩니다.

소액투자자라면 은행의 골드뱅킹을 활용해 보는 것도 좋습니다. 1g보다 적은 0.01g 단위로 사고팔 수 있어서 적립형 투자로 활용할 수도 있습니다. 시세차익에 대해서는 배당소득세 15.4%가 부과되므로 앞에서 언급한 상품과 혼동하면 안 됩니다. 그리고 은행마다 세부적인 사항은 다르지만 1% 안팎의 거래수수료가 부과됩니다.

증권사 금현물 계좌와 은행 골드뱅킹 모두 소유자가 원할 때 실물로 찾을 수 있습니다. 단, 실물로 찾으면 부가가치세 10%를 부담해야 합니다. 여기서 많이 나오는 질문이 하나 있어요.

"실물로 찾지 않고 어떻게 팔아요?"

우리가 주식을 사고팔 때 무형의 주식을 손에 쥔 적이 없지만 자유롭게 매매하는 것과 마찬가지입니다. 투자 목적으로 구입한 거라 반드시 실물로 찾을 필요가 없다면 계좌 안에서 사고팔면 됩니다.

금을 캐는 회사의 주식, 즉 금광회사에 투자하는 방법도 있습니다. 한국 증권사의 해외주식 계좌에서 미국 증시에 상장된 대표 금광회사를 사는 것입니다. 세계 1위 금 생산 기업인 뉴몬트, 한때 워런 버핏이 투자했던 배릭골드, 캐나다의 애그니코 이글 마인즈 등이 있습니다. 반드시 비례하는 것은 아니지만, 금값이 오르면 금광회사의 수익성과 주가가 함께 오르는 경향이 있습니다.

주식이기 때문에 다른 금 투자 방법과 달리 배당금도 받을 수 있습니다. 단, 주식이므로 주식시장의 변동성에 노출됩니다. 그리고 해외주식이라는 특성상 환율의 영향도 받는다는 점을 유의하세요.

관리가 부담스러울 때는
ETF

☑ 간접적으로, 분산해서 투자하라

대부분의 개인투자자는 정보가 늦고, 감정에 흔들리며, 매매가 잦은 편입니다. 이런 환경에서 개별 종목으로 수익을 얻는 것은 실력보다는 운에 가깝습니다. 이때, ETF를 활용하는 것이 투자 실패 확률을 낮춰 주는 좋은 전략이 됩니다.

분산투자는 개인이 직접 실행하기에는 현실적으로 쉽지 않습니다. 여러 종목을 사서 비중을 관리해야 하는데, 시간이 지나면 그 비중이 달라지는 경우가 많습니다. ETF는 바로 이 과정을 정해진 규칙과 구조 안에서 자동으로 수행합니다. ETF에 투자하는 건 자산 배분과 운용 원칙이 담긴 구조 자체에 투자하는 전략이라고 볼 수 있습니다. 다시 말해, 개인투자자가 현실에서 자산배분이라는 이론을 실행할 수 있도록 만들어 주는 간접투자 수단입니다.

S&P500 ETF만 보더라도 개인이 500개 종목을 모두 분석하고 관리하는 것은 현실적으로 어렵습니다. 개별 종목 투자는 해당 기업의 실적 부진이나 이슈만으로도 투자 성과가 크게 흔들리는 반면, S&P500 ETF와 같은 지수형 ETF는 기업 하나의 실패가 전체 수익률에 미치는 영향이 제한적입니다.

ETF 이전에는 펀드가 있었죠. 펀드는 고객의 자산으로 주식, 채권, 파생상품 등을 대신 굴려 주는 상품입니다. 은행이나 증권사는 판매 주체일 뿐, 실제 운용은 자산운용사에서 합니다. 투자를 위임받았으니 당연히 수수료가 존재하고요.

펀드는 선취형(A)과 후취형(C)으로 구분할 수 있습니다. 선취형(A)은 선취 판매수수료가 있는 대신에 연간 보수가 낮습니다. 후취형(C)은 선취 판매수수료가 없거나 후취 구조로 연간 보수가 다소 높은 경향이 있습니다. 펀드 가입 시에는 선취, 후취 여부뿐 아니라 운용보수, 판매보수, 기타비용을 고려한 총비용을 함께 확인하는 것이 실수익을 체크하는 데 유용합니다.

펀드의 종류는 크게 패시브 펀드와 액티브 펀드로 나눌 수 있습니다. '패시브 펀드'는 지수를 추종하는 형태로, 인덱스펀드가 대표적입니다. 지수를 추종하기 때문에 비용이 상대적으로 저렴합니다. '액티브 펀드'는 펀드매니저가 종목을 선택하고 시장의 평균수익률 이상으로 수익을 얻는 전략을 사용하는 펀드입니다. 전문가의 수고가 들어가는 만큼 수수료가 높습니다.

펀드는 실시간 거래가 불가능하며, 구성 종목과 배당금 정보도 즉각적으로 확인하기 어렵습니다. 내 돈을 들여서 투자하는데도 얻을 수 있는 정보가 불투명하다는 느낌이 강하죠. 이런 불편함을 개선한 것이 바로 ETF입니다.

상장지수펀드Exchange Traded Fund, ETF라고도 표현되는 ETF는 인덱스펀드 등을 거래소에 상장시켜서 주식처럼 실시간 거래를 가능하게 만든 펀드입니다. 주요 특징은 아래와 같습니다.

현금화: 국내 ETF 기준으로 T+2일

구성 종목: ETF 제공사에서 매일 공시

배당금 확인: 간편함

운용 비용: 인덱스 추종 ETF는 매우 낮은 편

구매 방법: HTS, MTS

투명성: 구성 종목과 순자산가치 매일 확인 가능

단, ETF는 괴리율에 관한 부분이 발생할 수 있는 점이 아쉽습니다. '괴리율'이란 추종하는 지수의 순자산가치와 ETF 시장가의 차이를 말합니다. 괴리율이 낮을수록 ETF에 담긴 주식의 가치가 잘 반영

된 것으로 보고, 괴리율이 마이너스라면 ETF가 기초자산 대비 저평가되었다는 의미입니다. 괴리율이 과도하게 커지면 주의가 필요합니다.

국내 ETF 시장에는 이미 1,000개가 넘는 상품이 상장되었습니다. ETF 시장이 빠르게 확대되면서, 이제는 단순한 지수 추종을 넘어 다양한 목적과 전략을 가진 상품들이 등장하고 있습니다.

☑ 투자 목적과 기간에 따른 ETF 선택

투자 목적과 기간을 기준으로 ETF를 단기 안전형, 중장기 성장형, 소득형, 대체자산형으로 나눠서 자세히 알아보겠습니다.

단기 안정형

단기 안정형에는 파킹형 ETF, 만기매칭형 ETF 등이 있습니다.

파킹형 ETF

- 파킹형 통장과 유사하게 여유자금을 단기간 보관하는 구조
- TIGER 머니마켓액티브, KODEX 머니마켓액티브, KODEX CD금리액티브(합성) 등

"한 3개월 정도만 보유할 수 있는 돈이 생겼는데, 이것도 ETF 투

| ETF의 종류 |

패시브 ETF	기초지수를 추종하는 ETF
테마형 ETF	특정 산업, 테마, 트렌드에 집중적으로 투자하는 ETF
파킹형 ETF	단기 자금운용 목적의 안전자산으로 구성된 ETF
전략형 ETF	배당, 레버리지, 인버스 등 특정 전략을 추구하는 ETF
액티브 ETF	펀드매니저가 평균수익률 초과를 목표로 하는 ETF

자에서 활용할 수 있을까요?"

이런 분들에게 추천해 드리는 것이 파킹형 ETF입니다. 파킹형 ETF는 단기자금을 안전하게 운용하고자 하는 투자자를 위해 설계되었습니다. 주로 채권, 단기 국공채, 우량 회사채, MMF 등 안정성이 높은 자산에 투자합니다.

'파킹'이라는 표현처럼 여유자금을 잠시 주차해 두는 용도입니다. 안정성을 추구하기 때문에 원금 손실 확률이 낮고, 유동성 확보에 초점을 맞춥니다. 변동성이 높지 않은 것도 특징입니다. 한마디로 단기자금을 안전하게 보관하면서도 현금성 자산보다 높은 금리의 수익을 얻는 방안이에요. 채권처럼 안정성이 높은 자산에 투자하므로 포트폴리오 내에서 안전자산 역할을 합니다. ETF의 장점인 투명성과 유동성도 장점이고요.

단, 안전하다고 해서 예금자보호법이 적용되는 것은 아닙니다. ETF의 특성상 예금처럼 바로 찾을 수 있는 것이 아니라 매도 후 현금화까지 T+2의 영업일이 소요되기도 합니다. 매매 시 거래 수수료가 있고, 배당소득세 등의 비용도 발생합니다.

만기매칭형 ETF

- TIGER ○○년도-○월 회사채(A+이상) 액티브 ETF* 등

"저는 위험한 투자는 됐습니다. 그래도 예금 이자보다는 좀 더 높은 수익을 얻을 수 있는 ETF를 찾고 싶어요."

이런 말씀을 하는 분들에게 추천하는 ETF입니다. 만기매칭형 ETF는 위험한 투자를 피하고 예금보다 조금 더 높은 수익을 원하는 투자자에게 적합한 상품입니다. 투자자의 현금흐름에 맞춰 만기가 정해진 채권으로 구성되며, 주로 우량 회사채입니다.

만기매칭형 ETF는 만기를 맞춰서 투자하는 것이 목적입니다. 만기까지 보유하면 만기수익률 수준의 수익을 기대할 수 있으며, 금리 변동이 있는 불확실한 시장에서도 안정적으로 운용할 수 있습니다.

채권으로 구성되기 때문에 매도했을 때 손실이 발생할 가능성도, 이익이 발생할 가능성도 있습니다. 그래도 만기까지 보유하는 형태로 진행하면 변동성을 낮출 수 있어요. 채권의 만기에 따라 단기로도, 중장기로도 운용할 수 있습니다. 우량 회사채로 구성되면 안정성

- ○○년도 ○월에 만기되는 A+ 이상의 채권 분산투자 ETF

도 챙길 수 있겠죠.

여기서 주의할 점을 한 가지 말씀드리겠습니다. 투자 전에 만기수익률을 반드시 확인하세요. '만기수익률 Yield To Maturity, YTM'은 해당 ETF를 만기까지 보유할 경우에 얻는 수익률을 세전 기준으로 보여주는 지표입니다. 따라서 만기 보유 시 기대수익 수준을 판단하는 지표로 활용할 수 있습니다.

다만, ETF에는 운용보수 및 세금이 발생하므로 일반계좌로 투자하면 매매차익과 분배금에 과세합니다. 운용보수와 세금을 떼고 나면 실제 수익률은 만기수익률보다 낮아질 수 있으며, 계좌 유형과 개인의 세율에 따라서도 차이가 발생할 수 있습니다.

중장기 성장형 ETF

중장기 성장형 ETF는 크게 지수 추종 ETF와 테마형 ETF로 나눌 수 있습니다.

지수 추종 ETF

특정 지수를 추종하는 ETF입니다. 예를 들어 KODEX 200은 코스피200을 추종하며, 대한민국을 대표하는 200개 기업의 시가총액을 기준으로 구성된 ETF입니다. 구성을 자세히 살펴보면 다양한 회사가 있습니다.

다우지수는 미국 대표기업 30개가 포함된 전통지수로서 상징성이 높으나, 활용성은 낮은 편입니다. 개인투자자가 주로 참고하는 지수는 S&P500, 나스닥100입니다.

한국: 한국거래소(KRX), 유가증권(코스피), 코스닥 시장
　　　→ 코스피 지수, 코스닥 지수
미국: 뉴욕증권거래소(NYSE), 나스닥
　　　→ 다우지수, S&P500, 나스닥100

(1) S&P500

- 미국 상장기업 중 시가총액 등을 기준으로 규모가 큰 500개 기업을 선정하여 구성
- 엔비디아, 애플, 마이크로소프트, 아마존, 알파벳, 브로드컴, 메타, 테슬라가 속한 지수

　미국 증권거래소에 상장된 기업 중 미국에 본사를 둔 회사여야 편입 조건을 만족할 수 있습니다. 다시 말해, 미국 증권거래법상 정기보고 의무를 충족해야 한다는 뜻이죠.

　시가총액 158억 달러 이상, 6개월마다 평균 거래량 25만 주 이상, 4개 분기 합계 순이익이 플러스인 기업 등이 대상입니다(참고용 기준). S&P500에 투자하는 것만으로 미국 기업의 약 80%에 투자하는 효과가 있어요.

(2) 나스닥100

나스닥100은 시가총액 기준 상위 100개 기업으로 구성되며, 이때 금융기업은 제외하고 비금융기업 중에서 전체 시장가치의 0.1% 이상을 차지하는 기업들을 포함합니다. 나스닥 시장은 기술 및 인터넷 기반 기업의 비중이 높기 때문에 S&P500에 비해 전반적으로 변동성이 더 큰 특징을 보입니다. 또한 나스닥100과 S&P500은 구성 종목 중 약 80% 정도가 겹치는 것으로 알려져 있습니다.

테마형 ETF

- 구조에 따라 수익이 크게 달라지므로 종합적인 분석을 통해 선택

- 특정 산업이나 트렌드에 집중하기 때문에 시장 환경 변화에 따른 변동성 관리가 중요

"저는 미래 산업에 투자하고 싶어서 관련 주식을 샀어요. 그런데 다른 회사는 잘나가는 상황에서도 제가 산 종목은 오히려 마이너스입니다."

종종 이런 고민을 듣습니다. 시장 상황이 좋다고 해서 모든 회사의 실적이 좋지는 않습니다. 같은 산업 안에서도 기업별 성과의 차이가 크죠. 이런 이유로 개별 종목 대신에 특정 산업이나 성장 테마 전체에 투자하는 방법으로 테마형 ETF를 활용하기도 합니다.

AI, 로봇, 휴머노이드, 우주처럼 미래 유망 산업에 투자하되, 여러

기업에 분산투자할 수 있다는 점이 테마형 ETF의 장점입니다. 그러나 특정 산업에 집중된 구조라서 변동성이 크고 투자 시점과 비중 관리가 중요하다는 점은 함께 고려해야 합니다. 특정 종목이나 소수 종목에 집중할수록 해당 자산의 변동성이 커질 때, 감내해야 할 손실 폭도 함께 커집니다. 또한 같은 테마를 추종하더라도 편입 종목의 성격과 국가 구성, 비중 설계에 따라 ETF의 성과가 크게 달라집니다.

또 하나 살펴볼 부분은 운용 규모입니다. 특히 초기 단계의 산업을 다루는 테마형 ETF일수록 순자산 규모가 크고 거래가 활발한 상품이 상대적으로 안정적입니다. 이는 많은 투자자가 참여해 유동성이 확보되어 있고, 운용 중단 위험이 낮기 때문입니다. 어렵게 느껴진다면 해당 분야에서 운용 규모가 가장 큰 ETF부터 살펴보는 것도 하나의 방법이 될 수 있습니다.

그리고 이 부분은 거듭 강조드리고 싶습니다. 단일 종목이나 소수 종목에 집중된 상품은 일시적인 유행에 따라 잠깐 주목을 받았다가, 시장 환경이 바뀌면 높은 변동성으로 이어질 가능성도 있습니다. 개인투자자로서는 이러한 변동성을 지속해서 관리하는 것이 현실적으로 쉽지 않기 때문에 결과적으로 큰 손실을 볼 위험이 존재하므로 테마형 ETF는 신중히 선택하는 것이 좋습니다.

소득형 ETF

닭이 달걀을 낳듯, 돈이 돈을 낳으면 얼마나 좋을까요? 바로 소득형 ETF가 그런 상품입니다. ETF나 펀드에서 발생한 수익을 나눠주는 것은 '분배금'이라고 말하는데요. 이를 닭이 낳은 달걀이라고 표현할 수 있습니다. ETF에서 지급되는 분배금은 운용 과정에서 발생한 이익, 이자, 프리미엄 등으로 구성되며, 때에 따라서는 일부 원금도 포함됩니다.

아마 여러분에게는 분배금이라는 용어가 낯설게 느껴질 거예요. 매달 분배금을 지급하는 ETF를 월배당 ETF라고 부르는데, 이건 지나가다 한 번쯤 들어보셨죠? 이 '월배당 ETF'는 배당주, 채권, 옵션 전략 등을 활용하여 현금흐름을 만드는 ETF입니다.

월급 이외의 제2의 파이프라인을 준비하는 30대에게 특히 유용한 상품입니다. 돈을 굴려서 키우는 상품이라기보다는 돈이 막힘없이 잘 흐르게 하는 도구에 가깝습니다.

다만, 매달 똑같은 금액이 들어오는 건 아닙니다. 주식에서 투자 결과에 따라 배당금이 있거나 없는 것처럼 월배당 ETF의 분배금도 투자 결과에 따라 지급액이 변동될 수 있습니다. 더구나 이익금을 초과하여 분배금을 나눠주면 원금이 줄어드는 상황도 발생해요. 그래서 배당금은 많이 주나, 총수익률은 낮을 수도 있기 때문에 배당률보다 총수익률 관점으로 보는 것이 중요합니다.

월배당 ETF에 주로 쓰는 전략으로는 배당형, 채권형, 커버드콜, 리츠가 있습니다. 어떤 유형의 월배당 ETF를 선택할 것인지는 시장 상황과 투자자의 성향에 따라 달라집니다.

배당형 ETF

배당형 ETF는 배당률이 높은 고배당 주식이나 꾸준히 배당을 늘리는 주식에 투자하는 전략입니다. 종류로는 SPYD, SCHD, VIG, VYM, TIGER 미국배당다우존스, PLUS 고배당주 등이 있습니다.

(1) SPYD

S&P500 구성 종목 중 배당수익률이 높은 상위 80개 기업으로 구성된 지수를 추종하며, 해당 지수를 구성하는 종목에 자산의 80% 이상을 투자합니다.

(2) SCHD

리츠를 제외하고 꾸준한 배당 기록과 우수한 재무지표를 보유한 미국 고배당 기업의 주가 성과를 추종합니다.

(3) VIG

최근 10년 이상 배당을 지속적으로 인상해 온 미국 기업에 투자하며, 다양한 섹터에 분산투자합니다.

(4) VYM

FTSE 고배당 수익률 지수 성과를 추종하며, 리츠를 제외하고 배당금이 평균 이상일 것으로 예상되는 기업에 투자합니다.

(5) TIGER 미국배당다우존스

미국 상장 기업 100개로 구성된 'Dow Jones U.S dividend 100 지수'를 기초지수로 추종합니다.

(6) PLUS 고배당주

주식회사 에프앤가이드가 산출하여 공표하는 에프앤가이드 배당주 지수로, 예상 배당수익률이 높은 상위 30개 종목을 중심으로 투자합니다.

채권형 ETF

국내외 국채, 회사채에 투자했을 때 발생한 이자로 분배금을 나눠주는 것을 채권이라고 하죠. 채권형 ETF는 그 이자로 분배금을 나눠줍니다. 경기침체에 직면한 상황이라면 채권형 ETF로 안정적인 이자를 확보하는 것도 좋은 방법입니다.

(1) SHY

1~3년 단기의 미국 국채 ETF입니다. 금리 변동에 상대적으로 안정적이며, 현금 대용으로 활용할 수 있습니다.

(2) IEF

7~10년 중기의 미국 국채 ETF입니다. 장기적인 금리 변화에 따

른 수익을 기대하면서 포트폴리오 안정화에 기여합니다.

(3) TLT

20년 이상의 장기 국채 ETF입니다. 금리가 내려가면 가격이 오를 수 있어, 시간이 지날수록 수익을 기대할 수 있는 투자 수단으로 포트폴리오에 넣을 수 있습니다.

(4) KODEX 단기채권PLUS

1년 미만의 초단기 채권에 투자하는 ETF입니다. 금리 변동에 따른 가격 변동이 적고 현금 대체 자산으로 활용할 수 있습니다.

(5) KODEX 국고채3년

3년 만기 국고채에 투자하는 ETF로, 단기채권보다 약간 높은 수익을 기대하면서도 장기채권에 비해 안정적인 흐름을 가졌습니다.

커버드콜 ETF

'커버드콜 ETF'는 주식을 보유한 상태에서 콜옵션을 매도하여 옵션 프리미엄을 확보하는 방식입니다. 개인투자자는 복잡한 파생상품 전략을 구사하기 어렵지만 커버드콜은 운용사가 그 구조를 대신 만들어 줘서 일반투자자도 다양한 전략을 쓸 수 있습니다.

프리미엄을 확보하는 대신에 주가 상승에 따른 수익을 일부 포기해야 할 수 있습니다. 그래서 주가가 박스권에 갇혀서 횡보하고 있을 때도 안정적인 수익을 받을 수 있다는 것이 장점이지만, 주가 상승에 따른 수익을 내기는 어렵습니다. 콜옵션 매도 프리미엄이 오히려 상승을 막는 것처럼 느껴질 수도 있습니다. 다만, 콜옵션 매도의 비중을 조절해서 상승장에도 참여할 수 있는 2세대 커버드콜도 출시되는 추세입니다.

(1) KODEX 200타겟위클리커버드콜

코스피200을 기초지수로 삼으며, 매주 콜옵션 매도를 통해 얻은 프리미엄을 분배금으로 제공합니다.

(2) KODEX 미국배당커버드콜액티브

S&P500을 기초지수로 삼으며, 커버드콜 전략을 활용하여 지수 대비 초과 성과를 목표로 운용합니다.

(3) TIGER 미국나스닥100타겟데일러커버드콜

나스닥100을 기초자산으로 하며, 매일 만기 ATM 콜옵션을 매도하는 데일리 커버드콜 전략을 적용합니다.

리츠 ETF

투자자들의 돈으로 부동산이나 부동산 관련 증권에 투자·운용하여 그 수익을 배당 형태로 돌려주는 부동산투자회사를 리츠라고 했던 걸 기억하실까요? 리츠 ETF는 소액으로도 부동산에 투자할 수 있고, 수익의 대부분을 배당해야 합니다.

부동산의 종류가 오피스텔일 수도 있고, 호텔일 수도 있고, 백화점일 수도 있으므로 어떤 시설을 담느냐에 따라 성과가 달라집니다. 또한 부동산 시장 환경에 따라서도 성과가 달라지기 때문에 꼼꼼하게 점검하는 자세가 필요합니다.

미국 리츠 및 부동산 관련 기업에 투자하는 VNQ, 다우존스미국 리츠 지수를 추종하는 SCHH, 에프앤가이드 부동산인프라고배당 지수를 추종하는 TIGER 리츠부동산인프라, 국내 리츠 및 사회기반시설투융자회사 종목에 60% 이상 투자하는 KODEX 한국부동산리츠인프라 등이 있습니다.

대체자산형 ETF

'대체자산형 ETF'는 주식과 채권 같은 전통증권 외의 자산에 투자하는 것을 말합니다. 대표적으로 금, 달러가 있습니다.

금 ETF

- 국내 금현물 ETF, 해외 금선물 ETF, 금·은·주식·채권 등을 혼합한 ETF
- 금광주 ETF는 변수가 많은 만큼 리스크가 크기 때문에 변동성에 주의

금 ETF는 간편하게 금에 투자하는 방법입니다. 1주씩 살 수 있으며, 일반적인 금 투자와 마찬가지로 인플레이션 위험에 대비하는 안전자산의 성격을 갖습니다. 시세차익에 배당소득세가 붙는다는 불편함은 있지만, 절세계좌를 활용할 수 있습니다.

여러 상품에 투자하고 싶다면 실물 금 ETF뿐만 아니라, 금광주 ETF 투자도 생각해 볼 수 있습니다. 금광기업의 생산비용은 고정되어 있어서 금값 변동에 민감합니다. 금광주 ETF도 주식시장과 금값이 동시에 상승할 때 특히 민감하게 반응해요.

또한 원자재 가격, 거시경제, 기업의 경영 리스크 등 다양한 변수에 직접적으로 영향받으므로 리스크가 큽니다. 따라서 금광주 ETF는 변동성이 더 클 수 있습니다.

달러 ETF

- 환전하지 않고도 달러에 투자할 수 있는 간편한 수단
- 소액으로도 매수·매도 용이

달러 투자도 ETF로 간편하게 할 수 있습니다. 증권시장에 상장된 달러 선물 ETF는 원·달러 환율 움직임을 지수화해서 추종하는 구조입니다. 증권계좌만 있으면 환전하지 않고도 달러 자산에 투자할 수 있습니다. 미국 국채나 달러 표시 회사채에 투자하는 글로벌 채권 ETF도 있습니다.

부동산 ETF

- 소액으로 부동산 투자가 가능하다는 장점과 유동성이 크다는 단점을 종합적으로 고려해야 함
- 리츠 기반은 원금 손실 리스크가 존재하나, 포트폴리오 분산 효과 있음

'부동산 ETF'는 부동산 관련 자산에 투자하는 ETF로, 기초자산은 직접 투자한 부동산, 리츠, 또는 부동산 관련 주식이나 채권입니다. 국내 ETF에서는 대표적으로 리츠 ETF가 있으며, 상품 구성과 운용 전략은 시장 상황과 운용사에 따라 달라집니다.

ETF를 통해 소액으로 부동산에 분산투자를 할 수 있다는 것이 장점입니다. 부동산 직접투자 대비 유동성도 높습니다. 그러나 부동산을 담았기에 부동산 경기, 금리, 임대료나 공실률 등의 부동산 시장 환경에 민감할 수 있고 배당금도 시기별로 변동이 있습니다. 리츠 기반 ETF는 원금 손실 가능성도 주의하세요.

안정성 중심의 포트폴리오를 구성하고 싶다면, 우량 리츠 위주로 구성된 ETF를 선택하거나 부동산 ETF의 비중을 5~10% 정도로 적절히 제한하는 방법이 있습니다. 이 방법은 원금 손실 리스크를 일정 부분 관리하면서도 부동산 투자 효과를 누릴 수 있습니다. 자신의 투자 성향에 따라 현금흐름 안정성 중심으로 할지, 성장성 중심으로 할지 선택해야 합니다. 모든 투자는 각각 장단점이 있으니 항상 자신의 투자 성향을 염두에 둬야 한다는 사실을 잊지 마세요.

☑ 국내와 해외 중 어디가 절세에 유리할까?

"해외 상장 ETF로 투자하는 게 절세 면에서 좋다던데요."

ETF 강의를 할 때, 이런 얘기를 듣기도 합니다. 실제로는 투자금과 계좌 유형에 따라 다르니 자세히 알아볼 필요가 있어요.

국내 상장 해외 ETF

- TIGER 미국S&P500, KODEX 미국S&P500, ACE 미국S&P500, TIGER 미국나스닥 100 등

매매차익과 분배금에 각 15.4%씩 과세합니다. 매달 적립식으로 ISA 및 연금계좌 활용 시 절세 효과가 있습니다. 금융소득종합과세도 잊으면 안 됩니다. 배당금, 이자, 분배금의 합계가 연 2,000만 원을 초과하면 6~45% 세율이 적용되니까요.

해외 상장 ETF

- S&P500, SPY, VOO, IVV, QQQ 시리즈(구조와 운용사에 따라 차이 있음) 등
- 매매차익은 분리과세 대상이므로 종합과세 미적용

운용보수가 낮고 분리과세를 적용할 수 있다는 장점이 있습니다.

분배금은 원천징수 15%이며 매매차익은 250만 원까지는 기본공제가 적용되지만, 초과분에 대해서는 22%의 양도소득세가 적용됩니다. 연간 매매차익(근사치) 기준으로 어느 쪽이 유리한지 간단히 비교하면 아래의 표와 같습니다.

| 매매차익 구간별 세금 비교 |

(단위: 원)

0~250만	해외 상장 ETF가 유리(기본공제 적용, 비과세)
250만~약 830만	해외 상장 ETF가 유리(22%의 분리과세 및 기본공제 250만원 적용으로 실질적인 세금 부담이 낮음)
약 830만~2,000만	국내 상장 해외 ETF가 유리(세율 15.4% 적용)
2,000만 초과	해외 상장 ETF가 유리(22%의 분리과세 적용, 금융소득종합과세 회피 가능)

세금이 부담스럽다면 매년 기본공제액 내에서 일부 매도하거나, 계좌별 세금 구조를 고려한 투자 전략을 세워야 합니다. 장기투자 시 ISA나 연금계좌를 활용하면 비과세 또는 낮은 세율을 적용받아서 장기투자 효율을 높일 수 있습니다.

4장

돈 걱정 없는
재테크를 위한
실천 지침

평생의 현금흐름을
만드는 시스템

☑ 돈이 스스로 굴러가게 만드는 법

일반투자자가 투자 비율을 직접 재조정하는 것은 쉽지 않습니다. 감정이 개입되면 계획이 흔들릴 수도 있고, 정기적으로 조정하는 것도 번거롭죠. 그래서 필요한 것이 바로 자동화된 투자입니다. '자동화된 포트폴리오'는 투자자가 별도로 신경 쓰지 않아도 사전에 설정한 규칙에 따라 비중을 조정해 주는 구조입니다.

EMP

EMP는 ETF를 활용한 자산배분형 포트폴리오를 구성하는 펀드입니다. 여러 ETF를 조합해 분산투자를 하는 방식이므로 연금계좌뿐만 아니라 일반계좌에서도 활용할 수 있습니다. ETF 종합선물세트로 이해하면 쉬워요.

투자자가 직접 ETF를 골라 담는 것이 아니라, 자산운용사가 구성한 ETF의 조합에 투자하는 펀드입니다. 주식, 채권, 원자재, 달러 등 다양한 자산에 투자하는 ETF를 하나의 펀드에 담아 분산투자를 하고, 자산운용사가 시장 상황에 따라 포트폴리오를 조정해 줍니다. 시장 상황과 전망에 따라 최적의 ETF를 구성하고, 자산군을 폭넓게 분산시켜 리스크를 감소시킨다는 장점이 있습니다.

목표전환형 펀드

"그때 팔았다면 벌었겠죠. 이렇게 떨어질 줄 몰랐습니다."

이런 말을 자주 듣습니다. 같은 상황이 걱정된다면 일정한 목표수익률을 정하고, 목표를 달성하면 위험자산을 팔아 안전자산으로 옮기는 전략을 활용할 수도 있습니다. 이러면 변동성이 큰 시장 속에서 급락장을 만나도 안정성을 유지할 수 있다는 장점이 있습니다. 그러나 금융시장이 우상향하는 시기에는 수익률이 상대적으로 낮아질 수 있다는 점은 아쉬운 부분입니다.

하지만 일정한 목표수익률을 정하기도 쉽지 않고, 매번 매매하는 것도 번거롭게 느껴집니다. 이럴 때 활용해 볼 수 있는 것이 목표전환형 펀드입니다.

'목표전환형 펀드'는 정해진 목표수익률에 도달하면 주식 같은 위험자산을 팔고 안전자산으로 전환해 만기까지 운용하는 상품입니다. 매도 타이밍을 놓치는 게 아쉬운 투자자라면 시장의 변동성이 클 때 활용해 볼 수 있는 매력적인 상품이죠.

하지만 시장 상황에 따라 목표 달성에 실패할 수도 있고, 손실이 날 수도 있습니다. 목표전환형 펀드의 목표수익률은 약 6~8%입니다. '목표'수익률은 말 그대로 목표일 뿐이지, 확정수익률이나 예상수익률이 아니라는 걸 명심하세요.

일임형 ISA

ISA 계좌를 개설할 때는 중개형 ISA 대신 일임형 ISA를 고려할 수도 있습니다. 일임형 ISA는 모델 포트폴리오를 기반으로 펀드, ETF, 현금성 자산 등에 분산투자하는 방식으로 운용됩니다. 가입 이후에도 시장 상황에 따라 투자 비중과 편입 상품이 조정되므로 투자자가 직접 관리해야 하는 부담이 상대적으로 적습니다. 운용·관리 수수료와 개별 보수가 발생한다는 점은 고려해야 하지만, 자동화된 포트폴리오로 자산을 관리할 수 있다는 점이 매력적입니다.

장기 목표 자금, 특히 노후자금을 위한 포트폴리오에서는 연금저축펀드나 IRP에 돈을 넣어 운용하는 것이 가장 적합합니다. TDF, TRF, TIF 등은 모두 장기투자와 자동 재조정이 가능한 상품으로, 계좌에 넣기만 하면 위험 수준과 투자 비중이 자동으로 조정됩니다. 덕분에 투자자는 목표 달성을 위해 복잡하게 신경 쓸 필요 없이 사전에 계획한 포트폴리오를 유지할 수 있습니다.

TDF

'TDF Target Date Fund'는 투자자의 나이와 투자 기간을 고려해서 자산배분을 자동으로 조정합니다. 뒤에 2030, 2035, 2040, 2060 등 숫자가 붙는데, 이것은 은퇴 연도를 의미합니다. 2030은 2030년에 퇴직하는 것이고, 2060은 2060년에 퇴직한다는 뜻입니다. 그래서 2060에 비해 2030이 좀 더 안정적으로 운용됩니다.

젊을 때는 주식 비중이 높고, 나이를 먹을수록 채권 같은 안전자산 비중이 점진적으로 늘어나는 구조입니다. 은퇴 기간에 맞춰 자동으로 분산투자를 실행해 주기 때문에 복잡한 공부나 잦은 매매가 부담스러운 투자자에게 적합한 방식입니다.

100에서 나이를 뺀 값만큼 위험자산에 투자하고 나이가 들수록 안전자산의 비중을 늘리는 전략인 100-나이 법칙을 자동으로 실행해 주는 펀드라고 보셔도 될 것 같습니다.

TRF

'TRF Target Risk Fund'는 투자자가 설정한 위험 수준에 맞춰 운용되는 펀드입니다. 뒤에 붙은 숫자는 비율을 의미합니다. 예를 들어 TRF3070이라면 주식 30%, 채권 70%로 운용되는 걸 뜻합니다.

TRF5050은 주식 50%, 채권 50%입니다. 자산 비중을 고정하고, 시장 변동에 따라 자동으로 재조정을 수행합니다. 리스크를 타깃으로 잡아 일정한 상태를 유지하는 운용을 목표로 하는 상품군이에요. TDF는 '시간'에 따라 점진적으로 조정하지만, TRF는 '리스크 수준'에 맞춰 비중을 일정하게 유지한다는 점이 다릅니다.

TIF

'TIF Target Income Fund'는 은퇴 후 안정적인 현금흐름을 확보하는 운용 전략을 지향하는 펀드입니다. 은퇴 후 사용할 생활비 마련을 위해 정기적으로 이자나 배당 등의 인컴형 수익을 받는 것을 목표로 합니다. 부동산, 배당주, 리츠 등에 분산투자하여 연간 수익률 4%를 목표로 잡습니다. 노후자금을 잘 보존하면서 장기적인 생활비를 마련할 수 있도록 변동성 관리와 급격한 하락에 대비합니다.

윌리엄 벤젠의 4% 법칙을 설명할 때, 은퇴하고 매년 자산의 4%를 인출하면 이후 30년간 원금을 보존하면서도 장기적인 생활비를 충당할 수 있다는 사실을 말씀드렸죠. 이 법칙에 쉽게 접근하는 방법이 바로 TIF입니다.

디폴트 옵션

강의가 끝날 때쯤 어떤 분이 조심스럽게 말씀하셨습니다.

"무척 유익한 강의였습니다. 그런데 지금으로서는 너무 어려운 것 같아요. 쉽게 투자하는 방법은 없을까요?"

이럴 때는 디폴트 옵션을 생각해 보세요. '디폴트 옵션'이란 가입자가 퇴직연금 운용 지시를 따로 하지 않아도 금융회사가 사전에 정해진 방법으로 운용하는 제도입니다. IRP와 퇴직연금 중 DC에 적용됩니다.

모바일 앱을 열어서 DC나 IRP 메뉴에 들어가면, ETF와 펀드 매수·매도 버튼과 함께 디폴트 옵션 사전 설정 기능이 있습니다. 매수 요건을 충족할 시 투자가 자동으로 진행되며 초저위험부터 저위험1, 저위험2, 중위험1, 중위험2, 적극투자형1, 적극투자형2까지 클릭 한 번으로 알아서 굴러가는 시스템을 만들 수 있습니다.

설정하기만 하면 매번 고민할 필요 없이 투자 포트폴리오가 굴러갑니다. 단, 기대수익률은 보장되지 않습니다. 투자의 선택도, 결과에 대한 책임도 본인이 져야 하는 것을 잊지 않으셨으면 좋겠습니다.

☑ 자산 비중을 정하는 게 중요하다

포트폴리오는 수채화를 그리는 것과 같습니다. 밑그림도 없이 멋진 수채화 그림을 완성하는 건 불가능에 가깝죠. 포트폴리오에서는 그 밑그림을 그리는 단계가 자산 비중을 정하는 것입니다. 자산마다 특징이 다르므로 여러 방법을 소개하겠습니다.

100-나이 법칙

100에서 자신의 나이를 뺀 비율만큼 주식, 펀드 등 위험자산에 투자하고, 나머지는 예금 등 안전자산에 배분합니다. 예를 들어 1억 원의 자금을 가진 30세라면 7,000만 원은 주식이나 펀드로, 나머지 3,000만 원은 안전한 예금, 채권에 배분하는 겁니다. 젊을수록 위험자산 비중이 높은 만큼 고수익을 얻을 기회가 있고, 나이가 많을수록 안전자산 비중이 증가하니 변동성이 완화됩니다.

60:40 법칙

주식 60%, 채권 40%로 투자하여 시장 변동성을 줄이는 방법입니다. 전통적으로 안정적인 중장기 투자 전략이에요. 주가가 상승하면 주식으로 수익을 확보할 수 있고, 하락하면 채권이 손실을 방어할 수 있습니다.

채권 대신 MMF나 대체자산을 활용하는 방안도 가능합니다. 단, 금리 상승기나 인플레이션 환경에서는 주식과 채권의 상관관계가 예상과 다를 수 있습니다.

6:3:1 법칙

주식 60%, 채권 30%, 대체자산 10%로 구성하는 방법입니다. 금, 원자재 등 대체자산을 포함하여 포트폴리오를 다각화할 수 있고, 장기적 안정성과 수익성을 동시에 추구할 수 있어요.

4:4:2 법칙

주식 40%, 채권 40%, 대체자산 20%로 구성하는 방법으로, 안정성과 성장성의 균형을 맞출 수 있는 자산배분 전략입니다.

주식은 국내주식 20%, 해외주식 20%로 나눌 수 있으며, 채권 역시 국내 채권과 미국 채권에 각각 20%를 배분할 수 있습니다. 주식은 패시브 ETF(S&P500 추종 ETF, 코스피200 추종 ETF 등)나 배당주처럼 비교적 안정적인 자산으로 구성하고, 채권은 국채나 우량 회사채를 활용할 수 있습니다. 대체자산에는 금이나 리츠 등이 있습니다.

25% 포트폴리오

주식 25%, 채권 25%, 금 25%, 현금 25% 등 25%씩 균등하게 분산하는 방법입니다. 각 자산군에 고르게 투자하여 리스크를 낮출 수 있습니다.

시장 변화에 따라 목표 비중을 유지하도록 재조정(리밸런싱)하는 과정이 필요합니다. 리밸런싱은 연 1회 정도의 빈도로 목표 비중에 맞춰 재조정하는 방법이 일반적입니다. 급등·급락 자산에 대한 걱정 없이 구조적 안정을 확보할 수 있습니다.

포트폴리오를 구성할 때는 단순히 비율만 정하는 게 아니라 자신의 투자 목표, 투자 기간, 위험 감수 성향을 함께 고려하는 것이 중요합니다.

예를 들어 30대라고 해서 무조건 주식 비중을 70%로 설정할 필요는 없습니다. 단기자금의 필요성이나 선택한 금융상품에 따라 비중을 조절할 수 있습니다.

또한 자산군 간 상관관계가 일정하지 않다는 점을 명심해야 합니다. 주식과 채권이 항상 반대로 움직이지 않을 수 있기 때문에 시장 상황에 따라 정기적인 리밸런싱과 위험 점검이 필요합니다.

포트폴리오 설계는 한 번에 완벽하게 끝나는 것이 아니라, 경제 상황, 금리, 환율, 정책 변화 등 외부 변수와 개인의 재무 상태에 맞춰 주기적으로 점검하는 과정이 포함됩니다. 장기적 관점에서 포트폴리오를 관리하면 단기 변동성에 흔들리지 않고 목표 수익률을 달성하는 데 도움이 됩니다.

| 투자 성향에 따른 추천 포트폴리오 |

투자 성향	추천 포트폴리오	특징
안정형	25% 포트폴리오	주식, 채권, 금, 현금을 균등하게 배분 → 변동성 최소화
안정추구형	4:4:2 법칙	주식 40%, 채권 40%, 대체자산(안전형) 20% → 안정성과 성장성의 균형
위험중립형	60:40 법칙	주식 60%, 채권 40% → 전통적 중장기 투자
적극투자형	6:3:1 법칙	주식 60%, 채권 30%, 대체자산(고수익형) 10% → 장기수익에 맞게 포트폴리오 다각화
공격투자형	100−나이 법칙	위험자산 비중 최대화 가능 → 젊을수록 공격적 투자 가능

☑ 시장 변동성에 강한 포트폴리오

중요한 것은 수익률을 예측하는 것이 아니라, 어떤 시장에서도 버틸 수 있는 구조를 만드는 것입니다. 이런 관점에서 등장하는 개념이 바로 '흔들리지 않는 포트폴리오'입니다.

핵심-위성 포트폴리오

- 시장의 평균수익률을 따르면서도 초과 수익까지 기대할 수 있음
- 정기적으로 비율을 재조정하거나 비율이 10% 이상 달라지면 재조정

초등학교 과학 시간에 배운 내용을 기억하고 계실까요? 어떤 행성들은 그 주변을 도는 위성을 가지고 있습니다. 핵심-위성 포트폴리오가 그렇습니다. 핵심 자산은 시장의 평균수익률을 따라가면서 안정적인 수익을 확보하고, 위성 자산은 테마, 섹터, 개별 주식으로 구성하여 초과 수익을 노리는 방법입니다.

일반적으로 개인투자자에게 권장하는 비중은 70:30입니다. 70%는 핵심 포트폴리오로 안정적인 수익 확보를 목표로 하고, 10년 이상 보유할 것을 전제로 삼습니다. 이때의 기대수익률은 장기투자를 기준으로 시장 변동성을 감안한 보수적인 관점에서 연 평균 5% 내외를 목표로 삼으며, 위성 포트폴리오에 비해 낮습니다. 1년에 한 번은 자산을 재조정할 필요도 있고요. 나머지 30%는 위성 포트폴리오

를 1~3년 보유하며 초과 수익을 추구합니다. 기대수익률은 약 10% 이상으로 잡습니다. 위험성이 높을 수 있으나, 비중을 30%로 제한함으로써 폭락 시 가해질 리스크를 통제할 수 있습니다.

한 가지 팁을 드리자면 위성 포트폴리오의 비중을 정할 때, 앞서 언급한 '100-나이 법칙'을 살짝 수정해서 '60-나이 법칙'으로 접근해도 좋습니다. 60에서 여러분의 나이를 뺀 값을 위성 자산의 최대 비중으로 두는 겁니다. 보수적인 투자자라면 위성 포트폴리오의 비중을 낮춰도 됩니다. 그리고 60세에는 위성 포트폴리오를 최소화하여 축적한 자산을 안전하게 지키는 전략이 필요합니다.

또한, 위성 포트폴리오는 규칙이 중요합니다. 시장 상황에 맞는 목표수익률을 사전에 정해 두고 일정 수익률에 도달하면 안전자산으로 돌리거나, 전액 환매하여 MMF 같은 투자 대기자금으로 활용할 수도 있습니다.

1억 1,000만 원이 있다면 1,000만 원은 갑자기 돈이 필요할 때를 대비하여 CMA나 파킹형 ETF를 활용하여 예비비 목적의 자금으로 둡니다. 그리고 7,000만 원은 S&P500(VOO, TIGER 미국 S&P500), 나스닥100(QQQ, TIGER 미국나스닥100), 코스피200(KODEX 200)으로 10년 이상 장기적으로 운용하는 핵심 포트폴리오로 구성합니다. 나머지 3,000만 원은 위성 포트폴리오로 활용하여 성장산업에 투자할 수 있습니다. 반도체에 1,000만 원, 신흥국에 1,000만 원, 미국 빅테크 기업에 1,000만 원씩 투자하는 식으로 말이에요.

만약 포트폴리오를 복잡하게 관리하고 싶지 않거나 국내 시장을 선호한다면 9:1 비중으로 단순화해도 좋습니다. 코스피200 90%에 반도체 10%처럼 핵심 포트폴리오는 지수 추종 ETF로, 위성 포트폴리오는 반도체 섹터 ETF로 구성하는 방법도 있습니다. 상관관계가 낮은 자산을 섞어 위성 포트폴리오를 선택하는 방법도 좋습니다.

사례1 **30대 초반의 A 씨**

A 씨는 IT 업계에 종사하는 미혼 투자자입니다. 자산의 대부분은 평균 수준의 수익률을 추종하되, 일부 자산은 높은 수익을 기대할 수 있는 분야에 투자하고자 합니다. 이에 따라 패시브 ETF 중심의 핵심 자산 70%와 테마 ETF로 구성된 위성 자산 30%를 결합한 운용 전략을 채택했습니다.

이와 같은 포트폴리오 구성은 장기적으로는 시장의 평균수익률을 안정적으로 추종하면서도 특정 산업이나 테마를 통해 초과 수익을 기대할 수 있다는 장점이 있습니다. 핵심 자산은 포트폴리오의 시장 수익률을 담당하고, 위성 자산은 성장 기회를 제공합니다. 이러한 구조는 변동성이 높은 시장 환경에서도 개별 종목에 집중적으로 투자하는 경우보다 하락 위험을 분산시키며, 수익 구조를 보다 균형 있게 가져갈 수 있도록 만듭니다.

30대 중반의 대기업 연구원 B 씨, 공무원 C 씨 부부

B 씨는 공격투자형이고, C 씨는 안정추구형이었습니다. 두 사람의 성향을 절충하여 포트폴리오는 시장 평균 수익을 추구하는 핵심 자산 60%와 성장 기회를 추구하는 위성 자산 40%로 구성했습니다. 핵심 자산으로는 글로벌 주식 ETF인 ACWI ETF(MSCI 전 세계 지수 추종)를 활용하여 약 2,400여 개의 선진국 및 신흥국 주식에 분산투자하도록 구성했습니다. 위성 자산에는 B 씨가 선호하는 개별 성장주를 40% 비중으로 편입했습니다.

글로벌 시장에 폭넓게 분산투자함으로써 시장 지수의 흐름을 놓치지 않으면서도 특정 성장산업 및 종목을 통해 추가적인 수익을 기대할 수 있다는 장점이 있습니다.

사계절 포트폴리오

- 장기투자에서는 매우 효과적이지만, 고수익을 추구하는 투자자에게는 부적합한 전략
- 시장 예측이 어려우므로 주기적 재조정(리밸런싱)과 분산투자가 핵심

'사계절 포트폴리오'는 레이 달리오Ray Dalio가 고안한 자산배분 전략입니다. 경제도 봄, 여름, 가을, 겨울처럼 따뜻하거나 뜨겁고, 쌀쌀하거나 추운 시기가 있습니다. 이러한 네 가지 경제 상황에 대비하여

주식과 채권, 금, 원자재 등 다양한 자산군으로 분산하여 변동성을 낮추고 리스크를 분산하는 방법입니다.

사계절 포트폴리오의 기대수익률은 장기적인 실질수익률 기준으로 연평균 5~6% 수준의 수익률을 목표로 설계된 전략입니다. 고수익보다는 변동성 관리와 실질구매력 방어가 목적입니다. 자산군끼리 서로 낮은 상관관계를 가져서 변동성을 낮게 유지하면서도 별도의 예측 없이 투자 성과를 낼 수 있습니다.

권장 비중은 주식 30%, 장기 국채 40%, 중기 국채 15%, 금 7.5%, 원자재 7.5%입니다. 여러분에게 1억 1,000만 원이 있다고 가정해 봅시다. 1,000만 원은 예비비 목적으로 CMA나 파킹형 ETF 등을 활용합니다(비상금은 언제나 중요합니다). 3,000만 원은 ISA, 연금저축펀드, IRP 절세계좌 등을 활용해 S&P500 추종 ETF에 넣습니다.

그리고 이 포트폴리오는 본래 미국 국채 중심의 전략이므로 미국 국채 ETF 기준의 예시를 말씀드리겠습니다. 4,000만 원은 만기 20년 이상의 장기 국채에 투자하는 TLT, 1,500만 원은 만기 7~10년 이상의 중기 국채에 투자하는 ETF인 IEF에 넣습니다. 그리고 750만 원은 금 시세를 추종하는 ETF인 GLD에 넣고요. 750만 원은 전 세계에서 가장 활발히 거래되는 14개 실물 원자재의 선물계약으로 구성된 ETF인 DBC로 활용할 수 있습니다.

비상금을 제외한 투자금 1억 원을 이처럼 배분하면 장기적으로 연평균 5~6% 정도의 수익률을 기대할 수 있습니다. 실제 수익률은 자산별 변동성과 시장 상황에 따라 달라지지만, 연 500~600만 원 수준의 수익을 기대해 볼 수 있습니다.

사례1 **30대 초반의 중소기업 사무직 A 씨**

A 씨는 바쁜 일상을 영위하느라 시시각각 변하는 경제 상황까지 신경 쓰고 싶지 않았습니다. 그래서 장기적인 자산 증식과 변동성 관리를 목표로 사계절 포트폴리오를 활용했습니다.

주식, 장기 국채, 중기 국채, 금, 원자재 등 서로 상관관계가 낮은 자산군으로 구성되어 있어, 별도의 시장 예측 없이도 다양한 시장 상황에서 균형 잡힌 성과를 기대할 수 있습니다.

핵심 자산으로 주식과 채권을 선택하고, 금과 원자재를 보조 자산으로 활용하여 변동성이 있는 시장에서도 포트폴리오의 위험 수준을 낮추며 안정적으로 관리할 수 있습니다. 이때, 리밸런싱이 어렵거나 투자 시간을 따로 내기 힘들다면 TDF 같은 자동화된 투자 방법을 고려해도 좋습니다.

사례2 **같은 중견기업에 다니는 B 씨, C 씨 부부**

남편은 적극투자형이지만, 안정형인 아내의 의견을 적극 반영하기로 했습니다. 이에 두 사람의 성향을 고려해 사계절 포트폴리오와 핵심-위성 포트폴리오 전략을 결합했습니다.

주식 30%, 장기 국채 40%, 중기 국채 15%, 금 7.5%, 원자재 7.5%의 균형잡힌 비율로, 이때 주식은 글로벌 지수 추종 ETF 70%, 테마 ETF 30%로 이루어졌습니다. 이러한 구조는 핵심 자산을 통해 시장 흐름을 반영하고, 위성 자산을 통해 특정 산업에서 초과 수익을 기대할 수 있습니다. 또한 변동성이 있는 시장에서도 전체 위험을 완화하며 포트폴리오를 관리할 수 있습니다.

☑️ 나의 생애주기를 고려한 전략

아무리 잘 짜인 포트폴리오도 각자의 삶과 목표에 맞지 않으면 오래 유지하기 어려워요. 그런 의미에서 이제부터는 시장이 아니라 '내 삶을 기준으로 포트폴리오를 굴리는 방법'을 살펴보겠습니다.

기업에서 신입사원을 대상으로 강의를 마쳤을 때였습니다. 한 분이 개인적으로 와서 이런 질문을 하셨습니다.

"소득의 70%를 코인에 투자하고 있습니다. 괜찮을까요?"

"적극투자형이라면 그럴 수도 있죠."

원래대로라면 위험성을 강조했겠지만, 개인마다 성향이 다르기에 가볍게 말씀드렸습니다. 짐을 챙기고 가려는데 갑작스레 싸한 느낌이 들어서 그분을 불렀습니다.

"혹시 가까운 시일 내에 재무 이벤트가 있을까요?"

"네, 다음 달에 결혼합니다."

그분이 해맑게 답하셨고, 저는 손사래를 치면서 말했습니다.

"근시일 내에 재무 이벤트가 있을 때 소득의 70%를 위험자산에 투자하는 것은 위험합니다!"

투자에서 가장 중요한 기준은 시장이 아닙니다. 바로 나에게 언제, 얼마가 필요한지가 최우선입니다. 어떤 수단이든 특정 종목이나 포트폴리오를 모든 상황이나 사람에게 일률적으로 적용하는 게 '반드시' 정답은 아닙니다. 돈의 목적에 따라 위험성과 필요한 시기가 다르고, 현금화할 수 있는 유동성이 다르니까요. 그래서 재무 이벤트별로 포트폴리오를 짜는 것이 합리적인 선택입니다.

같은 30대라고 하더라도 다음 달에 결혼을 앞둔 사람도 있을 것이며, 2년 뒤에 집을 살 사람도 있을 것입니다. 투자에서 진짜 위험한 순간은 수익률 자체보다 돈이 필요한 순간에 자산의 가치가 낮아진 상황입니다. 숫자에 불과한 나이가 아니라 '돈을 써야 하는 타이밍'에 맞춰서 포트폴리오를 설계해야 합니다.

이런 관점에서 목표별로 나누어 자산을 운용하는 방식을 '목표 기반 포트폴리오'라고 부릅니다. 결혼, 자녀 교육, 은퇴 등 투자자의 목표에 맞춰서 안정형, 수익형 등의 유형을 선택하는 게 먼저입니다. 그리고 그에 따라 현금, 주식, 채권, ETF 등의 자산 비중을 정해 적립과 재조정을 유지하는 것이 핵심입니다.

목표 기반 포트폴리오는 목표를 '제한 조건'으로 둡니다. 목표를 확실히 정하면 감내할 수 있는 최대 손실 범위가 자연스럽게 정해지면서 사람마다 허용할 수 있는 수익률과 변동성의 범위도 달라집니다. 목표 기반 포트폴리오 설계 예시를 몇 가지 말씀드리겠습니다.

단기(1~3년) 목표 자금

만약 여러분이 30대라면 가까운 시일 내에 결혼할 수도 있습니다. 그 외에 해외여행 비용이나 자동차 구매 비용, 전·월세 보증금 마련을 목표로 잡을 수도 있습니다. 이때, 핵심 기준은 원금 보존과 유동성입니다. 활용할 수 있는 수단은 CMA, MMF, 파킹형 ETF가 있습니다. 수익률이 얼마나 되냐는 관점보다 필요할 때 바로 사용할 수 있는지가 더 중요해요.

사례1 **결혼을 앞뒀으며 경기도권 신혼집 전세를 생각하는 A 씨**

A 씨는 결혼을 앞두고 신혼집 전세보증금을 마련해야 했습니다. 단기 목표이므로 장기투자보다 원금 보존과 유동성 확보가 최우선입니다. 또한 목표 자금에서 단 1만 원도 부족해서는 안 됩니다. 이에 따라 포트폴리오를 고금리 예금 60%, MMF 20%, 채권형 ETF 20%로 구성했습니다. 고금리 예금은 필요시 현금화하여 신혼집 전세보증금으로 활용할 수 있습니다. MMF는 단기 운용을 통해 유동

성을 확보하여 결혼자금으로 활용할 수 있고요. 채권형 ETF는 비교적 안정적인 수익을 기대할 수 있습니다.

사례2 서울에서 1.5룸 전세로 살고 싶은 B 씨

B 씨는 문화생활을 위해 서울에 살고 싶은 유형으로, 1~3년 안에 목표 자금을 확보해야 했습니다. 그래서 원금 보호와 유동성 확보를 핵심으로 포트폴리오를 설계했습니다.

고금리 예금 50%, 인터넷전문은행 파킹통장 30%, 채권형 ETF 20%로 구성했습니다. 예금으로는 이자 수익을 확보하고, 파킹통장으로는 문화생활에 필요한 예비비를 확보했습니다. 가격대가 있는 뮤지컬 티켓을 사야 할 때도 즉시 쓸 수 있습니다. 그리고 채권형 ETF로는 단기 수익을 노리면서 변동성을 최소화했습니다. 원금 보호를 중심으로 이자 수익을 함께 챙기는 안정적인 전략입니다.

중기(3~10년) 목표 자금

결혼 후 자녀 교육비가 될 수도 있고, 내 집 마련 자금, 창업자금이 될 수도 있습니다. 아직은 시간이 남았기에 완만한 성장을 기대할 수 있지만, 목표 시점에 반드시 필요한 돈이므로 리스크 관리도 병행해야 합니다. ETF를 적립식으로 매수하여 장기적인 성장성을 확보하면서도 매수 시점을 분산하여 리스크를 낮출 수 있습니다. 또한, 채권 중심의 포트폴리오와 주식을 혼합하고, 핵심-위성 전략을 활용해 일부만 테마형 자산으로 운용하는 방법이 있습니다.

사례1 영유아 자녀가 있는 부부

이 부부는 3~10년 안에 자녀 교육비를 마련하려는 계획을 세우고자 상담을 신청했습니다. 아직 시간이 남은 관계로 완만한 성장을 기대하면서도 꼭 필요한 돈이기 때문에 리스크 관리를 중요하게 생각했죠. 그래서 아래와 같은 구성을 추천드렸습니다.

- 주식 ETF 40% → 글로벌 지수 추종 ETF인 VOO(S&P500) + VEA (미국을 제외한 일본, 영국, 캐나다 등 선진국 시장의 약 4,000개 이상 기업)
- 채권형 ETF 30% → 중기 국채, 안정적인 수익을 확보하며 포트폴리오 변동성을 완화할 수 있음
- IMA 20% → 대형 증권사가 고객들의 자금을 모아 주식·채권 등으로 다양하게 운용하여 연 4~8%의 수익률을 목표로 삼음
- KRX 금시장 10% → 안전자산으로 변동성을 완화하며 인플레이션의 충격을 방어함

IMA는 예금자보호법의 보호를 받을 수는 없으나, 만기 시 손실이

나더라도 증권사가 원금을 지급합니다. 핵심-위성 구조를 적용해서 핵심 자산(주식+채권+IMA)으로는 안정성을 챙기고, KRX 금시장으로는 화폐의 가치가 하락할 때의 충격을 방어하는 구조입니다.

사례2 추후 태어날 아이를 위해 학군지 이사를 고려하는 부부

이 부부는 3~10년 안에 학군지로 이사할 자금을 모으고자 했습니다. 시간 여유가 있으므로 ETF 적립식 매수와 채권혼합 전략으로 성장성과 안정성을 균형 있게 확보하는 방향을 권했습니다.

- 주식 ETF 50% → 글로벌 지수 추종 ETF를 적립식으로 매수하여 장기적인 성장성 확보
- 채권 ETF 40% → 안정적인 수익을 확보하며 포트폴리오 변동성을 완화함
- 테마형 ETF 10% → 일부 자금으로 관심 산업에서 초과 수익을 노림

이 구성으로 목표 시점까지 꾸준히 적립하면, 학군지 이사 비용 마련과 장기적인 성장 효과를 동시에 추구할 수 있습니다.

장기(10년 이상) 목표 자금

장기로 들어가면 대개는 노후자금, 즉 경제적 자유를 얻기 위한

돈입니다. 복리를 적극적으로 활용하고 성장성에 초점을 맞추는 것도 좋은 방법입니다. 장기 목표에서 변동성을 낮추고 꾸준한 실질수익률을 추구한다면 사계절 포트폴리오와 같은 구조적 자산배분 전략도 활용할 수 있습니다. 장기 목표는 시간이 가장 강력한 안전장치임을 잊지 말고 빨리 시작하는 것이 중요합니다.

여러분의 이해를 돕기 위해 A 씨라는 가상의 인물을 만들겠습니다. A 씨는 자가로 거주 중인 기혼자로, 배우자와 합쳐 세후 650만 원(각 350만, 300만 원)의 월급을 받고 있습니다. 올해로 5세가 된 자녀도 한 명 있고요. 기간별로 해외여행, 주택 확장, 노후자금 마련을 생각하고 있습니다. 우선 A 씨의 자산 및 현금흐름 포트폴리오를 살펴볼까요? 한눈에 보기 쉽도록 표로 만들었으니 참고 바랍니다.

외에 대출 이자 및 관리비 100만 원, 보험료 50만 원을 포함하여 생활비를 375만 원으로 잡고 적절히 분배하면 됩니다. 별도의 비상금 통장(생활비 3~6개월 치)을 보유하고 있다는 전제가 있어서 추가 예비비는 따로 편성하지 않았어요. 중요한 건 '선저축, 선투자, 후소비' 원칙입니다. 그리고 고정지출과 변동지출을 나눠서 통장을 쪼개는 게 좋아요.

지금까지 제시한 사례들은 현장에서 질문이 많이 들어오는 내용을 바탕으로 재구성한 예시입니다. 투자 시 참고용으로 활용하시되, 여러분의 상황에 맞게 조정하는 걸 권장합니다. 투자 목표와 기간에

| A 씨의 자산 포트폴리오 |

구분	목적	금액	운용 방식
단기	해외여행	1,000만 원	파킹통장, CMA, MMF
중기	주택 확장	7,000만 원	채권 ETF를 중심으로 운용하고 일부는 사계절 포트폴리오 전략을 적용
장기	노후 준비	3,000만 원	국내 상장 해외 ETF로 구성한 연금저축펀드

| A 씨의 현금흐름 포트폴리오 |

구분	기간	항목	월 투자금	운용 목적
단기	1~3년	고금리 정기적금, 만기매칭형 ETF	50만 원	유동성 확보
중기	3~10년	청약저축	25만 원	주택 준비
		ISA 핵심 – 위성 포트폴리오 (A 씨)	70만 원	분산투자
		ISA 영구 포트폴리오 (배우자)	70만 원	장기 분산
장기	10년 이상	연금저축펀드로 국내 상장 해외 ETF에 적립식 투자(부 부 각자 30만 원씩)	60만 원	은퇴 자산 형성

맞춰 계좌와 상품을 분리하고, 자동화와 수동 관리를 적절히 결합하면, 목표 기반 포트폴리오의 장점을 최대한 살리면서도 훨씬 간단하게 실천할 수 있습니다.

부록

나의
투자 스타일
진단하기

투자 성향
체크리스트

아래 질문은 투자 성향을 판단하기 위한 참고용 질문입니다. 각 문항에 대해 여러분과 가장 가까운 답을 선택한 뒤 점수를 합산해 보세요.

A 1점, B 2점, C 3점, D 4점, E 5점

1. 투자에 대해 평소 어떤 생각을 가지고 있나요?

A. 하지 않는 것이 좋다.

B. 가능하면 피하고 싶다.

C. 신중하게 접근해야 한다.

D. 자산 증식을 위해 중요하다.

E. 반드시 실천해야 하는 필수 과제이다.

2. 투자한 적이 있는 금융투자상품은 무엇인가요?

A. 거의 없음

B. 예·적금

C. 펀드·ETF

D. 주식

E. 그 외 다양한 금융투자상품

3. (저축 제외) 투자하신 기간은 어느 정도인가요?

A. 1년 이하

B. 1~3년

C. 3~5년

D. 5~10년

E. 10년 이상

4. 투자금의 성격은 무엇인가요?

A. 생활비

B. 1년 이내 필요자금

C. 1~3년 이내 여유자금

D. 3년 이상 여유자금

E. 노후자금

5. 투자 목적은 무엇인가요?

A. 원금 보존

B. 안정성(물가상승률보다 조금 높은 수익률)

C. 안정성 + 수익성(시장 평균)

D. 수익률(시장 평균보다 조금 높은 정도)

E. 최대 수익(높은 변동성도 감내 가능)

※ 기대 수익이 높을수록 손실 위험도 커짐

6. 투자 후 수익률이 10% 하락했다면 어떻게 하시겠나요?

A. 즉시 매도한다.

B. 일부 종목만 매도한다.

C. 시장 상황을 지켜본다.

D. 일부 종목만 매수한다.

E. 적극적으로 매수한다.

7. 감내할 수 있는 투자 손실은 어느 정도인가요?

A. -5% 이내

B. -10% 이내

C. -20% 이내

D. -30% 이내

E. -50% 이상

8. 손실이 발생했을 때 원금 회복까지 얼마나 기다릴 수 있나요?

A. 3개월 이하

B. 3개월~1년

C. 1~3년

D. 3~5년

E. 5년 이상

9. 투자 금액이 크게 변동할 때 어떤 기분이 드나요?

A. 매우 불안하다.

B. 조금 불안하다.

C. 어느 정도 감수한다.

D. 크게 신경 쓰지 않는다.

E. 자연스러운 현상이라고 생각한다.

10. 여유자금 1,000만 원으로 투자한다면 어떻게 배분하시 겠나요?

A. 예금 또는 안전자산에 900만 원 이상 투자

B. 안전자산 700만 원, 투자자산 300만 원으로 투자

C. 안전자산 500만 원, 투자자산 500만 원으로 투자

D. 안전자산 300만 원, 투자자산 700만 원으로 투자

E. 투자자산 900만 원 이상 투자

결과

10~18점: 안정형

19~26점: 안정추구형

27~34점: 중립형

35~42점: 적극투자형

43~50점: 공격투자형

※ 테스트 결과는 참고용이며 실제로 투자할 때는 개인의 재무 상황과 투자 목적을 함께 고려해야 합니다. 투자 성향은 투자 경험과 자금의 목적, 위험에 대한 태도 등에 따라 달라질 수 있습니다. 아래는 투자 성향별 일반적인 특징입니다.

안정형

원금 보존을 가장 중요하게 생각합니다. 투자보다는 저축을 선호하며 손실 가능성이 있는 자산에는 신중하게 접근하는 편입니다. 예·적금이나 채권처럼 변동성이 낮은 자산을 중심으로 운용하는 편이 잘 맞습니다.

안정추구형

안정성을 중요하게 생각하지만, 물가 상승을 고려해 일정 수준의 투자도 필요하다고 생각합니다. 저축과 투자를 균형 있게 활용하며 채권, 채권형 ETF, 배당주, 배당형 ETF 등 안정적인 자산에 관심을 가질 수도 있습니다.

중립형

안정성과 수익성을 균형 있게 추구합니다. 변동성을 어느 정도 감내할 수 있으며 장기적 관점에서 투자하는 것이 잘 맞는 편입니다. 자금을 주식과 채권에 적절히 배분해서 분산투자로 가는 전략이 잘 맞습니다.

적극투자형

높은 수익을 위해 어느 정도의 위험을 감내할 수 있습니다. 시장 변동에 익숙하며 주식이나 주식형 ETF 등에서 성장 가능성이 높은 자산에 적극적으로 투자하는 경향이 있습니다. 장기적 관점에서의 분산투자와 리스크 관리가 중요합니다.

공격투자형

높은 수익을 추구하며 시장 변동성을 즐기는 편입니다. 성장 가능성이 높은 자산에 적극적으로 투자하는 성향이라서 손실 가능성도 크게 존재하기에 투자 비중을 관리하고 장기적인 투자 계획을 세우는 게 중요합니다.

· 부록 2 ·

생애주기에 따른
포트폴리오

결혼자금 및 전세보증금을 마련하려는
30대 직장인(세후 월 250만 원)

☑ 공통

주거	주거비는 고정 지출 중 가장 큰 비중을 차지합니다. 마이홈포털을 통해 한국토지주택공사(LH), 서울주택도시개발공사(SH) 등에서 시행하는 정책상품을 먼저 확인하면, 일반 대출보다 훨씬 낮은 금리로 대출받을 수 있습니다. 주택도시기금의 버팀목전세자금(청년) 대출 가능 여부를 확인했을 때, 대출 이자가 월세보다 낮다면 전세가 유리할 수 있습니다. 단, 전세를 선택했을 때는 반드시 전세보증보험에 가입해서 리스크를 관리해야 합니다.
지출	외식비와 문화비가 주요 변수입니다. 외식비의 비중을 관리하고, 문화비는 소득의 5~10% 범위에서 한도를 정해 별도 계정으로 관리하면 지출을 통제하기 쉽습니다.

| 보험 | 실손의료보험과 보장성보험 중심으로 소득의 약 5~8% 이내로 유지합니다. |
| 교통 | 기후동행카드나 K-패스 등을 활용해 절감할 수 있습니다. |

　여기서 제시하는 포트폴리오는 일반적인 소득 수준을 기준으로 구성한 예시입니다. 개인의 소득, 지출, 그리고 투자 기간에 따라 유연하게 조정하여 활용할 수 있습니다. 또한 투자 성향은 체크리스트에서 제시한 것처럼 안정형, 안정추구형, 중립형, 적극투자형, 공격투자형으로 세분화되어 있으므로 본문을 통해 자신에게 맞는 전략을 세우시길 바랍니다.

☑ 안정저축형

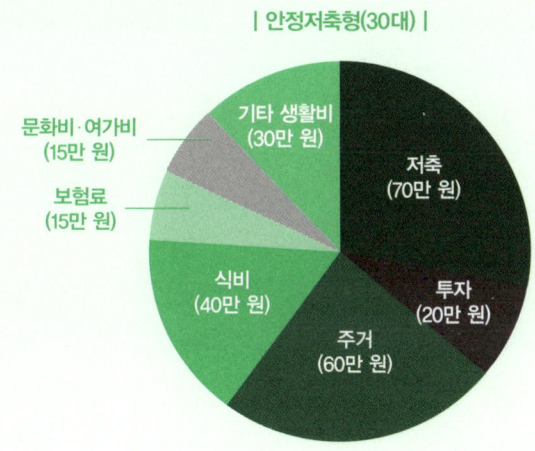

| 안정저축형(30대) |

기타 생활비
(30만 원)

문화비·여가비
(15만 원)

보험료
(15만 원)

저축
(70만 원)

식비
(40만 원)

투자
(20만 원)

주거
(60만 원)

3~5년 이내에 자금 사용 가능성이 높은 시기이므로 원금 보존과 목표 금액 확보가 가장 중요합니다. 언제든지 사용할 수 있는 유동성을 확보하는 것이 핵심이며, 전체 자금 운용에서 저축을 우선순위로 둡니다.

저축	세제 혜택을 활용할 수 있는 상호금융 조합예탁금이나 신탁형 ISA, 고금리 예·적금을 중심으로 구성하는 것이 효과적입니다. 청년을 대상으로 출시한 정책상품을 적극적으로 활용할 필요가 있습니다.	70만 원
투자	변동성이 큰 주식보다는 단기채 ETF나 만기매칭형 ETF, 금, 달러 등 안전자산 중심으로 구성합니다. 핵심은 손실을 최소화하여 자금을 지키는 것입니다.	20만 원

☑ 투자성장형

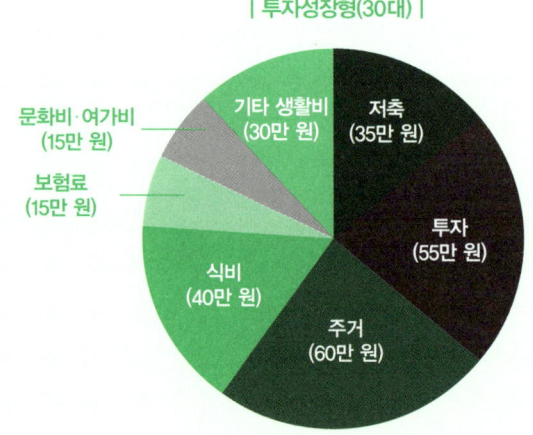

| 투자성장형(30대) |

저축 (35만 원)
투자 (55만 원)
주거 (60만 원)
식비 (40만 원)
보험료 (15만 원)
문화비·여가비 (15만 원)
기타 생활비 (30만 원)

저축과 투자를 균형 있게 가져가되 투자 비중을 확대합니다. 단기 자금과 장기 투자자금을 명확히 구분하는 것이 핵심이며, 위기 상황에서 활용할 수 있는 현금성 자산도 일부 확보해야 합니다. 투자 비중이 높은 만큼 시장 변동성에 대비한 대응책을 마련하는 것이 중요합니다.

저축	결혼자금이나 전세보증금처럼 단기간에 목돈이 필요한 경우, 저축으로 일정 부분을 확보하는 것이 필요합니다. 다만, 안정 저축형에 비해 저축의 비중을 다소 낮추고, 투자로 운용할 수 있는 여력을 확보하는 것이 중요합니다. 정책상품 등 필수적인 저축은 유지하되, 나머지 자금은 투자로 활용해 자산을 키우는 구조를 만드는 것이 바람직합니다.	35만 원
투자	글로벌 주식 ETF나 우량주 직접투자를 통해 성장자산을 구성합니다. 필요에 따라 테마형 ETF 등을 활용하여 시장 상황에 맞춰 비중을 조정하거나, 개별 종목 투자를 병행하여 추가 수익을 기대할 수도 있습니다. 다만, 자산배분을 조정하기 위해서는 시장 분석과 지속적인 관리가 필요하므로 투자 경험과 시간 여력이 있는 사람에게 적합합니다. 반드시 필요한 돈을 모으겠다는 목적을 가지고 자산 전체를 공격적으로 운용하기보다는 채권 ETF 또는 금을 일부 포함해 변동성을 조절해야 합니다.	55만 원

자녀 교육비를 마련하려는 40대 부부
(맞벌이 기준 세후 월 600만 원)

☑ 공통

40대는 자녀 교육비와 생활비 지출이 큰 폭으로 증가하는 시기로, 주거비와 자녀 교육비 지출이 전체 지출에서 큰 비중을 차지하기 시작합니다. 식비, 교통비, 통신비 등 생활비를 일정 수준으로 유지하면서 불필요한 소비를 줄여 지출 구조가 무너지지 않도록 유지하는 것이 중요합니다.

주거	주택담보대출을 받을 때, 총이자 부담을 줄이려면 원금 균등상환 방식을 선택하는 것이 유리할 수 있습니다. 향후 더 큰 주택으로 갈아탈 계획이 있다면, 주택담보대출을 받을 때 체증식 상환방식을 선택해 초기 상환 부담을 낮추는 전략를 고려할 수 있습니다. 현재 대출 상환 중이라면 중도상환수수료 여부를 확인한 뒤, 저축 자금을 활용해 원금을 상환하는 것도 이자 부담을 낮추는 방법입니다.

지출	자녀 교육비가 가계에 큰 영향을 줍니다. 교육비가 과도한 비중을 차지하지 않도록 소득 수준에 맞춰 계획적으로 운영해야 합니다.
보험	보험료는 소득의 약 8~13% 범위에서 관리하는 게 좋습니다. 기존에 가입한 보험의 보장 내용을 점검하여 불필요한 보장은 정리함으로써 과도한 지출을 방지해야 합니다.

 안정저축형

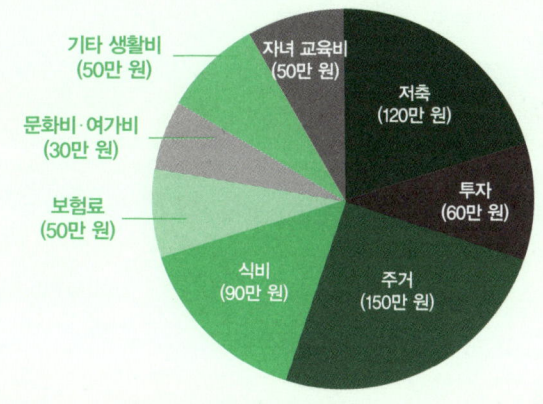

| 안정저축형(40대) |

기타 생활비
(50만 원)

문화비·여가비
(30만 원)

보험료
(50만 원)

식비
(90만 원)

자녀 교육비
(50만 원)

저축
(120만 원)

투자
(60만 원)

주거
(150만 원)

향후 자녀 교육비 지출이 예정되었으므로 안정적인 자금 확보가 중요합니다. 저축 비중을 일정 수준으로 유지하면서 필요한 시점에 즉시 사용할 수 있도록 준비해야 합니다. 투자는 안정성을 우선적으로 고려한 자산으로 구성하는 것이 바람직합니다.

저축	예 · 적금 등 안정적인 금융상품 중심으로 운용하고, 교육비 같은 목적자금은 별도로 관리하는 것이 효과적입니다.	120만 원
투자	채권 ETF와 배당 ETF 중심으로 운용하되, 일부 글로벌 주식이나 채권혼합형 상품을 포함해 수익성을 보완하는 것을 권장드립니다.	60만 원

☑ 투자성장형

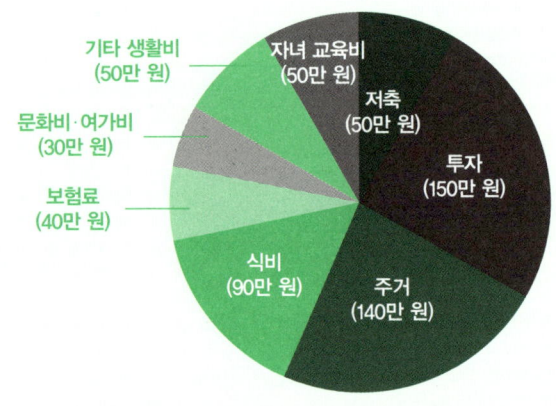

| 투자성장형(40대) |

기타 생활비 (50만 원)
자녀 교육비 (50만 원)
저축 (50만 원)
문화비 · 여가비 (30만 원)
투자 (150만 원)
보험료 (40만 원)
식비 (90만 원)
주거 (140만 원)

소득이 정점에 가까워지는 시기인 만큼 투자 비중을 확대해 자산 증식을 적극적으로 추구할 수 있습니다. 투자 비중이 높은 만큼 변동성 관리가 중요하며, 자산을 특정 테마나 자산군에 과도하게 집중시키는 것은 지양해야 합니다. 핵심은 현재의 소득을 활용해 장기적인 자산 성장을 도모하는 것입니다.

저축	기본적인 저축은 유지하되, 비중을 과도하게 높이기보다는 투자 여력을 확보하는 방향으로 조정합니다. 자녀 교육비 같은 필수적인 지출에 대비하면서도 장기적으로 자산을 형성하기 위한 구조를 함께 만드는 것이 중요합니다.	50만 원
투자	글로벌 주식 ETF를 중심으로 하되, 우량 성장주와 개별 종목 직접 투자를 병행하여 시장 초과 수익을 노리는 전략을 고려할 수 있습니다. 또한 신흥국 주식, 원자재 등 다양한 자산에 분산투자하는 전략도 선택지에 올릴 수 있습니다. 채권 중에서는 수익성이 높은 하이일드 채권을 생각해 볼 수도 있습니다. 변동성이 큰 자산은 전체 자산 내에서 비중을 조절하며 분산투자를 하는 것이 중요합니다.	150만 원
세제 혜택	중개형 ISA를 활용해 국내 상장 해외주식형 ETF에 투자합니다. ISA 만기 시에 연금계좌로 전환하면 세액공제 혜택을 추가로 받을 수 있습니다. 연금계좌에서 TDF를 활용한 자산배분 전략을 고려할 수 있으며, 향후 도입이 예정된 국민성장펀드 같은 정책상품도 하나의 선택지로 고려할 수 있습니다.	–

노후자금을 마련하려는 50대 부부
(맞벌이 기준 세후 월 550만 원)

☑ 공통

투자	자산을 늘리는 것보다 지키는 것이 더 중요한 시기입니다. 투자했다가 손실이 나면 회복할 시간이 부족하므로 자산을 안정적으로 운용해야 합니다. 투자 수익뿐만 아니라 절세와 현금흐름까지 고려한 자산 운용이 중요합니다.
지출	은퇴에 대비해 지출 구조를 점검하고 조절할 수 있는 고정지출이 있는지 확인해야 합니다. 재취업이나 창업으로 인해 소득 구조가 변화할 경우, 소득이 예상보다 낮아질 가능성도 고려해야 합니다.
보험	기존에 가입했던 보험의 납입이 종료되거나, 종료를 앞둔 시기입니다. 현재 유지 중인 보험의 보장 내용과 보험료를 점검할 필요가 있습니다. 특히 은퇴 이후에는 직장가입자에서 지역가입자로 전환되면서 건강보험료 부담이 커질 수 있습니다. 조건에 따라 피부양자 자격을 유지하거나, 임의계속가입 제도를 활용해 건강보험료 부담을 낮출 수 있습니다. 지역가입자로 전환될 경우에는 금융소득이 1,000만 원을 초과하지 않도록 관리하는 것이 도움이 됩니다. 다만, 건강보험료 규정은 향후 변경될 수 있으므로 항상 최신 기준을 확인해야 한다는 점을 유의하세요.

50대는 노후를 본격적으로 준비해야 하는 시기입니다. 이때는 건강보험료와 세금 부담에 대한 관리가 핵심입니다. 금융소득이 증가할 경우, 세금과 건강보험료 부담이 함께 커질 수 있으므로 소득 구조 관리가 필요합니다. 장기적인 관점에서 노후자금을 충분히 확보해 자녀에게 재정적 부담이 가지 않도록 하는 것도 중요합니다.

 안정저축형

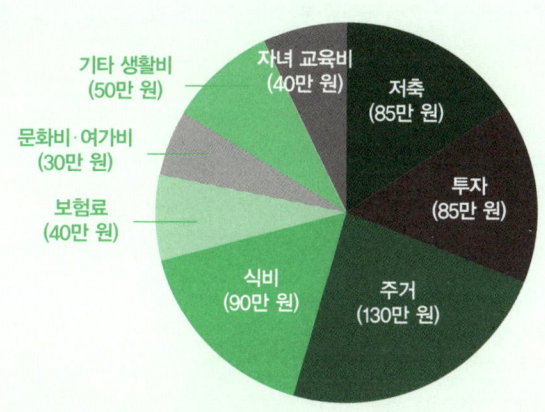

| 안정저축형(50대) |

노후를 대비한 안정적인 현금흐름 확보가 중요합니다. 무리한 투자보다는 저축과 안정적인 금융상품을 활용해 자산을 유지하는 것이 중요합니다. 핵심은 자산의 변동성을 줄이고 안정적인 현금흐름을 확보하는 것입니다.

저축	이 시기에는 예상치 못한 의료비 같은 비정기적인 지출이 발생할 수 있기 때문에 일정 수준의 현금성 자산을 유지하는 것이 중요합니다. 이를 위해 예·적금 같은 안정적인 금융상품을 중심으로 자금을 보유하고, 일부는 CMA나 MMF와 같이 수시로 입출금이 가능한 상품을 활용해 단기 자금을 관리하는 것을 추천합니다.	85만 원
투자	투자 자산은 안정적인 현금흐름을 창출할 수 있는 자산 중심으로 구성합니다. 채권, 배당주, 리츠 등을 활용해 변동성을 낮추고 꾸준한 수익을 확보하는 것이 바람직합니다. 금융소득이 일정 수준을 초과하면 세금과 건강보험료 부담이 증가할 수 있으므로, 자산 배분과 금융소득을 함께 고려해야 합니다.	85만 원
절세	연금저축과 IRP 등 세제 혜택이 있는 상품을 적극적으로 활용해 세후 수익을 높이는 전략이 필요합니다. 또한 사적연금의 연간 소득이 1,500만 원을 초과하면 연금 인출 시 종합과세 대상이 될 수 있으므로, 인출 시점을 분산하는 것이 중요합니다.	–

☑ 투자성장형

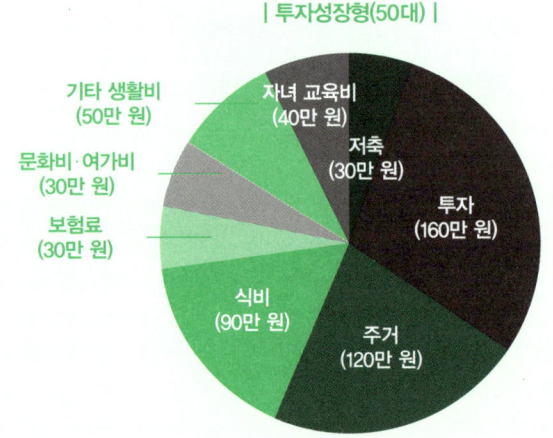

| 투자성장형(50대) |

자녀 교육비 (40만 원)
저축 (30만 원)
투자 (160만 원)
주거 (120만 원)
식비 (90만 원)
보험료 (30만 원)
문화비·여가비 (30만 원)
기타 생활비 (50만 원)

기본적인 노후자금 준비를 위한 저축은 유지하되, 자산의 상당 부분을 투자로 운용해 인플레이션에 대응하는 전략이 필요합니다. 세제 혜택 상품을 활용해 절세 효과를 함께 고려해야 합니다. 그래야 실제로 손에 남는 자산을 늘릴 수 있습니다. 핵심은 안정성은 일부 유지하되, 성장형 자산 비중을 높인 포트폴리오 전략입니다.

저축	기본적인 노후자금 준비를 위한 저축은 유지하되, 일정 수준의 현금성 자산을 파킹통장, CMA, MMF를 활용해 확보해야 합니다. 유동성을 확보하면 투자 기회가 생겼을 때 활용하거나 급하게 돈이 필요한 상황에도 대응할 수 있습니다.	30만 원
투자	배당 ETF와 글로벌 주식 ETF를 중심으로 포트폴리오를 구성해 현금흐름 확보와 수익 증대를 동시에 기대할 수 있습니다. 배당금은 재투자로 복리효과를 극대화하고, 일부는 안전자산으로 유지해 리스크를 관리합니다. 단순히 수익을 내는 것에 집중하지 말고, 일정한 인출 계획을 고려하는 것이 중요합니다. 투자 성과, 세금, 연금 수령 계획을 점검하여 매년 재조정합니다.	160만 원
절세	이 시기에는 절세가 우선입니다. 이를 위해 연금저축과 IRP를 활용하여 세액공제 혜택을 받고, 추가 납입을 통해 운용 자산을 확대할 수 있습니다. 세액공제를 받지 않은 원금은 인출 시 비과세 대상이며, 연금수령 시 1,500만 원 한도에 포함되지도 않습니다. 이 점을 활용하면 연 1,500만 원 이하의 저율과세 혜택을 유지하면서도 더 많은 연금을 받을 수 있습니다. 건강보험료를 고려한다면 해외주식 투자 시에는 직접투자를 통해 양도소득세 체계를 활용하거나 배우자에게 증여하고 1년 이상 보유한 뒤에 매도하는 방식을 통해 세금 부담을 낮출 수 있습니다. 다만, 세법은 수시로 개정될 수 있으므로 매도 시점에 반드시 자세한 내용을 확인해야 합니다.	–

재테크에서도
오래 버티는 사람이 승리한다

강의 현장에서 질문하시는 분들이 가장 많이 하는 말이 있습니다. "지금이 고점 아닐까요?"

이에 대한 답으로 책을 마무리하고자 합니다. 불확실성 앞에서 고점과 저점을 가늠하려고 하면 조급함 때문에 자꾸만 계획을 수정하는 것이 사람이라면 보편적으로 갖는 심리입니다. 그리고 그 조급함은 장기적으로 봤을 때 손해로 이어질 가능성이 큽니다. 투자에서 가장 위험한 것은 시장의 단기적인 변동에 예민하게 반응해서 스스로 세운 판단 기준을 흔드는 일입니다.

언제 사고, 언제 팔 것인지보다 중요한 것은 '얼마나 오래 버틸 수 있는가?'입니다. 위기의 순간에 팔지 말지 고민하는 사람보다 위기

속에서도 기회를 찾아 흔들리지 않고 계속 투자하는 사람이 결국 승리자가 됩니다.

지금은 소액으로 시작하더라도 시간의 복리효과를 활용해 가장 효과적으로 준비할 수 있는 골든타임이 바로 30대입니다. 시간의 가치를 믿으세요. 절대 늦지 않았습니다. '돌아보면 그때가 저점이었다'라고 말하는 분이 많습니다.

특히 30대이신 독자들에게는 이 말을 전하고 싶습니다. 인생은 짧지 않아요. 단기적인 성과에 흔들리기보다는 자신의 목표와 투자 기간에 맞춰 단기·중기·장기 전략을 구분하고 이를 꾸준히 실행하는 힘이 무엇보다 중요합니다. 중심을 잡고 묵묵히 인내하면, 언젠가 달콤한 보상이 손에 잡힐 것입니다.

그리고 경제 공부를 게을리하지 마세요. 무엇을 언제 사야 하는지도 중요하지만, 결국 기본 지식이 탄탄해야 합니다. 경제 공부는 개념부터 확실히 정의하고, 공식을 통해 구조를 세운 뒤, 이를 현실의 사례와 연결할 때 비로소 '내 것'이 됩니다. 이 책에서도 시간이 지나도 변하지 않는 핵심 개념과 원칙, 즉 장기적인 판단의 기준을 세우는 데 집중했습니다.

다만, 시시각각 변하는 뉴스와 지표, 시장 환경을 어떻게 해석하고 어떻게 의사결정에 반영할 것인지는 훈련의 영역입니다. 이 책에서 정리한 기준을 바탕으로 실제 사례와 최근의 경제 이슈를 어떻게 해석하고, 어떻게 투자에 적용할지 고민해야 합니다.

《30대에 시작하는 평생 재테크》는 여러분이 투자의 기준을 세우는 데 도움을 주기 위한 책입니다. 확고한 기준이 생기면 투자는 각자의 자리에서 계속 이어지고, 돈이 돈을 부를 것입니다. 이 책이 실전 투자의 출발점이 되었길 바랍니다.

30대에 시작하는
평생 재테크

1판 1쇄 인쇄 2026년 4월 20일
1판 1쇄 발행 2026년 5월 4일

지은이 윤성애

발행인 양원석 **편집장** 최두은 **책임편집** 김슬기
디자인 강소정, 김미선 **영업마케팅** 윤송, 김지현, 최현윤, 유민경, 김수윤

펴낸 곳 ㈜알에이치코리아
주소 서울시 금천구 가산디지털2로 53, 20층 (가산동, 한라시그마밸리)
편집문의 02-6443-8860   **도서문의** 02-6443-8800
홈페이지 http://rhk.co.kr
등록 2004년 1월 15일 제2-3726호

ISBN 978-89-255-6944-4 (03320)